주린이도 따라하면 반드시 수익이 나는

주식투자 절대공식 9

주린이도 따라하면 반드시 수익이 나는

주식투자 절대공식

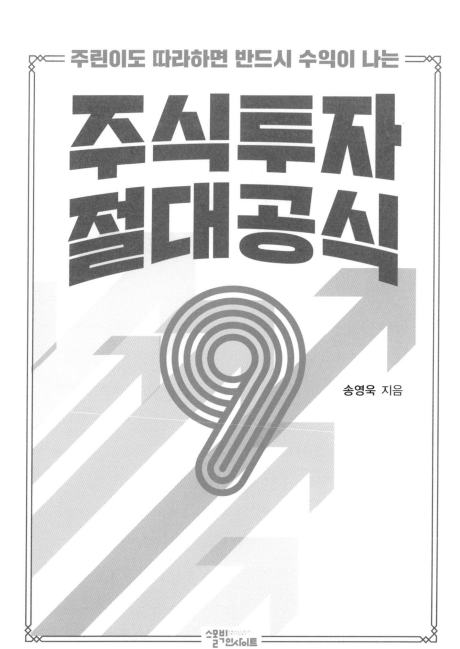

송영욱 지음

스몰비
글로벌인사이트

사람을 믿지 말고,
자신의 기준을 믿어라!

2020년 3월, 코로나19의 확산으로 WHO에서 팬데믹을 선언했을 때 주식투자자들은 패닉에 빠졌다. 3월 5일 코스피지수가 2,085였는데, 불과 보름이 지난 3월 19일 코스피지수는 1,458까지 폭락했다. 하지만 이후 대역전극이 벌어진다. 코로나19로 인한 폭락을 경험한 지 채 1년도 지나지 않은 2021년 초, 주식투자를 통해 예금금리의 10배를 넘어 100배의 수익을 거둔 동학개미도 많이 생겨났다.

하지만 한편으론 여전히 주식투자를 망설이는 이들이 많다. 남들처럼 주식투자로 큰 수익을 내고 싶은 마음은 굴뚝같은데, 선뜻 투자하기를 두려워한다. '피 같은 내 돈이 깨지면 어쩌나', '혹시 상투 잡는 것은 아닐까'라는 생각을 하면서. 그런데 모든 투자의 수익은 '행동'하는 자의 몫이다. 할까 말까 망설이거나, 좀 더 가격이 싸질 때까지 기다리기만 하면 투자의 기회는 사라진다. 주식투자도 마찬가지다. 좋은 생각만 으로는 좋은 성과가 없다. 좋은 행동만이 좋은 성과를 가져온다. 행동 하시라! 이 책이 주식투자를 망설이는 사람들에게는 행동하는 계기가 되고, 아직 주식투자로 재미를 보지 못한 사람들에게는 성찰과 재장전 의 기회가 되었으면 한다.

물론 주식투자는 위험하다. 주식뿐이겠는가? 부동산투자, 달러투 자, 비트코인투자 등 모든 투자는 위험성을 내포하고 있다. 하지만 어 떤 투자가 위험해지는 것은 투자 자체가 위험하기 때문이 아니라 그 투자의 본질에 대해 제대로 된 지식을 갖추지 못하고 있기 때문이다. 2020년에는 코스피지수 자체가 두 배 정도 상승했기 때문에 소위 '대충' 투자를 해도 꽤 많은 수익을 올리고 손해 볼 일이 거의 없었다. 하지만 그 와중에도 손해를 본 사람들이 있다. 이들은 대부분 주식에 대한 기 본 지식도 갖추지 못했고, 유튜브를 비롯한 SNS에서 진짜인지 가짜인 지도 모를 전문가들의 말만 믿고 욕심을 부린 사람들이었다.

소위 말하는 개미투자자들은 투자전문가들을 맹신하는 경향이 있 다. 전문가들이 추천하는 종목이 예상대로 오르면 그 믿음은 더욱 공고 해진다. 특히 전체 주가가 폭발적으로 상승하는 장에서는 전문가들의 추천이 들어맞을 확률이 매우 높다. 수많은 자금이 주식시장으로 몰리 기 때문이다. 그때는 재무제표상의 지표가 변변치 않은 기업조차 분위 기를 타서 주가가 올라간다. 하지만 반대의 경우는 어떨까? 주가가 대세 하락기라면? 그때는 전문가들의 예상이 빗나가기 일쑤다. 호재에는 반응하지 않고 악재에는 더 크게 반응하는 시장이 되기 때문에 재무제표상의 지표가 아주 훌륭한 기업들의 주가조차 하락하기 쉽다.

주식투자 전문가들과 관련하여 과거 재미난 실험이 하나 있었다. 이 실험은 1973년 프린스턴대학교 버튼 G. 맬킬 교수가 다음과 같이 말한 것에서 촉발되었다. "주식시장은 매우 효율적이기 때문에 눈을 가린 원숭이가 포트폴리오를 구성해도 펀드매니저와 비슷한 실적을 낼 수 있다." 〈월스트리트저널〉은 맬킬 교수의 말이 맞는지 실험해 보기로 했다. 실험팀은 투자자를 세 팀으로 나누었다. 첫 번째 팀은 원숭이를 대신하여 눈을 가린 사람(그는 눈을 가리고 다트판에 다트를 던져 투자할 종목을 선정했다). 두 번째 팀은 일반투자자, 그리고 세 번째 팀은 주식투자 전문가인 펀드매니저였다. 2000년 7월부터 2001년 5월까지 세 팀의 수익률을 비교했는데 결과는 의외였다. 원숭이의 수익률은 -2.7%, 펀드매니저의 수익률은 -13.4%, 일반인의 수익률은 -28.6%였다(당시는 미국의 주가지수가 횡보를 하고 있던 때라 수익을 올리기가 쉽지는 않은 때였다). 마이너스이긴 하지만 원숭이가 1등을 한 것이다. 그렇다면 주식투자에서는 전문가라는 사람들이 믿을 만하지 못하다는 것일까?

꼭 그렇지만은 않다. 이 실험에 의문을 품은 사람들이 다시 다른 실험을 진행했다. 원숭이와 펀드매니저의 대결이 너무 단기간이었다는 판단하에, 1988년에서 2002년까지 142회에 걸쳐 다시 수익률을 비교한 것이다. 그 결과 펀드매니저는 평균 10.2%의 수익률을 기록했고, 원숭이는 3.5%의 수익률을 기록했다. 단기투자에서는 원숭이가 펀드매니저를 이겼지만, 장기투자에서는 펀드매니저가 원숭이를 이긴 것이다. 이 두 번의 실험은 주식투자를 하는 사람들에게 매우 중요한 몇 가지 사실을 알려준다. 첫째, 단기투자로는 수익을 얻기가 쉽지 않다는 것. 둘째, 주식전문가라고 해서 모두 믿을 만한 것은 아니라는 것. 셋째, 일반투자자(개미)가 아무런 공부도 하지 않고 주식투자를 하면 원숭이보다 못한 수익률을 낸다는 것이다.

주식투자자가 수익을 내지 못하는 가장 큰 원인 가운데 하나는 수익에 대한 기대치는 너무 높은 데 반해, 손실에 대한 대비는 전혀 없다는 것이다. 모든 투자에는 사이클이 있다. 오를 때가 있으면 내릴 때가 있다. 상승장이 무한정 이어지는 것도 아니고, 하락장이 무한정 계속되는 것도 아니다. 필자도 상승장에서 고수익을 올렸다가 하락장에서 더 많은 돈을 잃은 적이 한두 번이 아니다. 증권사 직원으로 근무하면 누구나 한 번쯤 그런 경험이 있겠지만, 필자도 주식투자로 100% 이상 수익이 난 적도 있고, 옵션투자로 100배 이상의 수익이 나기도 했었다. 그러나 시장이 나의 포지션과 반대로 갈 때 모든 수익을 토해내야 했다. 때론 수익이 난 것보다 더 많이 손실이 나기도 했다.

이런 얘길 하면 "수익이 많이 났을 때 청산했어야지, 왜 계속하다가 손해를 봤나"라고 말하는 사람들이 있다. 맞는 말이다. 하지만 사람 마음이 그렇게 되지 않는다. 주식투자깨나 해 본 사람이라면 이 말을 금방 이해할 것이다. 1,000만 원을 투자해서 50% 수익이 나면, '500만 원을 벌었으니 이제 그만해야지'라고 생각하는 것이 아니라 '1억 원을 투자했다면 5,000만 원을 벌었을 텐데'라고 생각하며 투자금액을 늘려나간다. 투자라는 것이 수익이 나면 더 큰 수익을 기대하면서 더 많은 투자를 하게 만든다. '나는 그러지 말아야지'라고 결심을 했는데도 막상 그 순간이 되면 욕심이 생기는 것이다.

반대로 손해는 어떠한가? 1,000만 원을 투자해서 -50% 손실이 나면 무려 500만 원을 잃은 것이다. 그 정도의 손실이라면 그만둘 만도 하다. 하지만 마음속으로는 너무 억울하다. 내가 제대로 공부를 안 해서 그런 것 같고, 성급해서 그런 것 같다. 최소한 본전만이라도 만회하고 싶고, 다시 도전하면 만회가 가능할 뿐 아니라 수익도 낼 수 있을 것 같다. 그래서 여기저기서 돈을 끌어모아 물타기를 한다. 하지만 물타기를 하면 원금이 더 커져 있기 때문에 손실이 날 경우 손실액도 커진다(실제로 코스피지수가 3,000에 다가가자 주가지수 하락에 베팅한 일명 '곱버스' 투자자들의 수익률은 -50%에 가까웠다. 하지만 그 포지션을 포기하지 못하고 물타기를 해서 더 큰 손해를 본 투자자들이 많다).

그런데 여기서 잘 생각해 보자. 이 책을 읽는 독자들이 주식투자를 통해 기대하는 수익률은 얼마인가? 적게는 수십 프로에서 많게는 수백 프로까지도 기대할 것이다. 그 정도 수익률은 돼야 주식투자에서 성공했다고 말할 수 있을 거라 생각한다. 하지만 주식투자의 거장으로 알려진 워런 버핏도 평균 수익률이 20% 정도라고 알려져 있다. 지금 은행에 적금을 넣어봐야 1% 정도의 이자밖에 주지 않는다. 수익형 부동산인 오피스텔의 수익률도 5% 남짓에 불과하다. 최근 몇 년 동안 급상승한 대단지 아파트들도 연간 10% 이상 가격이 오르면 폭등했다고 할 정도다. 이런 상황에서 20%의 투자 수익을 거둘 수 있다면 대단히 훌륭한 투자가 아닐까?

주식시장이 상승추세일 때는 주변에서 좋다고 하는 주식을 별다른 분석 없이 사도 수익이 잘 난다. 2020년 팬데믹 이후의 상승장이 그랬다. 하지만 주식이라는 것이 언제까지나 오르는 것은 아니다. 2021년 초에 주식투자에 뛰어든 사람들은 꽤나 혼란스러울 것이다. 코스피지수가 3,000에서 3,200 선을 오르락내리락 하면서 매매 타이밍을 잡기가 힘든 상황이 됐기 때문이다. 게다가 주가가 오를 때는 조금씩 조금씩 긴 시간에 걸쳐 오르지만, 떨어질 때는 짧은 시간에 큰 폭으로 떨어지는 경우가 다반사다. 투자는 냉정하다. 막상 주식이 큰 폭으로 떨어지면 아무도 책임져 주지 않는다. 종목을 추천해 준 전문가가 당신의 손실에 대해 보상을 해주는 것도 아니고, 당신에게 돈을 빌려준 금융회사가 갑작스런 폭락이라고 대출회수를 늦춰주는 것도 아니다. 오히려 금융회사는 자신들의 손실을 만회하기 위해 대출을 더 옥죈다. 수익이 났을 때 당신이 전문가와 그 수익을 공유하지 않듯이, 손실도 오로지 당신이 책임져야 할 몫이 된다.

현명한 주식투자자가 되기 위해서는 무엇보다 먼저 과도한 욕심부터 버려야 한다. 아무리 많은 지식과 경험이 있어도 욕심이 모든 걸 망친다. 그래서 이 책의 1장은 당신이 주식투자에서 갖게 되는 욕심을 어떻게 제어할지 생각해 보는 것으로 시작한다. 당신이 과도한 욕심을 제어하고 적정한 수익률을 목표로 정했다면 이제 남은 것은 두 가지다. 하나는 투자할 종목을 선정하는 것이고, 다른 하나는 매매할 타이밍을 잡는 것이다. 주식투자의 성패는 이 두 가지가 좌우하기 때문에 이 책이 서술하는 거의 대부분의 내용이 그 두 가지에 집중돼 있다.

이 책에서 다루는 내용은 그렇게 많은 분량도 아니고 복잡하지도 않다. 필자가 20년 이상 주식투자를 하면서 배우고 경험했던 것들 가운데 정말 중요하고 핵심적인 것들만 골라 제시했다. 종목을 고르고 매매 타이밍을 잡는 기법들과 관련하여 이미 수십 가지 기준들이 있지만, 오히려 너무 많은 기준을 제시하는 것은 주식투자에 혼란을 초래할 뿐이다. 누구라도 쉽게 따라할 수 있는 단순하고도 분명한 기준과 원칙을 머릿속에 담아두고 흔들리지 않는 태도로 투자에 임하는 것이 수익을 달성하는 가장 빠른 길이다.

이 책의 가장 큰 장점은 내용 전개가 단계적이고 체계적이라는 점이다. 사람마다 주식투자에 대해 배운 지식과 경험이 다르겠지만, 이미 아는 내용인 거 같아도 건너뛰지 말고 처음부터 차근차근 읽어 보길 바란다. 이미 들어본 듯한 내용이라면 복기를 하듯이 곱씹어 읽고, 모르는 내용이라면 확실하게 이해를 하여 암기할 정도가 돼야 한다. 주식시장은 정글과 같아서 어설프게 계획하고 행동하면 먹잇감이 되고 만다.

　자칭 전문가라고 하는 사람들도 실제 투자 수익률이 좋은 사람은 드물다. 오히려 그들은 자신들에게 조언을 얻으려고 하는 사람들로부터 받는 수수료 수익이 더 많다. 하지만 주식투자의 실력은 수익률이 말해주는 것이다. 아무리 주식투자에 대한 경험과 지식이 많아도 투자 수익이 마이너스라면 아직 실력이 부족한 것이다. 당신만의 투자기준이 없다면 당신의 주식계좌는 소문과 뉴스와 전문가에게 휘둘리며 마이너스 행진을 하게 될 것이고, 당신만의 투자기준이 명확하다면 적정한 수익을 꾸준히 올리면서 플러스 행진을 하게 될 것이다.

　사람을 믿지 말고, 자신의 기준을 믿어야 한다. 이 책을 통해 당신만의 투자기준과 매매기준을 세워 실천하길 바란다. 그리하여 꼭 성투하시길!

송영욱

네 번째 공식
목표 수익률은 손실감수 수준의 두 배로 잡아라

목표 수익률을 과도하지 잡지 말라. 세계 최고 주식전문가인 워런 버핏의 평균 투자 수익률도 20%대 초반이다. 목표 수익률을 잡는 가장 쉬운 방법은 손실감수 수준의 두 배로 잡는 것이다. 단, 당신의 투자성향에 따라 목표 수익률은 달라질 수 있다. 이 책의 내용을 토대로 당신에게 맞는 목표 수익률을 설정하라.

다섯 번째 공식
하락세는 쉬고, 상승세에만 올라타라

주식시장은 침체와 활황을 반복한다. 시장이 침체기라면 돈이 있어도 쉬는 것이 투자다. 시장이 횡보를 하는 박스권이라면 주식을 하면서 기다리고, 활황기가 됐을 때 과감하게 투자하라. 침체기에도 끝이 있고 활황기에도 끝이 있다. 서두르지 마라. 조급함이 일을 그르친다. 지금이 아니라도 기회는 또 오게 돼 있다.

여섯 번째 공식
상승주도업종의 선도주를 잡아라

시장이 활황기라고 해서 모든 종목이 상승하는 것은 아니다. 오르는 종목은 계속 오르지만 오르지 않는 종목은 쉽사리 올라가지 않는다. '달리는 말에 올라타라'는 주식 격언이 괜히 있는 것이 아니다. 시장 활황기를 주도하는 업종은 따로 있다. HTS를 통해 주도업종을 선별하고 그 상승세가 확실히 꺾일 때까지 주도업종과 선도주에 올라타라.

일곱 번째 공식
5가지 매매 타이밍으로 수익률을 올려라

주식을 언제 사고 언제 팔아야 할지에 관한 이론들은 수없이 많다. 하지만 그 많은 이론들은 결국 추세, 이동평균선, 거래량, 캔들, 주가 위치라는 5가지 분석틀에 기반한 것이다. 이 책에서 제시한 5가지 분석틀에 관한 내용을 분명하게 이해하고, 당신만의 기준을 세워라. 그리고 선택한 기준대로 주식을 사고팔아라.

여덟 번째 공식
자금관리를 통해 이익을 두 배로 늘려라

누구나 주식투자에서 가끔씩 손실이 날 수밖에 없다. 때문에 손실을 완전하게 피하려 하기보다는 손실 상황을 인정하고, 그 손실을 최소화하는 방안을 마련하는 것이 더욱 중요하다. 이 책에서 제시하는 '손실 방지를 위한 자금관리 5원칙'을 실천한다면 당신의 손실은 최소화될 수 있고, 반대로 이익의 폭은 넓혀갈 수 있다.

아홉 번째 공식
투자성향에 따라 투자전략을 달리하라

나의 투자성향은 위험회피형인가, 위험중립형인가, 위험선호형인가. 나의 투자성향에 맞지 않게 투자전략을 잡으면 이익은 줄어들고 손실은 늘어난다. 위험회피형이라면 고배당주를, 위험중립형이라면 업종 대표주를, 위험선호형이라면 성장주를 선택하라. 나의 성향에 맞는 투자전략을 선택할 때 성공 확률은 더 높아진다.

1

첫 번째 공식

◇

대박이
아니라
수익을 내라

주식에 투자해야 하는 3가지 이유

초저금리를 넘어 마이너스금리 상품이 나오는 시대가 되었다. 그러다 보니 예금을 깨서 주식에 투자하는 사람들이 점점 많아지고 있다. 이젠 지금껏 주식을 부정적으로 보던 사람들까지도 주식계좌를 개설하고 주식투자에 뛰어들고 있다. 특히 2020년은 주식투자 열풍 그 자체였다. 2020년 초 2,936만 개였던 주식활동 계좌 수는 2020년 말 약 3,550만 개를 기록했다. 1년 새 612만 개의 주식계좌가 새로 개설되었고, 10조 내외였던 주식예탁금 규모는 60조를 넘어섰다.

주식은 장기투자하면 무조건 성공한다고 말하는 사람들이 있다. 물론 단기투자보다 장기투자가 유리하다. 하지만 무작정 장기투자만 하면 큰 수익이 날까? 꼭 그렇지는 않다. 실제로 장기투자를 했는데도 실패한 경우도 있기 때문이다. 1990년 이후 미국의 주식 가격은 장기적으로 상승했지만, 일본의 주식 가격은 20년간 하락했다. 그 기간 동안 미국 주식에 장기투자를 했다면 성공했겠지만 일본 주식에 장기투자를 했다면 실패했다. 게다가 그나마 안정적이라는 업종 대표주에 장기투자를 해도 손해 보는 경우가 많다.

또 주식투자의 대가라고 불리는 워런 버핏은 가치투자를 강조했다.

하지만 가치투자를 해서 살아남은 사람은 워런 버핏이지 개미투자자가 아니다. 나아가 주가가 상승하면 복리의 마법으로 큰 수익이 난다지만 손실도 복리의 마법이 적용된다는 사실을 잊지 말아야 한다. 오히려 주가 상승으로 이익이 나는 속도보다 하락으로 손해가 나는 속도가 훨씬 빠를 수도 있다. 상황이 이 지경에 이르면 주식투자를 하는 것이 과연 괜찮은 것인지 적잖이 의심스러울 것이다.

하지만 나는 여전히 주식투자는 현재 대한민국에서 가장 매력적인 재테크 수단 가운데 하나라고 생각한다. 세상은 끊임없이 변화하고 인간은 그 변화에 적응하며 살아야 한다. 불과 몇십 년 전만 해도 회사에서 주는 대로 월급을 받아서 가족을 먹여 살리고 남는 돈은 은행에 저축을 해서 집도 사고 차도 사는 것이 가능했다. 하지만 지금은 저축으로 집을 사는 것은 불가능한 일이 되고 말았다. 회사는 정년을 보장해 주지도 않고, 월급을 해마다 올려주지도 않는다. 월급을 올려주기는커녕 일을 못하면 나가라고 말하기 일쑤다.

은행도 변했다. 예전에는 꽤 짭짤한 이자수익이 있었지만 지금은 쥐꼬리보다 못한 이자를 주고 있다. 주식을 해야 하는 첫 번째 이유는 이렇듯 매력이 없어진 저축 때문이다. 은행에 돈을 맡겨 놓으면 오히려 손해라는 말이 거짓이 아니다. 저축할수록 손해인 시대가 된 것이다. 예금이자율은 1%인데 물가상승률은 1.5%라면 매년 0.5%씩 마이너스다. 예컨대 1년 후에 100만 원짜리 냉장고를 사려고 했다고 가정해 보자. 1년간 100만 원을 저축했고 여기에 1% 이자가 붙어 101만 원이 되었다. 그런데 냉장고는 101만 5,000원으로 올라버렸다. 이렇게 되면 저축을 하고도 오히려 5,000원을 손해본 것이 된다. 이른바 실질금리 마이너스인 것이다. 게다가 최근에는 그나마 믿었던 부동산마저 규제가 심해져서 부동산 가격이 언제 떨어질지 모른다는 불안감이 확산되고 있는 상황이다.

나는 주식 신봉자는 아니지만 대한민국 경제가 망하지 않는 한 가장 최선의, 그리고 지속적인 재테크 수단은 '주식'이라고 생각한다. 대한민국의 주식 가격은 결국 대한민국에 소속된 기업들의 가격과 같은 것이다. 그 기업들이 무너지지 않는다면 그 가치는 계속해서 오를 가능성이 크다. 다만 여기서 놓치지 말아야 할 것은 기업이 성장한다고 해서 모든 기업들이 똑같이 성장할 수는 없다는 것이다. 많은 기업들 가운데 어떤 기업은 계속해서 성장할 것이지만, 어떤 기업은 성장을 멈출 수도 있고 망할 수도 있다. 주식투자라는 것은 결국 그렇게 성장하고 망하는 기업을 선별해 내는 과정이다.

주식에 투자해야 하는 두 번째 이유는 돈의 가치가 점점 떨어지고 있다는 사실에 있다. 내가 초등학교를 다닐 때만 해도 100원으로 살 수 있는 것이 꽤 많았다. 그 당시 많이 사 먹었던 라면땅(과자)은 100원으로 10개를 살 수 있었고, 삼양라면은 2개를 사고도 10원이 남았다. 하지만 지금 100원으로 살 수 있는 것은 거의 없다. 돈의 가치가 떨어졌기 때문이다. 매년 정부는 돈을 찍어내고 그로 인해 물가는 상승하기 때문에 돈의 가치는 상대적으로 떨어질 수밖에 없다. 떨어지는 돈의 가치를 막는 길은 돈의 가치 하락분보다 큰 수익을 낼 수 있는 자산에 투자하는 것밖에 없다. 그 자산 가운데 하나가 주식이다.

주식에 투자해야 하는 세 번째 이유는 주식투자가 경제를 깨우치게 해준다는 사실에 있다. 예금의 경우 가입하고 나면 만기가 될 때까지 아무 생각 없이 기다리기만 하면 된다. 하지만 주식은 한번 투자하게 되면 그 회사나 그 회사가 속한 업종에 관심을 갖게 만들고, 나아가 대한민국 경제와 세계 경제 전반에 대해 관심을 갖게 만든다. 그리고 그러한 관심이 경제적 자유를 앞당기는 터닝포인트가 된다.

예컨대 삼성전자 주식을 사 두면 IT 업황이 좋은지 나쁜지 금방 알 수 있다. 또 삼성전자 외에 요즘 어떤 업종이 뜨고 있고, 어떤 업종이 지고 있는지를 알 수도 있다. 투자자 자신이 해당 업종에 종사하고 있지 않아도 시장의 흐름을 알게 되는 것이다. 주식시장의 흐름을 알면 창업할 때도 도움이 된다. 왜냐하면 자신이 하고자 하는 사업과 관련된 주식의 가격 추이를 보면 그 사업이 성장 산업인지 사양 산업인지 파악할 수 있기 때문이다.

1970~80년대는 무엇이든 열심히 일만 하면 돈을 벌고 불릴 수 있던 시대였다. 하지만 지금은 열심히 일만 한다고 돈을 벌 수 있는 시대가 아니다. 오히려 열심히 일할수록 더 많은 돈을 날릴 수도 있다. 이런 시대에 중요한 것은 노력의 양이 아니라 급변하는 세상의 트렌드를 빠르게 인지하고 트렌드에 부합하는 일을 하는 것이다. 시장의 흐름을 잘 읽고, 해야 할 일과 그 타이밍을 잘 잡아야만 성공할 수 있다. 그런데 주

식투자는 간접적으로 그에 대한 답을 던져줄 수 있다.

경제적으로 여유가 많은 부자들은 굳이 주식투자가 필요치 않다. 그들은 일부러 공부를 해 가면서 주식투자를 하지 않아도 먹고사는 데 어려움이 없다. 그런데도 부자들은 주식에 투자한다. 그리고 대부분의 개미투자자들이 주식투자로 돈을 잃는 동안 부자들은 주식투자로 돈을 벌어간다. 왜 그럴까? 이유는 단순하다. 빨리 돈을 벌고 싶은 개미투자자는 조급하고, 이미 돈이 많은 부자들은 여유가 있기 때문이다. 또 부자들은 부자가 되기까지 쌓은 경륜이 풍부하고, 투자에 대한 명확한 기준과 목표가 있다. 반면 개미투자자는 아무런 무기도 없이 빨리 대박이 나기만을 학수고대한다.

물론 부자들도 주식투자에 실패할 때가 있다. 그런데 그들은 실패에 대한 대응 방식이 개미투자자와 다르다. 그들은 실패하면 즉시 원인을 분석하고 새로운 방법을 찾는다. 반면 개미투자자들은 실패한 방법을 계속 반복한다.

이제 주식투자를 하지 않는 사람을 찾기 힘들 정도로 그 수가 늘어났다. 그러나 아직도 주식투자로 경제적 자유를 얻을 만큼 성공한 사람은 그리 많지 않다. 당신이 주식 초보자이든 경험자이든 그동안 주식투자에 실패했다면 이제부터라도 실패했던 방법을 답습할 것이 아니라 다른 방법을 찾아야 한다. 그리고 방법을 찾는 길은 질문을 시작하는 것이다. 이 책은 그 질문과 답을 함께 줄 것이다.

왜 하는지를 알아야 목표가 명확해진다

K 씨는 자기가 주식을 사기만 하면 떨어지고, 팔기만 하면 올라간다고 한다. 머피의 법칙은 바로 자기 때문에 만들어진 법칙이란다. 그래서 K 씨는 우스갯소리로 자기가 주식을 팔 때 사고, 자기가 주식을 살때 팔면 벼락부자가 될 거라고 조언하기도 한다. 주식에 몇 년 정도 투자한 경력이 있는 사람이라면 K 씨와 같은 경험을 한 경우가 적지는 않을 것이다. 이 글을 쓰고 있는 나도 한때는 그랬고, 나의 고객 중에도 그런 고객이 상당수 있었다. 왜 그런 일이 생기는 것일까?

무엇보다 K 씨와 같은 사람들은 투자를 행운과 불행의 흑백논리로 보는 경향이 강하다. 주가가 올라가면 행운이라 생각하고 떨어지면 불행이라 생각한다. 이런 사고방식으로 투자를 하는 건 투자가 아니라 투기나 도박에 가깝다. 그래서 그들은 손해를 볼 때마다 "나는 운이 없어!", "역시 나는 안 돼!" 하고 탄식하면서 스스로 무너져 버린다.

하지만 생각해 보자. 예를 들어 1년 후 대학 입학시험을 볼 학생이 최근 모의고사에서 나쁜 성적이 나왔다고 하자. 그 학생이 만약 좋지 않은 성적에 대해 "내가 잘못 찍어서 성적이 이렇게 나쁜 거야. 운이 좋지 않았어"라고 탄식하고 있다면 당신은 그 학생에 대해 어떻게 생각하겠는가? 아마도 한심하다거나 어이가 없다는 반응을 보일 것이다. 그런데 그런 어이없고 한심한 상황이 어른들이 행하는 주식투자의 세계에서는 비일비재하다.

만약 어떤 학생이 원하는 성적을 얻지 못했다면 그 학생에게 지금 중요한 것은 성적이 잘 나오지 않았다는 사실 자체가 아니라, 왜 성적이 잘 나오지 않았는지 그 원인을 파악하고, 어떤 방법으로 좋은 성적을 낼 것인지 자기만의 원칙과 전략을 세워 실천하는 것이다. 주식투자도 마찬가지다.

성공한 사람들의 특징은 목표가 분명하다는 점이다. 성공으로 이끈 힘의 원천은 바로 목표인 것이다. 성공한 사람들은 목표를 세우고 목표를 끝까지 달성하려는 집요함을 가지고 있다. 그리고 그 집요함이 여러 부분에서 성공으로 이끈다. 목표는 다른 것으로 방황하지 않도록 하며, 쉽게 포기하지 않게 한다. 또, 가장 효과적인 방법을 찾도록 유도하며, 인내하게 하고 성취감을 느끼게 한다. 반대로 실패한 사람들의 대표적인 특징은 목표가 없거나 모호하다는 것이다. 그래서 그들은 쉽게 방황하고, 쉽게 포기한다. 효과적인 방법을 찾을 생각도 하지 않고 참을성도 없다. 결국 그들은 성공하는 사람들이 느끼는 성취감을 만끽할 수 없다.

학생이 시험을 볼 때도 그렇다. 기말고사 평균 95점(또는 1등)을 목표로 공부하는 학생과 그런 구체적 목표 없이 공부하는 학생은 그 결과가 분명 다르다. 어떤 학생에게나 똑같은 시험 범위가 주어지고 똑같은 시간이 주어졌다. 그런데 누구는 1등을 하고 누구는 꼴찌를 한다. 꼴찌를 한 학생은 "1등 하는 학생은 머리가 좋아서 이길 수 없다"고 핑계를 댄다. 하지만 머리만 좋다고 1등을 할 수 있는 건 분명 아니다. 반대로 머리가 나쁘다고 꼴등을 하는 것도 아니다. 사실 꼴찌는 왜 공부를 해야 하는지도 모르고, 목표도 없었기 때문에 그렇게 된 것이다. 머리도 나쁜 데다가 목표도 세우지 않고 노력도 하지 않은 것이다. 그래서 만약 머리가 나쁜 학생이라도 자신이 왜 공부해야 하는지 그 이유를 알고 있고, 자신만의 목표를 세워 공부한다면 1등은 못하더라도 최소한 꼴찌는 안 할 것이다. 또 목표를 반드시 공부 1등으로 정할 필요는 없다. 자신이 좋아하고 잘하는 것을 목표로 정하면 된다. 만약 공부는 꼴찌를 해도 힙합가수라는 목표가 있다면 노래만큼은 공부를 1등 하는 학생보다 더 잘할 수 있다.

주식투자도 마찬가지다. 아니, 똑같다. 주식투자의 목표가 없으면 성공하기 힘들다. 단지 금리가 낮다는 이유만으로 주식투자에 올인하는 것은 바람직하지 않다. 왜 주식투자를 하는가가 중요하다. 단지 여유 자금을 운용하는 것인가? 아니면 3년 후 내 집 마련을 위해 1억 원을 모으려고 하는 것인가? 아니면 20년 후 노후 준비를 위해 10억 원을 모으려고 하는 것인가? 당신이 주식투자를 하는 구체적인 목적과 목표는 무엇인가?

주식투자를 하는 이유와 목표가 명확할수록 성공 확률이 그만큼 높아진다. 무엇보다 목표를 가진 사람은 그렇지 않은 사람보다 훨씬 많은 노력을 하기 때문이다. 무작정 주식을 사놓고 막연히 오르기만 기다리는 사람과는 분명히 다르다. 또 목표가 있는 사람들은 주가의 급등락에 일희일비하기보다 목표 달성을 위한 지혜로운 방법을 지속적으로 찾아 나간다.

주식 초보 임 여사의 뼈저린 실패

'3개월만 참으면 된다.' 만기가 도래한 적금을 찾고 있는 임 여사의 마음은 무척이나 뿌듯하다. 그 돈으로 3개월 뒤 아파트 잔금을 치르고 나면 내 집이 생기기 때문이다. 15년 전 시골에서 서울로 올라와 월세살이부터 시작한 생활도 이제 3개월 후면 끝이다. 그런데 임 여사에게 한 가지 고민이 생겼다. 잔금은 아파트 입주할 때 내면 되는데 적금 만기로 찾은 1억 원을 어디에 넣어 두어야 할지 모르겠다. 보통예금 통장에 넣어 놓아 봤자 이자가 별로 없고, 그렇다고 1년짜리 정기예금은 기간이 맞지 않아 넣어둘 수 없다.

그때 친하게 지내는 고 여사가 임 여사에게 조언을 해 준다. 지금 주식시장이 좋으니 주식투자를 해 보라고 한다. 자신은 최근 한 달 동안 50%나 수익을 냈다고 자랑을 하면서. 하지만 임 여사는 주식투자가 너무 위험한 것이라고 손을 내젓는다. 그러자 고 여사는 자기에게 좋은 정보가 있는 주식이 있는데 조만간 급등할 종목이니 사 두라며 다시 임 여사를 설득한다. 주식투자를 계속하라는 게 아니라 아파트 입주하기 전까지만 딱 한 번하고 크게 먹고 나오면 된다며 부추긴다. 고 여사가 귀띔한 회사에는 아직 발표하지 않은 신제품 개발 호재가 있는데 그 정보가 발표되면 주가가 10배 이상 뛸 수도 있을 만큼 엄청난 것이란다. 고 여사 자신도 이미 5,000만 원을 투자했단다. 고 여사가 무엇보다 자신 있게 말할 수 있는 이유는 그 회사에 자기 동생이 부사장으로 있기 때문이란다. 자기 동생을 통해 들은 정보이니 틀릴 수가 없다는 것이

24

다. 그리고 만약 그 정보가 틀린 것이라면 자신도 돈을 날리게 될 텐데, 자기가 바보가 아닌 이상 그렇게 하겠느냐고 큰소리를 친다.

임 여사 입장에서는 주식을 잘 모르지만 고 여사의 말을 듣고 보니 그럴듯하다. 확실한 거라니 한번 투자해 볼까 하는 생각이 든다. 고 여사 말대로 정말 주가가 크게 오른다면 아파트 입주는 걱정할 일도 아니고 아파트 중도금 대출로 받은 1억 원을 상환할 수도 있다. 그러면 정말 대출금 하나도 없이 순수한 내 돈으로 새 아파트를 갖게 된다. 솔직히 아파트에 입주한다고 해도 대출이 1억 원이나 들어가서 부담이 되었던 것이 사실이다. 그래 좋다. 한번 해 보자. 주가가 10배는 아니라도 50%만 올라도 그게 어딘가?

다음 날 임 여사는 고 여사를 따라 증권사로 갔다. 주식계좌를 만들고 일단 1,000만 원을 고 여사가 추천한 종목에 투자했다. 하루가 지나자 그 종목은 6%나 올랐다. 그러자 고 여사는 임 여사에게 좀 더 투자하라고 권유한다. "1,000만 원 투자해서 6%면 60만 원인데, 1억 원 투자하면 600만 원이잖아. 확실한 종목이라 많이 투자할수록 대박이야! 그리고 이거 지금 많이 사 놓지 않으면 나중에 주가가 너무 올라서 사고 싶어도 못 사!" 고 여사 말이 맞는 듯싶다. 그래서 임 여사는 4,000만 원을 더 투자했다.

그런데 그다음 날부터 주가가 떨어져 추가 매수한 지 이틀 만에 5% 손실이 났다. 임 여사는 덜컥 가슴이 내려앉았다. 그래서 고 여사한테 바로 전화를 걸었다. "이 종목 왜 이러는 거야? 계속 빠지는 거 같아. 더 떨어지는 거 아냐?" 그러자 고 여사는 "그거 정보를 이미 알고 있는 세력들이 더 싸게 사려고 일부러 떨어뜨리는 거니까 걱정 말아. 나는 지금 5,000만 원 더 투자했어. 곧 신제품 개발 공시를 내놓을 거 같아. 내일부터 연속 상한가 될 거니까 지금 안 사면 사고 싶어도 못 살 거야. 임 여사도 더 사!" 하는 것이었다. 그 말을 듣고 나니 임 여사는 지금 안 사면 안 될 것 같았다. 오늘이 저가에 살 수 있는 마지막 기회인 듯싶었다. 그리고 정말로 내일은 상한가로 시작할 것만 같았다. 그러면 아무리 사고 싶어도 못 산다. 생각이 거기에 이르자 임 여사는 바로 5,000만 원어치 주식을 추가로 구입했다. 주식을 사면서 '이제 1억 원 투자했으니 2억 원만 되면 팔고 나오는 거다'라고 다짐했다. 임 여사의 마음속에서는 벌써 2억 원이 된 거 같았다. 생각만 해도 너무 즐거웠다.

다음 날 날이 밝았다. 창문으로 스며드는 햇살이 새로운 희망처럼 느껴졌다. 주식시장이 시작하려면 아직도 2시간이나 남았는데 임 여사의 마음은 벌써부터 들뜨기 시작했다. 남편은 회사에 출근하고 아이들도 학교에 갔다. 설거지까지 마치고 나니 집안일도 모두 끝났다. 화장도 대충하고 증권사로 갔다. 도착해 보니 막 증시가 시작되었다. 증권사 직원에게 자기가 산 주식을 물어보니 오늘 시작과 동시에 하한가라고 한다. 어이가 없고 가슴이 덜컥 내려앉는다. 이미 1,500만 원이 날아간 것이다. 고 여사에게 바로 전화했더니 곧 오를 거라며 걱정하지 말라고 한다. 12시경 하한가에서 벗어나면서 상한가로 치솟았다. 손실이 순식간에 이익이 되었다. 안도의 한숨이 나왔다. '고 여사 말이 맞구나! 정말 올라가려나 보다.' 그런데 이내 대량 매도가 나오며 상한가가 풀린다. 상한가는 풀렸지만 그래도 +12% 상태다. 그러다 다시 상한가로 올라섰다가 상한가가 다시 풀린다. 이러기를 수차례 반복했다. 오후 2시가 지나면서 점점 주가가 떨어져 전일 대비 +3%로 마감했다.

상한가가 무너져서 아쉽기는 했지만 그래도 플러스로 끝나서 다행이었다. 내일은 좀 더 많이 올라갈 거라고 임 여사는 기대해 본다. 장이 끝나고 증권사를 나가면서 임 여사는 고 여사에게 다시 전화를 한다. "오늘 주가가 너무 큰 폭으로 왔다갔다해서 죽는 줄 알았다"며 하소연을 했다. 고 여사는 주식이란 게 원래 그런 거라며 조금만 참으라고 한다. 임 여사는 다시 '그래, 고 여사를 한번 믿어보자'고 생각하며 집으로 돌아간다.

다음 날은 4% 오른 가격으로 시작되었다. 임 여사 입에서는 감탄사가 절로 나온다. "앗싸~ 올라가려나 보다." 그런데 웬걸? 6%까지 올랐다가 다시 떨어지기 시작한다. 오르는 듯하면 이내 다시 떨어졌다. 오후에는 마이너스로 바뀌었다. 상한가는 아니라도 플러스로 끝났으면 좋겠는데 자꾸 떨어진다. 진땀이 나기 시작한다. 손도 떨린다. 악! 결국 하한가로 끝났다. 임 여사는 무거운 발걸음으로 집에 돌아왔지만 일이 손에 잡히지 않는다. 온통 주식 생각뿐이다. 잠도 안 온다. 잠자리에 들면서 임 여사는 기도를 한다. '제발 내일은 올라다오. 제발~ 제발~'

하지만 시장은 임 여사 편이 아니었다. 다음 날도 하한가를 맞았다. 그다음 날은 잠시 반등하는 듯하다가 -12%로 끝났다. 장 중에는 떨어졌다 올랐다를 반복했지만 결국 마지막에는 떨어져서 끝나는 날이 많았다. 그렇게 한 달이 지났다. 이제 고 여사도 전화를 받지 않는다. 어떻게 해야 하나? 그 사이 1억 원은 반토막이 되어 있었다. 지금이라도 팔아야 하나? 5,000만 원이나 깨진 지금은 억울해서 못 팔겠다. 2억 원이 되면 팔겠다고 했던 꿈 같은 계획은 더 이상 바라지도 않는다. 원금만 되면 팔겠다고 생각했다. 모든 욕심을 포기하고 기다리는 수밖에 없다. 그래서 마지막이라는 심정으로 기도를 한다. '저의 탐욕을 한 번만 용서하여 주십시오. 제발 원금까지만이라도 주가를 올려주십시오. 그 이상은 바라지도 않습니다'라고.

하지만 신도 임 여사 편이 아니었다. 얼마 후 그 주식은 대표이사 횡령 및 분식회계로 상장 폐지될 것이라는 소문이 돌았다. 주가는 또다시 급락했다. 투자 원금 1억 원은 3달 후 1,000만 원으로 쪼그라들었다. 임 여사는 정말 꿈이었으면 좋겠다고 생각했다.

주식투자로 쪽박을 차는 사람 중에 임 여사 같은 사람이 비일비재하다. 3달 후에 집 살 돈을 가지고 주식에 투자하는 것은 출발부터가 잘못되었다. 주식투자라는 것이 3달 만에 끝나는 경우는 거의 없기 때문이다. 임 여사의 가장 큰 실수는, 첫째 투자할 수 있는 기간이 너무 짧았다는 것이고, 둘째 투자 목적이 제대로 설정되지 않았다는 점이다. 3달 후에 쓸 돈을 주식에 투자하는 것은 무모한 도박이다. 임 여사의 1억 원은 오래도록 투자할 수 있는 돈도 아니었고, 투자 목적도 주식투자가 아니라 내 집 마련을 위한 자금이었다. 이런 자금으로 주식에 투자하면 백전백패한다고 해도 과언이 아니다. 100m 단거리 달리기와 42.195km 장거리 마라톤은 그 시간과 목적이 다르다. 단거리 선수가 마라톤을 단거리처럼 달리면 금세 탈진할 수밖에 없다. 3달 후 써야 할 임 여사의 주택 자금 1억 원. 그 돈의 목적은 주식투자가 아니라 3달 후 내 집 마련을 위한 잔금이다. 목적을 제대로 세우지 않고 잘못 설정했으니 필패하는 건 당연하다. 기간과 목적을 망각한 투자는 실패로 가는 지름길임을 임 여사의 사례에서 우리는 명백히 깨달아야 한다.

당신의 주식투자의 근본적인 목적은 무엇인가? 나는 '경제적 자유'에 목적을 두고 있다. 경제적 자유라는 것이 엄청난 부자를 의미하는 것은 아니다. 내가 생각하는 경제적 자유는 직장을 다니지 않아도 사는데 큰 지장이 없음을 뜻한다. 그렇다면 돈이 어느 정도 있으면 경제적 자유가 있다고 볼 수 있을까? 그건 사람마다 다를 것이다. 어떤 사람은 1억 원일 수도 있고, 어떤 사람은 10억 원 이상 될 수도 있다. 정기적으로 남의 도움 없이 생활할 수 있을 정도의 저작권료를 받는 가수는 현재 여유 자금 1억 원만 있어도 경제적 자유가 있다고 볼 수 있다. 반면 정기적인 수입원이 전혀 없는 퇴직자는 현재 여유 자금 1억 원 정도로는 경제적 자유가 있다고 볼 수 없다.

당신도 경제적 자유를 위한 자금을 지금 정해보시라. 다만, 주식투자로 대박의 환상을 갖고 정하지 말고 실현 가능성 있게 정하라. 어느 정도가 현실적으로 실현 가능한 수익일까? 연 10~20% 정도를 기준으로 잡기 바란다. 주식투자로 2배, 3배의 대박을 기대하지 마라. 20년 이상 주식투자를 하다 보면 몇 년에 한 번쯤 그런 기회가 올 수 있지만, 매년 그런 것은 아니다. 오히려 손해 보는 해도 있다.

다시 한번 묻는다. 당신의 투자목적은 무엇인가? 아직 정하지 못했다면 '경제적 자유'를 목적으로 하라. 주식투자로 그 목적을 이루기 위해 매년 어느 정도의 수익률을 목표로 해야 할까? 아직 정하지 못했다면 연평균 10~20%를 목표로 하라!

두 번째 공식

◇

시장
사이클에 따라
투자기간을
달리하라

장기투자, 기간이 아니라 마인드가 중요하다

투자전문가들은 일반적으로 장기투자를 권하고 보통의 투자자들도 장기투자가 유리하다고 생각한다. 그런데 생각은 그렇게 하면서도 실제 매매에서는 단기투자를 하는 사람이 훨씬 많다. 처음에는 장기투자를 할 마음으로 주식을 사지만, 매수를 하는 순간부터 주식 시세판의 노예가 되고 마는 것이다. 짧은 기간의 시세에는 흔들리지 말자고 다짐해 놓고는 매일같이 시세를 들여다본다. 하루에 한 번만 보는 것이 아니라, 시간 날 때마다 본다. 그리고 출렁이는 시세에 일희일비하며 가슴을 쓸어내린다.

결국 조급하고 두려운 마음을 견디지 못하고 상승에서도 하락에서도 제대로 대응하지 못하게 된다. 주가가 한번 상한가에 도달하면 금세 팔아치운다. 반대로 큰 폭으로 하락하면, 더 떨어지면 어쩌나 걱정하다가 손해를 키우거나 운이 좋아 다시 상승하여 원금이 되면 즉시 팔아치우고 안도의 한숨을 쉰다. 매수하기 전에는 분명 장기로 투자하겠다고 시작했는데 정작 일주일을 넘기지 못하는 사람들이 부지기수인 것이다. 그런 식으로 투자를 몇 번 반복하다 보면 어느새 주가는 큰 폭으로 떨어져 있거나 반토막이 되기 일쑤고, 잘해야 본전이다. 그런 결과를 보고 '처음 생각대로 장기투자 했어야 하는데…' 하며 후회하지만, 버스 떠난 다음에 손 흔들어 봐야 아무 소용없다.

그런데 정말 장기투자가 나은 걸까? 실제 투자 현장에서는 심리적으로 장기투자를 하기 힘들다. 그렇다면 다른 대안은 없는 것일까? 이론과 현실의 괴리는 어쩔 수 없는 것일까?

많은 전문가들이 장기투자하라고 한다. 나도 물론 이에 동의한다. 그 이유는 첫 번째, 장기로 투자하면 일단 단기 매매로 인한 수수료와 세금을 줄일 수 있기 때문이다. 두 번째, 장기투자는 단기투자보다 더 많은 시세 차익을 얻는 경우가 많기 때문이다. 이익이 나는 상황에서 몇 년 동안 보유하면 복리의 효과도 큰 수준으로 누릴 수 있다. 나아가 매매 타이밍을 크게 신경 쓰지 않아도 된다.

하지만 장기투자라고 하여 막연히 길게 가져가는 것만이 능사가 아니라는 사실은 분명하게 직시해야 한다. 장기투자는 자신만의 원칙, 그리고 투자에 대한 판단 기준이 명확해야 의미가 있다. 자신의 원칙과 기준이 없는 장기투자는 단기투자와 마찬가지로 실패하기 십상이다.

여기서 장기투자와 관련하여 중요한 질문 하나를 던져 보자. 당신이 생각하는 장기는 어느 정도의 기간인가? 장기투자에서 기간에 대한 생각은 사람마다 다르다. 평소 주식을 단타로 매매했던 사람은 3개월 정도를 장기투자라고 생각하는가 하면, 어떤 사람은 1년 이상 되어야 한다고 말하고, 어떤 사람은 3년 이상, 10년 이상을 장기투자의 기간이라고 생각하는 사람도 있다. 그런데 이렇듯 서로 다른 장기의 개념을 자기 자신만의 정확한 기간으로 재설정할 필요가 있다. 왜냐하면 장기투자의 기간이 어느 정도 되느냐에 따라 그 대응 방법도 완전히 달라지기 때문이다. 단순화하자면 정확한 기간 설정이 되지 않은 장기투자는 무의미하고 성공하기 힘들다.

예를 들어 보자. 3개월 정도의 기간을 장기투자라고 생각하는 사람은 단기적인 폭락에 빨리 손절매하고 다시 기회를 잡는 것이 유리하다. 하지만 3년 정도 투자해야 장기투자라고 생각하는 사람은 폭락할 때가 오히려 저점 분할 매수로 대응하는 기회가 된다. 결국 3개월을 장기라고 생각하는 사람은 짧은 기간에 순발력 있게 대응하는 것이 중요하지만, 3년을 장기라고 생각하는 사람은 단기적인 등락에 크게 연연하지 않아도 되는 것이다. 이렇듯 장기투자의 기간을 어느 정도로 잡느냐에 따라 시장의 변화에 대한 대응 방식이 완전히 달라진다.

나는 개인적으로 단기투자는 1일~30일 미만, 중기투자는 1개월~1년 미만, 장기투자는 1년 이상 투자하는 것이라고 생각한다. 이렇게 기간을 설정해 놓고 볼 경우, 단기투자는 기업의 가치를 잘 분석하는 것보다는 매매 타이밍을 잘 잡는 것이 성공의 관건이 된다. 그리고 중기투자는 분기 실적, 장기투자는 1년 실적 추이와 향후 성장 가능성을 중심에 두고 봐야 한다. 또 투자기간에 따라 투자 포인트도 달리 설정해야 한다. 예컨대 단기투자자가 1년 실적을 보고 매매하는 것은 적합하지 않다. 반대로 장기투자자가 최근 주가차트만 보고 투자하는 것 또한 바람직하지 않다. 단기투자일수록 기업실적보다는 최근의 수급이나 재료에 민감한 투자가 되어야 하며, 반면 장기투자일수록 최근 수급이나 재료보다는 기업실적 추이나 전망에 포인트가 맞춰져야 한다.

한편 투자상품에 따라 장기투자의 명암이 크게 달라진다는 사실도 명심해야 한다. 이는 장기투자가 모든 경우에 옳은 것은 아니라는 것을 깨닫게 한다. 실패한 개인투자자의 상당수가 별로 좋지 않은 투자처에 투자했다가 손실을 보고 어쩔 수 없이 무작정 장기투자로 일관하는 경우가 많은 것도 이 때문이다. 예컨대, 지인의 추천 종목만 맹신하여 잘 모르는 주식에 투자했다가 원금 손실이 크게 나자 원금이 회복될 때까지 팔지 않겠다고 장기로 보유하는 경우다. 특히 잘 알지 못하는 기업 또는 재무구조가 좋지 않은 기업에 투자를 했다가 손실이 나서 어쩔 수 없이 장기로 투자하는 것은 의미가 없을 뿐만 아니라 손실을 더 키우는 어리석은 대응 방식이다. 나중에는 이익은커녕 원금이라도 회복되기를 바라겠지만, 현실에서는 손실만 더 커질 가능성이 크다. 주식전문가들이 잘 아는 주식, 우량주를 선택하라고 하는 것은 손실이 나더라도 대응하기 쉽고, 장기투자 시 수익으로 전환될 가능성이 크기 때문이다. 하지만 장기투자의 기간을 3개월로 잡는 사람일수록 몰빵의 우를 범하기 쉽다. 반대로 장기의 기간을 1년 이상으로 잡는 사람이라면 분할투자를 하는 것이 좋은 성과를 달성하기에 훨씬 유리하다.

진정한 장기투자는 무작정 장기로 투자하는 것이 아니다. '장기투자의 마인드'를 가지고 투자하는 것이다. 그렇다면 장기투자 마인드란 무엇인가? 그것은 곧 자신의 투자 목표 금액과 관계가 있다. 예컨대 현재 A라는 사람에게 투자에 쓸 수 있는 돈으로 1억 원이 있다고 하자. A에게는 3년 후 내 집 마련을 위하여 1억 5,000만 원을 만들어야 한다는 재무 목표가 있다. 그러면 3년 동안 전체 50%의 수익을 내야 한다. A가 여러 가지 재테크 수단을 고려하다가 주식이 좋은 거 같아서 3년 동안 주식에 장기투자하기로 마음먹었다. 그런데 마침 주식시장이 호황기에 접어들어서 3개월 만에 50%의 수익을 달성했다. 그래서 A는 더 이상 바라지 않고 차익 실현을 하고 주식에서 빠져나왔다. 그렇다면 A는 장기투자자인가, 아닌가? A는 장기투자자가 맞다. 만약 3개월 만에 수익이 나지 않았다면 3년 동안 투자할 수 있다는 마인드가 있었기 때문이다.

여기서 중요한 것은 기간이 아니라 목표 수익률이라는 사실이다. 만약 A가 기간만 정해 놓고 수익률을 정해 놓지 않았다면 A는 오히려 손해를 볼 수도 있다. 왜냐하면 주가라는 것이 항상 오르기만 하는 것은 아니고 장기적으로는 등락을 거듭하기 때문이다. 그런데 마침 A가 주식에 투자할 때는 주가가 상승할 때였고, A가 기대했던 시간보다 빠르게 목표 수익률을 달성할 수 있었다. 물론 A가 목표 수익률을 달성한 이후에도 주가는 계속 오를 수 있다. 하지만 그러한 기대에 바로 함정이 있다. 기대는 욕심이 되고 욕심은 도박성을 유도하기 때문이다. 그리고 도박성은 결국 실패로 귀결된다. 만약 A가 더 큰 욕심을 부렸다거나 고지식하게 3년이라는 기간을 고집했다면 오히려 손실이 날 수도 있다. 그리고 50%의 목표라는 것은 단순히 5,000만 원을 더 버는 것에 있는 것이 아니라, 내 집 마련이라는 더 큰 목적에 일조하기 위함이다. 때문에 장기투자의 마인드를 가지고 투자했다 하더라도 목표 수익이 빨리 달성되어 더 오래 투자할 의미가 없어지면 투자금과 이익을 현금으로 회수하여 수익을 확정 짓는 편이 현명한 처신이다.

장기투자자는 시장의 흐름과 자신의 투자성향에 맞는 투자상품을 선택하여 장기투자해야 한다. 장기투자로 목표 수익을 달성하는 것은 단지 기간만 채우면 되는 것이 아니다. 자신의 원칙과 기준에 맞는 수익 관리와 위험에 대한 대응도 함께할 줄 알아야 한다. 결국 장기투자 하라는 것은 반드시 긴 시간 동안 매매를 하지 말아야 한다는 것은 아닌 것이다. 하지만 그렇다고 이 말이 단기투자하라는 말은 절대 아니다. 장기로 투자를 하면 수익이 커진다는 확신을 갖는 것보다는 변화무쌍한 시장에 대해 자신만의 대응 전략을 짜는 것이 더 중요하다는 의미다. 그리고 그때의 대응이란 바로 자신의 원칙과 기준에 맞는 손절매와 추가 분할투자다.

장기투자에서 반드시 지켜야 할 두 가지

첫째 '잘못된 투자'라고 판단될 때는 즉시 손절매하라. 여기서 잘못된 투자란 자신의 투자 원칙과 기준에 반하는 투자로, 손해가 지속되는 경우를 말한다. 자신이 감내할 수 있는 손실을 초과한 주식은 과감히 손절매하고 다른 종목 또는 다른 투자처를 찾는 게 낫다. 그리고 설령 손절매한 종목이 다음 날 상한가를 치더라도 배 아파할 필요는 없다. 오히려 후회스러운 마음에 그 종목을 다시 잡게 되면 또다시 더 큰 손해를 볼 가능성이 크다. 자기 원칙과 기준을 지켰다는 것에 만족해야 한다. 그렇게 하면 다시 찾아오는 기회를 잡을 수 있고, 성공 가능성도 높아진다.

둘째, '잘된 투자'는 계속 유지하라. 여기서 잘된 투자란 단지 수익이 높은 투자를 의미하는 것이 아니라 자신의 투자 원칙과 기준에 맞는 투자다. 자신의 투자 원칙과 기준에 맞는 투자는 계속 유지하고, 여유 자금이 생기면 추가로 투자하면서 장기로 유지하는 것이 현명하다. 여기서 내가 계속 자신의 투자 원칙과 기준을 강조하고 있는 이유를 알겠는가? 자신만의 투자 원칙과 기준이 없는 사람은 자신의 투자가 잘된 투자인지 잘못된 투자인지 구별하지 못하기 때문이다. 원칙이 없는 투자는 아무리 많은 지식과 경륜과 분석력이 있다 하더라도 사상누각에 불과하다.

전문가가 혹은 지인이 대박 상품이라고 찍어주는 것에 투자한다고 '잘된 투자'가 되는 것은 아니다. 가장 중요한 것은 자신에게 맞는 투자기준을 세워 투자하는 것이다. 장기투자가 의미 있으려면 단지 기간만 길게 가져가는 것이 아니라, 자신만의 투자기준을 세워 길게 투자해야 의미가 있다는 것을 명심하자. 혹시 자신의 투자기준을 어떻게 세워야 하는지 모르겠는가? 투자기준이라는 것은 대단한 법칙이 아니므로 너무 거창하게 생각할 것 없다. 당신이 생각하기에 아주 쉽고, 실천할 수 있도록 구체적으로 세우면 된다. 예컨대 '1년 이상 투자를 원칙으로 한다', '1년 이내에 목표 수익률을 달성하면 50%는 매도하고, 50%는 계속 보유한다' 등 투자기준은 실행하기 쉽고 명확하게 만들면 된다.

한편 주식시장 사이클과 관련하여 볼 때 단기투자가 유리한 경우도 있다. 주식시장은 '상승추세 → 횡보추세→ 하락추세'를 반복한다. 상승추세에서는 그 추세가 유지되는 한 장기투자하는 것이 유리하다. 그러나 횡보추세이거나 하락추세라면 단기투자가 유리한 경우가 많다. 따라서 무조건 장기투자는 옳고, 단기투자는 그르다는 식의 이분법적 투자관은 지양하는 게 좋다. 지금 정해 놓자. 당신의 투자기간은 얼마인가? 1개월인가, 3개월인가, 1년인가, 3년인가? 지금 정해 놓지 않으면 당신은 계속해서 함정에 빠지고 말 것이다.

단기투자를 해야 할 때

내가 아는 재야 주식전문가 K 씨는 어느 날 나에게 다음과 같이 말했다.

"다들 장기투자가 좋다고 하지만 저는 단기 매매가 더 낫다고 봅니다. 우량주도 변하고, 시장 상황도 매일매일 변하기 때문이죠. 특히 추세가 하락으로 전환되는 시점에서 장기투자가 시작되면 수익은커녕 시간이 갈수록 손실만 쌓이고, 더 이상 회복하기 힘든 수준까지 손해를 보는 경우도 많아요."

그러면서 K 씨는 단기 손절매 또한 중요하다고 강조한다. 그는 신문에 날 정도의 대박은 아니지만 실제 단기투자로 많은 수익을 냈고 지금도 전업 투자자로 살고 있다.

시장이 요동을 치는데도 장기투자 관점으로 보유하라는 전문가가 많다. 하지만 장기투자가 반드시 수익을 담보하는 것은 아니다. 오히려 장기투자로 손해를 보는 경우도 있다. 2016년 5월 6만 3,700원까지 올라갔던 한국전력은 5년이 지난 시점(2021년 1월 18일 기준)에도 2만 4,800원에 불과하다. 5년 동안 주가가 오르락내리락하기는 했지만 한 번도 6만 3,700원을 넘은 적이 없었다.

물론 그렇다고 단기투자가 장기투자보다 더 낫다는 말은 아니다. 시장 상황에 따라 장기투자를 해야 할지 단기투자를 해야 할지 달리 판단해야 한다는 뜻이다. 그리고 단기투자를 하려고 할 때는 다음의 몇 가지 조건이 필요하다.

첫째, 단기투자는 주가가 박스권에서 횡보할 때 유효하다. 즉 주가가 크게 오르지도 않고 크게 내리지도 않은 상황이 상당 기간 지속되는 상황에서 유효하다는 것이다. 주가가 추세적으로 상승할 때는 상승추세가 꺾일 때까지 장기투자하는 것이 가장 좋다. 그러나 주가는 일정한 박스권에서 횡보할 때도 많다. 장기간 횡보하는 시장에서 장기로 투자하게 되면 엄청나게 여유 있고 느긋한 성격의 투자자가 아닐 경우 결국 지치고 만다. 게다가 자신이 투자한 종목은 크게 오르지도 크게 내리지도 않은 상황에서 다른 종목만 꾸준히 올라간다면 상대적 박탈감은 더욱 커지고 불안감만 증폭된다. 그럴 때는 차라리 박스권 하단부에서 매수하고 상단부에서 매도하는 단기투자가 유효하다.

〈그림 2-1〉을 보면 웹젠 주식은 2020년 7월부터 2021년 1월까지 코스피가 870포인트(+39%) 오르는 동안 박스권(3만 2,000원~4만 원)에서 횡보만 했다.

다른 주식들은 잘 올라가는데 이 주식은 크게 오르지도 내리지도 않았다. 다른 주식은 오르는데 내가 산 주식만 박스권에서 맴돌고 있으면 상대적으로 박탈감이 커진다. 그렇다면 차라리 3만 2,000원 정도에서 사고 4만 원 정도에서 파는 단기 매매를 반복하는 것이 낫다. 하지만 이러한 단기 매매는 수수료와 세금이 많이 나가고, 추세가 하락반전되면 자칫 큰 손해를 볼 수 있다는 점에 유의해야 한다.

둘째, 주가가 하락추세일 경우에는 단기투자가 필수다. 주가가 떨어지고 있는데 장기투자하는 것은 매우 위험하다. 시간이 갈수록 손실 폭이 커질 가능성이 농후하다. 손실이 난 후에도 계속 오랫동안 보유해서

그림 2-1 · 웹젠 주가 추이 ·

운 좋게 2~3년 후에 원금을 회복한다고 해도, 2~3년 동안 시간 낭비하고 마음고생한 것을 생각하면 손해나 마찬가지다.

〈그림 2-2〉를 보자. 롯데쇼핑은 2011년 6월 말 주가가 50만 원대까지 올랐다가 떨어지기 시작했다. 그 이후 이동평균선도 우하향하고 이전 고점도 점점 낮아지는 하락추세로 진행되었다.

2011년 6월 50만 원대이던 롯데쇼핑의 주가가 그해 12월 30만 원대까지 떨어졌다. 업종 대표주인 롯데쇼핑이 40%나 빠진 것을 확인하고 31만 2,400원에 매수한 사람이 있다고 가정해보자. 2011년 12월 매수 시점에서 보면 최저가로 매수하여 가장 싸게 산 것처럼 보인다. 하지만 차트를 살펴보면 주가의 고점이 점점 낮아지고 있음을 확인할 수 있다. 시간이 지남에 따라 주가의 고점이 낮아진다는 것은 하락추세를 의미한다. 하락추세의 징후가 보이면 설령 투자한 지 일주일밖에

그림 2-2   • 롯데쇼핑 주가 추이 •

안 되었어도 손절매하고 빠져나오는 것이 현명하다. 이러한 손절매는 단기투자이고 손해를 본 것이지만 현명한 투자다. 왜냐하면 이 종목은 그 이후 단 한 번도 50만 원을 넘지 못했고 2021년 1월 18일 기준 11만 2,000원이었다. 만약 2011년 12월에 매수하여 2021년 1월까지 10년째 보유하고 있다 해도 수익률은 −64%다. 하락추세에 있는 종목을 단기투자(단기 손절매)로 매듭짓지 못하면 쪽박이 될 수도 있음을 명심해야 한다.

셋째, 성격이 급하고 자신의 매매기준이 분명한 사람은 단기투자가 적합하다. 하지만 일반적으로 투자전문가가 아니라면 단기투자는 지양하는 것이 좋다. 단기투자를 자주 할수록 비용(수수료와 세금)이 많아지고, 장기투자로 크게 수익이 날 수 있었던 종목에 대해 단기투자하여 작은 수익에 그치는 경우가 많기 때문이다. 다만, 성격상 장기투자를 할 경우 오히려 스트레스를 받는 사람이라면 단기투자가 효과적인 방식이 될 수 있다. 또 주식 초보자가 투자 연습을 하기 위해 단기로 투자하는 것은 성공 여부와 상관없이 향후 목돈 투자를 위한 경험이 된다는 점에서 유익하다. 다만 초보자의 투자 연습용 단기투자는 100만 원 이하의 소액으로 하기 바란다.

단기투자자는 매매 타이밍을 잘 잡을 줄 알아야 한다. 매매 타이밍을 잘 잡으려면 자신만의 매매기준과 원칙이 분명해야 한다. 그렇지 않다면 단기투자는 쪽박으로 끝나기가 쉽다. 또 단기투자에 성공하기 위해서는 기술적 분석 방법을 공부하여 자기만의 매매 기법을 만들어서 투자해야 한다는 사실도 명심해야 한다(기술적 분석 방법에 대해서는 일곱 번째 공식에서 자세히 설명하도록 하겠다).

장기투자를 해야 할 때

주식도 10년만 들고 있으면 엄청난 대박이 날 수 있다. 엔씨소프트는 2020년 1월부터 2021년 1월까지 1년간 49%(63만 원→93만 8,000원)가 올랐다. 2010년 1월 초부터 지금까지 투자했다면 5배(14만 7,000원→93만 8,000원) 이상 올랐다. 리노공업도 2020년 1월부터 2021년 1월까지 121%(6만 9,000원→15만 2,500원) 이상 올랐고 2010년과 비교하면 18배(7,900원→15만 2,500원) 올랐다. 셀트리온은 2010년과 비교하면 10년 동안 22배(1만 3,720원→31만 4,000원) 이상 올랐다. 만약 2010년에 이런 종목들에 1,000만 원씩 투자해 놓고 2021년까지 가만히 두었다면 그 수익률은 과히 환상적이다.

물론 이들 종목도 단기적으로 보면 등락이 많았다. 실제로 어떤 투자자는 이들 종목에 투자했다가 손해를 보기도 했다. 하지만 단기적인 등

그림 2-3	• 1,000만 원을 장기투자할 경우의 수익률 •				
구분	2010.1.4. 주가	2021.1.18 주가	수익률	투자 원금	투자평가액
엔씨소프트	147,000	938,000	538%	10,000,000	63,809,524
리노공업	7,900	152,500	1,830%	10,000,000	193,037,975
셀트리온	13,720	314,000	2,189%	10,000,000	228,862,974

락에 연연하지 않고 장기간 지긋하게 기다린 사람은 엄청난 수익을 올리게 된 것이다. 그런데 이 글을 쓰고 있는 나를 비롯하여 주식투자를 하는 대부분의 사람들은 어느 한 종목을 사서 10년 이상 보유하는 경우는 거의 없다. 100% 수익이 나서 좋다고 팔아버린 사람도 있고, 단기적인 급락에 놀라 손절매한 사람도 있다. 안타깝게도 대부분의 투자자들은 주가가 올라가든 내려가든 오래 버티지 못한다.

장기투자가 높은 수익으로 보답한다는 사실은 누구나 상식적으로 알고 있다. 문제는 인간의 본능 때문에, 그리고 주어진 상황 때문에 10년 동안 기다리지 못한다는 것이다. 예를 들어 10년이라는 기간에는 주식을 팔아야 할 상황이 아주 많다. 처녀, 총각으로 지내다가 결혼을 하게 되면 결혼 자금 때문에 주식을 팔아야 한다. 전세금을 올려주기 위해 주식을 팔아야 한다. 애들 학원을 보내기 위해 주식을 팔아야 한다. 갑자기 부모님이 큰 병으로 입원하셔서 주식을 팔아야 한다. 집 사려고 주식을 팔기도 하고 수익은커녕 손해만 보니까 팔기도 한다. 이렇듯 세상은 주식을 사서 10년 동안 보유하게끔 내버려 두지 않는다. 마음은 장기투자를 하고 싶어도 현실은 그렇게 하도록 가만두지 않는다.

정녕 10년 이상 장기투자를 할 수는 없는 것일까? 방법이 전혀 없는 것은 아니다. 투자금이 많다고 하더라도 처음에는 소액으로 시작하면 된다. 장기투자와 분할 매수를 병행하는 것이 답이다. 여유 자금 중 일부만 미래에 투자한다고 생각해야 한다. 어차피 주식을 한꺼번에 다 사 놓는다고 최저점에 사는 것도 아니고 최고의 수익을 내는 것도 아니다. 주식 시세는 수시로 변하기 때문에 한 번에 몰빵하는 것보다 소액으로 분할 매수하는 것이 위험을 줄이면서 높은 수익을 낼 수 있는 비결이다.

기간을 정하고 일단 시작하는 것이 중요하다. 1~2년은 종잣돈을 만든다는 생각으로, 그 이후는 장기투자를 통해 불린다는 생각으로 투자하면 된다. 장기투자라는 원칙만 지킬 수 있다면 종목 선택도 그다지 어렵지 않다. 업종 대표주 중에서 하나를 선택하거나 시장 수익률과 유사하게 움직이는 ETF를 선택하면 된다(ETF^{exchange traded fund}란 우리말로 '상장지수펀드'라고 한다. ETF는 특정 주가지수와 연동하여 수익률을 얻을 수 있도록 설계된 '지수 연동형 펀드(인덱스펀드^{Index Fund})'로서, 거래소에서 주식처럼 거래된다). 유의할 것은 일시적인 테마주나 변동성이 큰 중소형주는 업종 대표주에 비해 손실 확률이 크므로 장기투자종목으로는 적합하지 않다는 것이다.

다시 한번 강조하지만, 장기투자가 무조건 대박을 담보하는 것은 아니다. 이 때문에 장기투자를 한다고 해서 10년 투자로 10배 수익을 기대하는 것은 지나친 욕심이다. 시장수익률(코스피 상승률) 정도의 수익률이면 잘한 것이라고 생각해야 된다. 사실 대박은 운이 좋은 사람들한테나 있는 것이지 모든 사람들에게 오는 것은 아니다. 인정할 것은 인정해야 한다. 하지만 역으로 생각하면 진정한 대박은 장기투자에서 나올 가능성이 크다. 앞에서 예시한 엔씨소프트나 셀트리온의 경우에서 볼 수 있듯이 장기투자가 대박의 확률을 높이기 때문이다. 대박의 운도 인

내를 가지고 준비한 자에게만 온다.

장기투자, 자신의 투자 입맛을 알고 하라

주가가 폭락하여 손실이 너무 커지면 많은 금융회사 직원들은 이제 장기투자를 하는 수밖에 없다고들 말한다. 이를 비자발적인 장기투자라고 한다. 그런데 손실이 50% 나면 100% 수익을 내야 원금에 도달하고, 손실이 90% 나면 900% 수익을 내야 원금에 도달한다. 예컨대 주식에 1,000만 원을 투자했는데 50% 손실이 나서 500만 원이 되면, 500만 원에서 100% 수익이 나야 1,000만 원이라는 원금에 도달할 수 있는 것이다. 손실이 클수록 향후 수익률은 손실률보다 훨씬 높아져야 원금이 된다. 그런데 100%의 수익을 내기가 어디 쉬운가?

그래서 투자를 많이 해 본 사람은 "손절매를 잘하는 사람이 고수다"라고 이구동성으로 말한다. 아무리 장기투자의 자세를 가지고 있다고 하더라도 위험한 상황에서 손절매를 하지 못하면 오히려 엄청난 손실만 키울 수 있다는 것이다. 때문에 자신의 투자 입맛, 즉 위험을 감수할 수 있는 수준에서 벗어난 투자를 했다면 하루라도 빨리 자신의 입맛에 맞는 투자로 교체하는 것이 현명하다. 예를 들어 여기 투자자 A가 있다고 하자. A는 주식투자 도중 20% 정도까지는 손실이 나도 참을 수 있다. 하지만 그 이상 손실이 나면 참기 힘들다. 그렇다면 투자자 A의 투자 입맛, 즉 손실 감내 수준은 '-20%'이다. 손실 감내 수준이 바로 손절매 기준이 되어야 한다. 따라서 A 종목을 매수했다면 설령 주가가 떨어지더라도 -20%가 되지 않는 한 계속 보유하고, 손실이 -20%를 넘게 되면 미련 없이 A 종목을 손절매하는 것이 유리하다. 손실 감내 수준을 벗어나는 장기투자는 결국 원금 회복도 점점 어렵게 만들기 때문이다.

당신은 과연 어느 정도로 투자 손실을 감내할 수 있는가? 이 질문이 당신이 다음으로 대답해야 할 질문이다.

세 번째 공식

◇

손절매
기준을 정하고
반드시 지켜라

교통사고가 무섭다고 차를 타지 말아야 하나

추락하는 것에는 날개가 있다지만 폭락하는 증시에는 날개가 없다. 2020년 3월 코로나19 팬데믹 위기로 전 세계 증시가 폭락하자 그 손실은 고스란히 주식투자자들에게 안겨졌다. 금액이 작으면 그나마 다행이지만 크게 손실이 난 사람들은 지푸라기라도 잡고 싶은 심정이었을 것이다.

박철기 씨 또한 큰 손실을 보고 금융회사 직원의 추천 상품에 치를 떨고 있었다. 그는 2020년 1월, 큰 수익을 낼 수 있을 것이라는 금융회사 직원의 말을 믿고 증권에 투자했다가 큰 손실을 보았다. 증시가 단기에 10% 급락하여 코스피지수 2,000이 무너졌을 때 금융회사 직원을 찾아가 주식과 펀드의 매도를 요청했으나 세 번이나 그냥 돌아왔다. 금융회사 직원의 전망을 듣고 나면 손절매보다는 유지해야겠다는 쪽으로 생각이 바뀌고 말았다.

하지만 코스피는 갈수록 더 큰 폭으로 하락했고 손실도 점점 커졌다. 참다못한 박철기 씨는 코스피 1,500포인트가 무너지자 모든 주식과 펀드를 팔아버렸다. 그리고 "다시는 증권 투자를 하지 않겠다"고 분을 토했다. 그에게는 믿을 만한 사람도 없고 믿을 만한 상품도 더 이상 없었다. 하지만 한번 투자 실패를 했다고 다시는 투자를 하지 않는 것이 과연 현명한 판단일까? 아래의 대화 내용을 곱씹어 보도록 하자

전문가 : 차를 타면 교통사고가 날 수 있으니까 차는 절대로 타지 말아야 할까요?

박철기 : 그건 아니죠. 차 없이 어떻게 살 수 있겠어요.

전문가 : 유능한 자동차 외판원이 초보 운전자라도 '좋은 차'를 사면 베스트 드라이버가 될 수 있다고 합니다. 그 말을 믿고 '좋은 차'를 사야 할까요?

박철기 : 좋은 차 산다고 운전을 잘하는 것은 아니죠.

전문가 : 그럼 초보자가 자동차 운전을 잘하려면 어떻게 해야 하죠?

박철기 : 그야 당연히 제대로 배우고 경험도 쌓아야지요.

전문가 : 지금 예금을 하면 실질 금리 마이너스라고 합니다. 그런데 주식투자는 손실이 날 수 있으니까 절대 하지 말아야 하나요?

박철기 : 하긴 금리가 낮으니 예금만 할 수는 없지요. 주식투자가 필요하긴 한데…

전문가 : 금융회사 직원이 '유망주식'이라며 향후 고수익이 날 것이라고 합니다. 그 말만 믿고 덥석 주식에 투자해야 할까요?

박철기 : 아이고, 그 말 믿고 투자했다가 지금 손해가 이만저만이 아닙니다.

전문가 : 그럼 주식투자를 하긴 해야 하는데 어떻게 해야 할까요?

박철기 : 운전 시작할 때처럼 제대로 배우고 하라는 얘기군요.

전문가 : 맞습니다. 투자 실패로 손실을 봤다고 무조건 피하는 것이 능사는 아니지요. 그건 마치 교통사고 한 번 났으니 차는 절대로 타지 않겠다는 것과 같아요.

추천 종목 맹신, 이젠 그만

시장이 하락할 때 금융회사는 고객의 돈이 빠져나가는 것이 두렵다. 일단 돈이 빠져나가면 다시 들어오기가 쉽지 않다는 것을 잘 알기 때문이다. 고객을 관리하는 담당 직원도 마찬가지다. 관리 고객의 자금이 빠져나갈수록 자신의 실적에 치명타를 입게 되고, 이는 고스란히 인센티브나 인사에도 영향을 끼친다. 그래서일까? 아무리 고객이 손해를 봐도 금융회사 직원은 장기투자로 유도하거나 또 다른 유망종목을 소개하는 데 집중하게 된다. 그리고 지식도 부족하고 경험도 부족한 개인투자자는 그들의 말을 따를 수밖에 없다. 특별한 대안이 있는 것도 아니고 손해를 조금이라도 회복하고자 하는 간절함 때문이다. 그런데도 손실이 커지면 불신이 커진다. 그래서 더 이상은 믿지 않겠다고 결심한다. 하지만 시간이 흐르면 또 그들을 찾아간다. 특별한 대안이 없기 때문이다. 그리고 또다시 같은 실패를 반복한다. '실패 → 성공 → 맹신 → 실패 → 불신'의 악순환이 되풀이되는 것이다. 언제까지 이런 악순환을 되풀이할 것인가?

-10%, 그 이상 손실은 안 된다

주식은 예금보다 훨씬 많은 수익을 기대할 수 있으나 그만큼 큰 손해를 볼 수도 있다. 그런데 대부분의 주식 초보에게는 큰 손실에 대한 준비보다는 큰 수익에 대한 기대가 훨씬 크다. 문제는 여기서부터 발생한다. 일시적으로 큰 수익이 날 때는 좋은데 어느 순간 갑자기 손해가 나는 상황이 발생한다. 이익의 폭이 줄어드는 것이 아니라 원금마저 줄어드는 것이다. 이런 상황에서 원금 손실을 감내할 수 없는 사람은 실제로 원금 손실이 나기 시작할 때 당황하기 시작한다. 하지만 손실에 대한 어떤 기준점이나 대비책도 생각해 놓지 않았기 때문에 어떻게 해야 할지 답을 찾지 못한다. 그러는 사이 손실은 불어나고 그럴수록 더 불안해진다.

처음부터 원금이 깨질 수 있다는 걸 전제하고 준비를 했더라면 실제로 원금이 깨지는 상황이 닥쳤을 때 어떻게 대응할지 결정하는 것은 그리 어렵지 않다. 그러나 원금에 대한 집착이 큰 사람은 걱정만 하거나 막연히 원금이 회복되기를 빌기만 한다. 그런데 주식시장은 냉정하다. 그래서 불안하고 걱정하는 사람들은 주식시장을 움직이는 세력들의 가장 좋은 먹잇감이 된다. 이 때문에 먹잇감이 되지 않으려면 주식투자를 시작할 때부터 원금이 깎일 수도 있다는 사실을 인정하고 미리 대비해 두어야 한다. 세계 최고의 투자 고수인 워런 버핏도 손해 볼 때가 있었고, 최고의 펀드매니저도 투자한 종목의 상당수가 손해 보는 일이 비일비재하다.

그렇다면 원금 손실을 감수하는 건 좋은데, 얼마만큼 감수해야 하는 것일까? 이것은 간단하게 정할 문제가 아니다. 왜냐하면 원금 손실 감수 수준에 따라 투자할 종목 구성 자체가 달라질 수 있기 때문이다. 예컨대 김초보 씨가 "어느 정도 원금 손실을 감내할 수 있는가?"라는 질문에 원금 500만 원 중 50만 원(-10%) 정도는 깨져도 된다고 대답했다고 하자. 그렇다면 김초보 씨가 선택할 만한 주식은 주식시장이 폭락해도 10% 이상 손실이 나지 않을 만한 종목이어야 한다. 그렇다면 급등락이 심한 코스닥 테마주보다는 비교적 안정적인 코스피의 업종 대표주가 적당하다. 그런데 만약 김초보 씨가 반토막(-50%) 나도 괜찮다고 할 만큼 손실감수 수준이 높다면 코스닥 테마주나 급등주를 선택하는 것도 가능하다. 물론 초보 투자자가 원금 손실 수준을 과도하게 높게 잡거나, 그로 인해 급등락이 큰 주식을 선택하는 것은 그리 바람직하지 않지만 말이다.

반면 "어느 정도 원금 손실을 감내할 수 있는가?"라는 질문에 대해 생각조차 하지 않은 주식 초보는 자신의 손실감수 수준과 상관없이 아무 종목이나 선택하게 된다. 주식은 본질적으로 손실을 수반하는 투자 상품이다. 이를 무시하면 그 본질을 전혀 모르고 투자하는 것과 마찬가지다. 이런 투자자는 실제로 손실 수준이 어느 정도 인지는 전혀 생각하지 않기 때문에 엉뚱한 주식을 선택하여 손실이 날 가능성이 커지게 된다. 또 손실이 났을 때 어떻게 해야 손실을 줄이고 만회할 수 있는지 그 답을 찾지 못하고 헤맨다.

주식투자의 첫걸음은 손실을 인정하는 데서 출발한다. 따라서 주식 초보자는 물론이고, 주식에 투자하면 당연히 손실이 날 수 있다는 사실을 경험적으로 알고 있는 투자자라 할지라도 다시 한번 다음과 같은 질문에 분명하게 대답할 수 있어야 한다.

1. 손실을 인정할 수 있는가?

2. 인정한다면 얼마만큼 인정할 수 있는가?

3. 실제로 손실이 날 때 어떻게 대응할 것인가?

이 3가지 질문에 바로 답이 나오지 않는다면 내가 하는 방법을 참고하기 바란다. 나는 첫째, 주식투자로 있을 수 있는 손실을 인정한다. 둘째, 손실이 나는 것을 인정하되, 투자금의 10% 이상 깨지는 것은 원치 않는다. 셋째, 10% 이상 손실이 나면 손절매한 다음 한동안 투자를 쉬면서 다른 종목 또는 대안 투자를 발굴하는 데 힘쓴다.

이러한 시나리오를 만들어 놓으면 어떤 경우에도 주식투자로 속앓이를 하는 경우는 없게 된다. 자신이 매수한 주식이 올라가면 손해 볼 일이 없으니 여유롭게 즐기면 된다. 반대로 손실이 나더라도 10% 이내이면 감수할 수 있는 손해이니 기다릴 수 있다. 손실이 10% 이상이 되면 내 기준에 벗어나는 것이니 손절매하고 다시 생각하면 된다. 주식투자로 안절부절하지 않으려면 이렇게 우선 손실 기준을 명확히 정해 놓아야 한다는 점을 명심해야 한다. 지금 정해 놓자! 당신의 손실감수 수준은 어느 정도인가? -10%, -20%, -30%, -50%?

또 손실감수 수준을 초과하는 손실이 났을 때 어떻게 대응할 것인지도 정해놓자. 이때는 즉시 손절매하고 투자 휴식기를 갖거나, 잠시 마음을 비우기 위해 여행을 떠나는 것도 한 방법이다. 아니면 10년 이상 장기투자할 각오로 추가 매수를 하는 방법도 있다.

네 번째 공식

◇

목표 수익률은
손실감수 수준의
두 배로 잡아라

월 5%씩 수익을 낼 수 있다면

내가 증권사에 근무할 때의 일이다. 주식에 처음 투자하려는 어떤 노신사가 찾아왔다. 상담을 하다 보니 그는 아주 보수적인 사람이었다. 그래서 그는 지금까지 예금과 부동산에만 투자를 해 왔고, 주식은 처음이라고 했다. 노신사가 말하길 "나는 큰 욕심 없어요. 매월 5% 수익만 나면 만족합니다." 다른 사람들은 주식투자로 수익률 100% 이상 욕심을 부리지만 자신은 5%로 만족할 테니 안전한 주식만 사달라는 것이었다.

그에게 주식투자는 손실이 날 수도 있다고 말해주자 그는 "손해가 날 것이라면 내가 뭣 때문에 당신에게 부탁하겠소? 당신은 주식전문가 아니오? 그러면 고객의 돈을 불려줘야지. 더군다나 내가 대박을 내 달라는 것도 아니고 고작 5% 수익만 내 달라는데…" 하며 못마땅하다는 표정을 지었다.

그 노신사의 마음을 이해하지 못하는 것은 아니었지만 생각해 보면 참 어처구니없는 상담이었다. 내가 매월 5%씩 수익을 낼 수 있다면 아마도 집안의 모든 돈을 끌어들이고, 대출이란 대출은 모두 받아 주식에 투자할 것이다. 노신사는 증권사 직원이 50%도 아니고 5% 수익도 못

내냐며 질책했다. 명예퇴직으로 직장을 그만두었지만 5% 정도의 수익만 나면 그가 생활하는 데 지장이 없으므로 그 이상은 바라지도 않는다고 했다. 하지만 그는 정확히 말해 5% 수익을 요구한 것이 아니라 최소 60% 이상의 수익을 요구한 것이다. 매월 5%를 요구했으므로 연간으로 보면 60% 이상이기 때문이다. 우리가 뉴스에서 접하는 은행의 이자율은 연간 이자율이다. 당시 은행 예적금의 이자율이 연간 3%를 넘기 힘들었는데 월 수익을 5% 달성하라니, 정말 무리한 요구다. 게다가 주식투자의 속성상 손해가 날 수 있는 기간도 있는데 그 노신사는 그것도 용납하지 않았다.

주식은 매달 이자를 주는 월이자 지급식 정기예금이 아니다. 주식은 본질적으로 매달 5%씩 수익을 낼 수가 없다. 주가는 대세 상승추세에서도 떨어지는 시기가 있기 때문이다. 상승추세를 잘 타서 연 60%의 수익률을 냈다고 해도 그것이 매월 5%씩 상승하여 수익이 나는 것이 아니라는 말이다. 6개월 동안 하락하다가 그 후 6개월간 상승하여 60%가 될 수도 있고, 11개월 동안 오르지 않다가 마지막 한 달 만에 60% 상승할 수도 있다. 반면 6개월 동안 상승하다가 그 후 6개월은 하락하여 수익은커녕 손실이 날 수도 있다. 나는 그에게 주식의 기초부터 실전까지 1년 동안이나 컨설팅을 한 끝에 겨우 고객으로 만들 수 있었다. 그가 주식의 본질을 아는 데 무려 1년이나 걸렸던 것이다.

주식투자로 매월 얼마씩 벌려는 생각으로 주식투자를 하는 것은 주식시장의 생리를 모르는 것이다. 그래서 나는 주식으로 매월 생활비를 벌려는 전업 투자자는 바람직하지 않다고 본다. 주식시장은 본질적으로 절대 생활비를 꼬박꼬박 벌게 만들어주지 않기 때문이다.

20%만 잡자

주식투자를 하는 가장 큰 이유는 바로 높은 수익성 때문이다. 의약품 제조업체인 신풍제약의 주가는 2020년 3월 19일 기준 6,510원이었으나 그해 7월 말에 10배가 넘는 6만 9,000원이 되었고, 그 후 두 달이 채 되기 전인 9월 21일에는 21만 4,000원까지 올랐었다. 6,900원에 사서 21만 4,000원에 팔았다면 수익률은 6개월 만에 무려 3,187%나 된다. 유전자 분석 관련 기술 및 시약 개발업체인 씨젠의 주가는 2020년 1월 2일 기준 3만 950원이었으나 같은 해 8월 10일 32만 2,200원까지 치솟았다(상승률 941%). 주식시장에는 아주 드물지만 이런 기업들이 있기 때문에 단기에 대박 나는 사람들이 있는 것이다. 가끔 유명 연예인 중에도 주식으로 대박을 냈다는 기사가 나오기도 한다. 실제 그런 대박 사례가 있으니 주식이 대박을 낼 수도 있는 상품임에는 틀림없다.

그래서인지 주식 초보자들에게 주식투자로 얼마나 수익을 내고 싶냐고 물으면 2배, 3배, 10배 등 상당히 높은 수익률을 기대한다. 20% 정도의 수익을 내기 위해 주식에 투자하겠다는 사람은 거의 없다. 그런데 정작 투자의 고수는 20%의 수익만 내도 아주 높은 수익이라고 만족한다. 반면 초보 투자자는 20%의 수익에 만족하는 사람이 거의 없다.

대부분의 주식 초보들은 주식투자를 통해 현실적으로 달성하기 힘든 수익률을 기대한다. 월가의 영웅 피터 린치가 운용하여 13년간 최고의 수익률을 냈다는 마젤란 펀드도 연평균 수익률이 29%였다는 사실을 그들은 모르고 있거나 알고도 모른 체한다. 피터 린치는 돈도 많았고, 많은 정보를 가지고 있었으며, 실전 경험이나 지식도 최고 수준이었다. 그런데 우리의 주식 초보자들은 그 어느 것도 내세울 것이 없으면서 수익률은 피터 린치의 수익률보다 훨씬 높은 수익률을 기대하는 것이다. 초보 투자자들의 기대 수익률로만 놓고 보자면 그들에게 있어 주식투자란 로또를 사는 것과 크게 다르지 않다.

주식투자는 결코 로또나 도박이 아니다. 분석적이고 합리적으로 접근해야 하는 투자다. 때문에 수익률도 합리적으로 정해 놓아야 한다. 손실률과 마찬가지로 수익률을 정해 놓는 것은 대단히 중요하다. 수익률을 정해 놓지 않으면 수익이 나는 상황에서도 차익실현을 못하고 망설이다가 주가 하락으로 오히려 손해를 보는 경우가 많기 때문이다.

그렇다면 주식투자로 어느 정도의 수익을 기대하는 것이 좋을까? 물론 사람마다 원하는 수준은 모두 다를 것이다. 그리고 수익률은 클수록 좋다고 생각할 것이다. 하지만 중요한 것은 그 목표 수익률 수준이 합리적인 수준이어야 한다는 것이다. 실현 가능성이 적은 허황된 대박은 버리고 객관적으로 실현 가능할 만한 수준의 목표 수익률을 정하라. 목표 수익률을 스스로 정할 수 있다면 그렇게 하고, 목표 수익률에 기준이 없다면 다음 방법을 따라하기 바란다.

목표 수익률은 원칙적으로 자신이 정한 손실감수 수준의 두 배로 잡는다. 즉, 손실감수 수준을 -10%로 잡았다면 목표 수익률은 +20%로 잡는 것이다. 물론 기술적으로 약간의 예외는 있지만 이처럼 원칙을 정해 놓는 것은 매우 중요하다. 왜냐하면 이러한 원칙이 없으면 매도 타이밍을 놓치기 십상이기 때문이다. 많은 주식 초보자가 투자기간 중 20% 이상의 수익을 냈다가도 정작 매도 원칙이 없어서 손실을 보는 경우가 비일비재하다. 원칙은 투자 고수처럼 복잡하고 현란할 필요가 없다. 아주 단순한 게 좋다. 당신의 목표 수익률은 얼마인가? 10%, 20%, 30%? 지금 정하자. 또 목표 수익률이 달성되면 그다음은 어떻게 대응할 것인지도 미리 정해두자. 매도하여 예금에 넣을지, 부동산에 투자할지, 추가 매수하여 장기 보유 후 노후자금으로 사용할지.

다섯 번째 공식

◇

하락세는 쉬고, 상승세에만 올라타라

지금까지 말한 4가지 원칙을 명확하게 이해하고 있다면 주식투자를 위한 최소한의 기반이 마련됐다고 볼 수 있다. 하지만 만약 그 4가지 원칙에 대해 분명하게 이해하지 못하거나 고민하고 있는 상태라면 주식투자에 나서지 말아야 한다. 만약 자신에게 맞는 답을 찾기가 어렵다면 믿을 만한 주식전문가를 찾아 상담을 하는 것도 좋은 방법이다.

앞의 4가지 원칙을 이해했다면 이제 실전으로 들어갈 차례다. 어떤 종목을 언제 어떻게 사야 하는가에 대한 답을 찾아가는 것이다. 이에 대한 답은 스스로 찾아가는 것이 가장 좋다. 만약 스스로 찾기가 힘들다면 적어도 어떤 기준을 가지고 있어야 하는지 알아야 한다. 다시 말해 당신이 주식에 직접투자를 하지 않고 주변의 누군가에게 도움을 받고 있는 상황이라면, 그 도움을 주는 상대가 진실로 믿을 만한 사람인지 파악할 수 있는 기준은 있어야 한다는 말이다.

실전에서 직접 주식투자를 하게 될 때 증권사 직원이나 주식전문가라는 사람들의 말만 믿고 투자하는 사람이 많다. 아무래도 자신보다는 전문가이고 정보도 많을 것이라는 믿음 때문이다. 하지만 증권사 직원이나 전문가를 통하여 주식투자를 하더라도 다음에 제시될 5가지 원칙은 꼭 유념해야 하며, 그들이 추천한 종목이 무조건 잘 오를 것이라는 환상은 버려야 한다. 누군가의 도움을 받더라도 그것은 도움일 뿐이지 결과에 대한 책임은 전적으로 투자를 하는 당신에게 있다. 때문에 당신 스스로가 투자에 대한 원칙과 기준, 그리고 방식을 명확히 해야 하고 흔들려서는 안 된다. 이후로 제시될 5가지 원칙을 분명하게 이해할 수 있다면, 당신은 가짜 전문가에게 속지 않고 당신만의 원칙과 방식으로 성공적인 투자를 해 나갈 수 있을 것이다.

추세 판단을 먼저하라

'때가 올 때까지 기다리는 사람이 성공한다'는 주식 격언이 있다. 주식시장에는 추세가 있기 때문이다. 주식시장은 상승추세, 하락추세, 횡보추세를 반복한다.

우리나라에서 미니스커트의 열풍을 몰고 온 사람은 가수 윤복희였다. 1967년, 당시로서는 파격적인 미니스커트를 입고 비행기에서 내린 그녀의 모습은 변화를 갈망한 여성들에게 오랜 가뭄 끝의 소나기와 같은 시원한 충격을 주었다. 그리고 미니스커트는 하나의 트렌드를 형성하며 상당 기간 인기를 끌었다. 휴대폰은 또 어떤가? 불과 20년 전까지만 해도 스마트폰이라는 것이 지금처럼 휴대폰 시장을 휩쓸게 되리라고는 아무도 예측하지 못했다. 하지만 지금은 스마트폰이 아닌 휴대폰은 구닥다리 취급을 받고 있고, 이러한 추세는 새로운 형태의 휴대폰이 등장할 때까지 지속될 것이다.

주식시장도 마찬가지다. 트렌드나 시장 환경의 변화와 마찬가지로 주식도 한번 추세가 형성되면 그 추세가 한동안 계속되는 성질이 있다. 주식시장에서 성공하려면 '추세'를 파악할 줄 알아야 한다. 추세를 제대로 알면 언제 주식을 매수해야 하는지, 언제 주식을 매도해야 하는지 바로 판단할 수 있기 때문이다.

주식시장은 사이클이 있고, 사이클과 사이클 사이에 상승추세 국면, 하락추세 국면, 횡보추세 국면(비추세 국면 또는 박스권이라고도 함)이 반복적으로 진행된다. 각 추세 국면마다 매매기준이 다르다. 그렇다면 어떤 추세에서 어떻게 매매해야 해야 성공할까? 결론부터 말하면 상승추세 국면에는 매수하고, 하락추세 국면에는 매도, 횡보추세 국면에서는 관망하는 것이 원칙이다. 예컨대 주식시장이 3년 주기(사이클)로 움직이고, 그 3년 중 1년은 상승추세 국면, 1년은 하락추세 국면, 1년은 횡보추세 국면이라고 가정해 보자. 그렇다면 3년 중 상승추세일 때

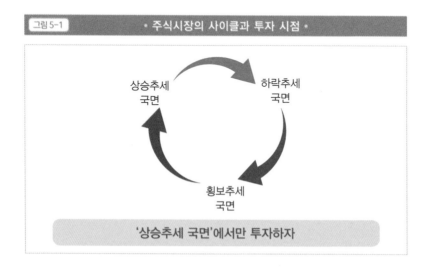

그림 5-1 • 주식시장의 사이클과 투자 시점 •

상승추세 국면

하락추세 국면

횡보추세 국면

'상승추세 국면'에서만 투자하자

주식을 사고, 하락추세가 되면 주식을 팔아라. 그리고 횡보추세일 때는 관망하라. 관망하라는 것은 만약 이 시기에 주식을 보유하고 있다면 팔지 말고, 주식이 없는 상태라면 아직 사지 말라는 의미이다. 하락이나 횡보추세일 때 주식투자를 하지 않음으로써 주식투자 실패의 2/3는 막을 수 있다. 다시 말해 상승추세에서 투자하면 성공할 확률을 2/3 이상 높일 수 있다. 따라서 지금이 만약 하락 또는 횡보추세라면 상승추세가 될 때까지 기다리는 사람이 성공할 수 있다.

실패한 투자자의 대부분은 하락추세에서 투자한 경우가 많다. 반면 상승추세에서는 투자의 문외한도 주식투자에 성공하는 경우가 많다. 문제는 상승추세에서 매수하여 돈을 벌어놓고도 횡보 또는 하락추세로 바뀌었는데도 계속 투자를 해서 손해를 보는 경우이다(또는 하락추세에서 손해를 본 다음 상승추세에서 이익을 내지만 원금 회복을 못하여 결과적으로는 손해로 끝나는 경우도 문제다).

지금 당신이 스스로 판단하기가 힘들어서 증권사 직원이나 전문가와 상담을 하고 있다면 지금이 어떤 추세인지 물어라. 횡보추세라고 한다면 아직 투자 적기는 아니므로 관망하는 것이 유리하다. 하락추세라고 한다면 더더욱 투자할 때가 아니니 미련 두지 말고 주식시장을 멀리해야 한다. 하지만 상승추세라고 한다면 주식시장에 관심을 가질 때다. 이때는 대량 질문 공세를 펼치면서 투자를 시작해야 한다.

반드시 추세부터 파악해야 한다는 걸 명심하고, 상승추세일 경우에만 투자해야 한다는 걸 가슴 깊이 새겨 두라.

추세를 판단하는 방법

당신은 두 가지 게임 중 하나를 선택할 수 있다. A 게임은 질 확률이 70%, B 게임은 이길 확률이 70%다. 어느 게임을 선택할 것인가? 당연히 B 게임이다. 주식투자는 하락추세에서 할 수도 있고 상승추세에서 할 수도 있다. 하락추세에 주식투자를 한다는 것은 질 확률이 70%인 A 게임을 한다는 것과 같다. 반면 상승추세에 주식투자를 한다는 것은 이길 확률이 70%인 B 게임을 한다는 것과 같다. 당신은 어느 추세에서 투자해야 하는가? 당연히 상승추세에서 해야 한다. 주식투자의 타이밍을 잡기 위해 가장 먼저 알아야 할 것이 바로 현재 추세가 어떤 추세인지 파악하는 것이다.

그렇다면 지금의 추세가 어떤 추세인지 전문가에게 물어보지 않고

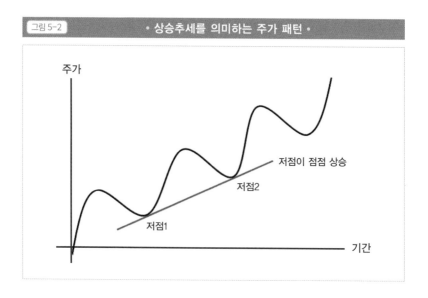

그림 5-2 ・ 상승추세를 의미하는 주가 패턴 ・

도 알 수 있는 방법은 없을까? 아주 간단하고 쉽게 알 수 있는 방법이 있다. 바로 코스피(또는 코스닥) 차트를 보는 것이다. 코스피(또는 코스닥) 차트를 보면 당신도 추세를 스스로 판단할 수 있다.

코스피(또는 코스닥) 차트상 주가의 저점이 계속 올라가고 있으면 상승추세라고 판단할 수 있다(주가의 추세선은 캔들이나 이동평균선 등을 이용하는데 이에 대해서는 일곱 번째 공식에서 자세히 설명할 것이다). 당연히 상승추세라 하더라도 일시적으로 주가가 떨어질 수 있다. 하지만 추세가 상승세라는 것은 주가의 하락이 있어도 그것이 오래 가지 않고 다시 상승한다는 의미다. 즉 주가가 상승추세에 있으면 하락하더라도 이전 저점 밑으로 떨어지지 않고 다시 상승한다. 이런 이유로 주가차트에서 주가의 저점이 점점 올라가면(상승추세) 주식투자의 적기(매수 시점)이다.

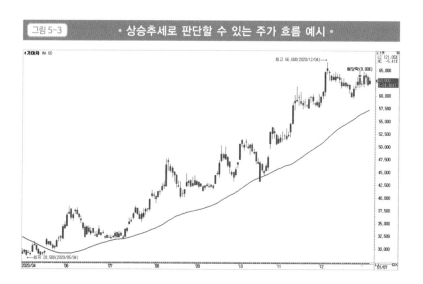

그림 5-3 • 상승추세로 판단할 수 있는 주가 흐름 예시 •

〈그림 5-3〉은 기아차의 주가 흐름을 표시한 것이다. 차트를 보면 한 눈에 상승추세임을 알 수 있다. 2020년 7월에 주가 저점을 형성하고, 같은 해 10월에도 주가 저점을 형성하고 있다. 그런데 7월 저점보다 10월 저점이 더 올라가 있음을 알 수 있다. 이는 앞에서 말한 바와 같이 주가의 저점이 점점 상승하고 있는 것이니 상승추세로 볼 수 있다. 따라서 2020년 10월에는 기아차에 투자할 만한 시점, 즉 매수 시점이라고 판단할 수 있다. 이렇게 상승추세에 주식을 사는 것이 수익을 내는 주식투자의 지름길임을 절대 잊어서는 안 된다.

주가차트상 주가의 고점이 점점 내려가고 있으면 하락추세라고 판단할 수 있다(〈그림 5-4〉 참고). 상승추세와는 반대로 하락추세에서도 주가가 일시적으로 상승할 수 있다. 그러나 이는 일시적인 상승일

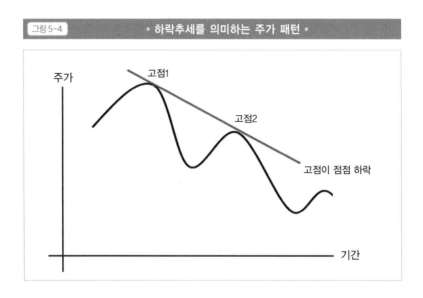

그림 5-4　• 하락추세를 의미하는 주가 패턴 •

뿐 다시 하락하고 만다. 그런 이유로 주가차트에서 주가의 고점이 점점 낮아지면 하락추세이기 때문에 투자할 시점, 즉 매수 시점이 아니다. 만약 이런 시점에 주식을 보유하고 있다면 매도해야 한다. 하락추세에서는 주식에 투자하기보다는 예금이나 채권처럼 안전한 곳에 투자하는 편이 낫다.

〈그림 5-5〉는 아모레퍼시픽의 주가 흐름을 표시한 것이다. 주가 흐름을 보면 한눈에 하락추세임을 알 수 있다. 2016년 7월에 주가 고점을 형성했었고, 같은 해 9월에도 주가 고점을 형성하고 있다. 그런데 이는 일시적인 상승에 지나지 않는다. 추세를 파악하기 위해서는 앞에서 말한 바와 같이 고점들의 연결이 어떤 선을 만드는지 확인해야 한다. 〈그림 5-5〉에서는 7월의 주가 고점보다 9월의 주가 고점이 더 내려가 있음을 알 수 있다. 주가의 고점이 점점 하락한 것이니 하락추세로 판단

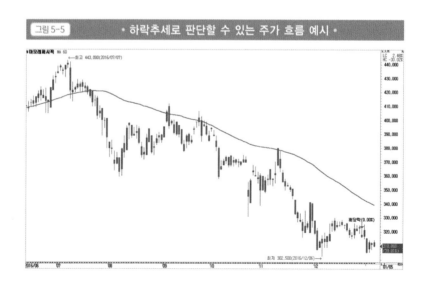

그림 5-5   • 하락추세로 판단할 수 있는 주가 흐름 예시 •

그림 5-6

• 횡보추세를 의미하는 주가패턴 •

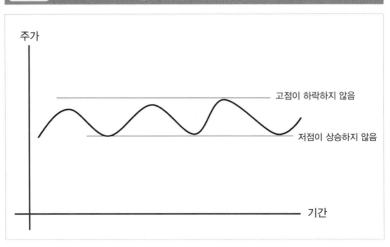

할 수 있다. 따라서 2016년 9월에는 아모레퍼시픽을 매수할 시점은 아니라고 판단할 수 있다.

〈그림 5-6〉은 주가가 크게 오르지도 내리지도 않는다면 횡보추세라고 보면 된다. 횡보추세의 특징은 주가의 저점이 점점 오르지도 않고, 주가의 고점이 점점 내려가지도 않는다는 점이다. 횡보추세에서도 굳이 급하게 매수할 시점은 아니다. 횡보추세가 한동안 지속되면 언젠가는 상승추세 또는 하락추세로 반전된다. 횡보추세에서 주식을 샀는데 다행히 상승추세로 반전하면 이익이 나겠지만, 하락추세로 반전하면 결국 손해다. 그러므로 횡보추세일 때는 상승추세로 반전될 때까지 기다렸다가 매수하는 것이 유리하다. 반면에 횡보추세일 때 매수했는데 하락추세로 반전하면 즉시 매도하는 것이 유리하다.

그림 5-7

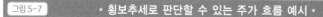

• 횡보추세로 판단할 수 있는 주가 흐름 예시 •

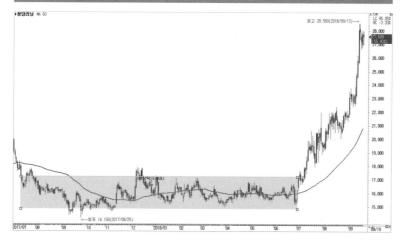

　〈그림 5-7〉은 청담러닝의 주가 흐름을 표시한 것이다. 2017년 7월초부터 2018년 7월 초까지 주가 흐름을 보면 한눈에 횡보추세임을 알 수 있다. 이 기간 주가의 고점이 떨어지는 하락추세도 아니고, 주가의 저점이 오르는 상승추세도 아니다. 이 기간의 청담러닝의 주가는 상승도 하락도 하지 않고, 일정 가격대에서 박스권을 형성하고 있으니 횡보추세로 판단할 수 있다. 따라서 횡보추세 기간인 2017년 7월 초부터 2018년 7월 초까지는 투자하지 않은 것이 유리하다. 만약 투자하고자 한다면 횡보추세가 끝나고, 주가 저점이 올라가기 시작하는 2019년 8월에 매수하는 것이 현명하다.

추세 판단의 삼총사 : 추세선, 지지선, 저항선

추세선을 이해하면 현재 추세가 상승추세인지, 하락추세인지를 알 수 있다. 주가는 단기적으로 보면 오르락내리락하지만 좀 길게 보면 상승추세 또는 하락추세를 형성한다. 이 과정에서 주가의 고점과 저점이 생기며, 이를 기준으로 주가가 상승추세인지 하락추세인지를 판단할 수 있다.

주가의 저점이 점점 올라가는 것을 상승추세라고 한다. 그리고 상승추세에서 주가의 저점과 저점을 연결한 선을 상승추세선이라 한다. 상승추세가 형성되면 주가가 상승추세선 밑으로 떨어지지 않는 한 상승추세가 계속된다. 하지만 주식은 상승추세에서도 일시적으로 하락하는 경우가 있다. 때문에 주식은 지지선(주가가 더 이상 떨어지지 않을 정도로 낮은 가격대라는 의미의 주식용어)에서 사고 저항선(주가가 더 이상 오르기 힘들 정도로 높은 가격대라는 의미의 주식용어)에서 팔아야 한다.

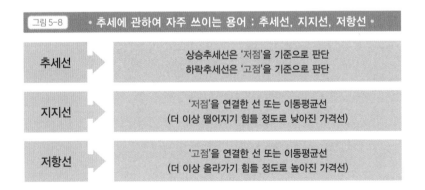

그림 5-8 • 추세에 관하여 자주 쓰이는 용어 : 추세선, 지지선, 저항선 •

추세선	상승추세선은 '저점'을 기준으로 판단 하락추세선은 '고점'을 기준으로 판단
지지선	'저점'을 연결한 선 또는 이동평균선 (더 이상 떨어지기 힘들 정도로 낮아진 가격선)
저항선	'고점'을 연결한 선 또는 이동평균선 (더 이상 올라가기 힘들 정도로 높아진 가격선)

주가는 영원히 떨어지는 것이 아니라 어느 수준까지 떨어지면 더 이상 떨어지지 않는다. 이처럼 주가가 떨어질 만큼 떨어져서 더 이상 떨어지지 않는 것을 '지지'받는다고 표현한다. 그리고 주가가 어느 수준까지 떨어지면 더 이상 떨어지지 않는 가격대가 있다. 그 가격대를 이은 선이 '지지선'이다. 일반적으로 상승추세에서는 상승추세선이 지지선 역할을 한다. 따라서 상승추세일 때 주식을 매수하고자 한다면 상승추세선 역할을 하는 지지선 근처에서 매수하는 것이 좋다.

한편 주가가 오른다 하더라도 영원히 올라가지는 않는다. 주가가 어느 수준까지 올라가면 더 이상 올라가지 않게 되는데 이것을 '저항'받는다고 표현한다. 그리고 '저항선'이란 주가의 고점과 고점을 연결한 선으로 주가가 더 이상 올라가기 힘들 정도로 높아진 가격대를 말한다. 주가의 고점이 점점 내려가는 것을 하락추세라고 한다. 그리고 이때 주

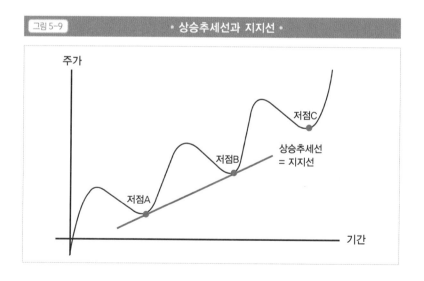

그림 5-9 · 상승추세선과 지지선 ·

그림 5-10

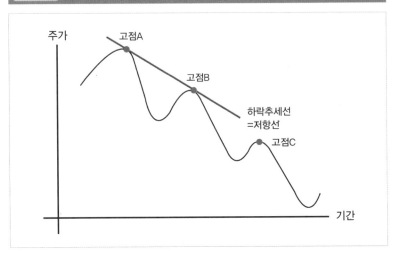

• 하락추세선과 저항선 •

가의 고점과 고점을 연결한 선을 하락추세선이라고 한다. 하락추세가 형성되면 주가가 하락추세선을 상향 돌파하지 않는 한 하락추세는 계속된다. 주식은 하락추세에서도 일시적으로 상승하는 경우가 있다. 그러나 어느 수준까지 올라가면 더 이상 올라가지 않는 가격대가 형성된다. 그 가격대를 이은 선이 바로 '저항선'이다. 일반적으로 하락추세에서는 하락추세선이 저항선 역할을 한다. 따라서 하락추세일 때 보유주식을 매도하고자 한다면 하락추세선 역할을 하는 저항선 근처에서 매도하는 것이 좋다.

정리하자면, 지지선 부근에서 더 이상 주가가 하락하지 않으면 주식 매수 타이밍이 되고, 저항선 부근에서 더 이상 주가가 상승하지 않으면 매도 타이밍이 된다.

그림 5-11

추세	주가 방향	특징 및 투자 판단
상승추세		▪ 주가의 저점이 점점 올라가는 것을 상승추세라고 한다. ▪ 상승추세에는 주가가 떨어져도 이전 저점을 깨지 않는다. ▪ 상승추세에서는 상승추세선(지지선) 부근이 매수 적기다.
하락추세		▪ 주가의 고점이 점점 내려가는 것을 하락추세라고 한다. ▪ 하락추세에서는 주가가 올라가도 이전 고점을 뚫지 못한다. ▪ 하락추세는 주식에 투자할 때가 아니라 쉴 때다.
횡보추세		▪ 주가가 크게 오르지도 내리지도 않는 것을 횡보추세라고 한다. ▪ 횡보추세에서는 주가가 소폭 오르고 내리는 것을 반복한다. ▪ 횡보추세에서는 주식에 투자할 것이 아니라 상승추세로 반전할 때를 기다려야 한다.

• 주식시장과 추세의 비밀 •

추세반전의 막바지 징후

1990년대 서태지의 힙합 패션은 당시에 생소하던 미국 힙합 문화인 헐렁한 복장과 벙거지모자를 전국적 패션으로 확장시키면서 오래 지속되었다. 패션도 하나의 트렌드가 형성되면 오래 지속되듯이 주가 추세도 한번 형성되면 오래가는 성질이 있다. 하지만 힙합 패션이 영원히 계속되지는 않는다. 시간이 지나면 또 다른 패션이 인기를 끌게 된다. 주식도 마찬가지다. 상승추세가 형성되면 한동안 상승이 지속되고, 하락추세가 형성되면 한동안 하락이 지속되지만 어떤 추세가 영원히 지속되는 것은 아니다. 언젠가는 추세도 반전된다. 그렇다면 추세의 반전은 어떻게 이루어지는 것일까?

상승추세의 반전을 알면 손해를 막을 수 있다

상승추세에서 주식에 투자하면 성공 확률이 높다. 그러나 항상 성공하는 것은 아니다. 왜냐하면 상승추세의 끝자락에서 투자하면 얼마 못 가서 주가가 하락추세로 반전되어 손해를 볼 수도 있기 때문이다. 상승추세가 형성되면 한동안 지속되는 성질이 있는 것은 사실이나 이런 상승추세가 영원히 지속되는 일은 없다. 언젠가 횡보 또는 하락추세로 반전된다. 따라서 현재 주가가 상승추세라고 해도 투자하기 전에는 반드시 하락반전의 징후가 없는지 면밀히 살핀 후에 투자하는 것이 현명한 투자법이다.

만약 당신이 상승추세라고 판단해서 주식을 사려고 한다면 반드시 점검해야 할 것이 있다. 그것은 바로 상승추세가 막바지에 이른 것은 아닌가 하는 점이다. 앞서 설명한 바와 같이 상승추세선은 주가의 저점을 연결한 선이다. 그런데 만약 주가가 상승추세선 밑으로 떨어져 있

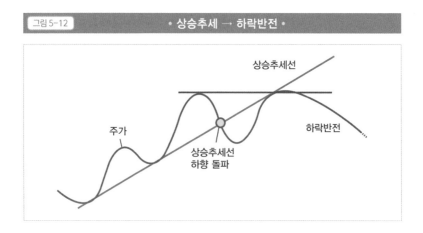

그림 5-12　　• 상승추세 → 하락반전 •

상승추세선

주가

상승추세선
하향 돌파

하락반전

다면 상승추세가 끝나고 하락추세로 바뀔 수도 있음을 의심해야 한다.

상승추세에서도 단기적인 상승과 하락이 수없이 반복된다. 하지만 상승추세 국면에서는 주가의 저점을 연결한 상승추세선(지지선)은 계속해서 우상향한다. 상승추세에서는 주가가 조정을 받더라도 직전 저점을 깨지 않는 수준까지만 하락하고 직전 저점보다는 높은 위치에서 다시 상승하기 때문이다. 그래서 상승추세에서 상승추세선(지지선)을 붕괴하지 않을 정도의 하락을 '아름다운 조정'이라 부르기도 한다. 왜냐하면 상승추세에서의 하락은 좀 더 낮은 가격에서 주식을 살 수 있는 기회가 되기 때문이다.

그런데 종종 여러 가지 이유로 상승추세선(지지선)이 붕괴되는 경우가 있다. 직전 저점 이하로 주가가 내려가는 것이다. 즉 지지선이 붕괴되는 것이다. 지지선이 붕괴되었다면 상승추세 국면이라도 투자를 보류해야 한다. 왜냐하면 이 상황에서는 상승추세가 마무리되고 하락추세 또는 횡보추세로 반전될 가능성이 있기 때문이다.

그다지 위험하지 않은 외부 요인에 의하여 일시적으로 상승추세선이 무너진 경우에는 보통 2~3일 이내에 상승추세선 위쪽으로 주가가 다시 올라가면서 상승추세가 유지될 가능성이 높다. 그러나 상승추세선이 붕괴된 후 2~3일 이내에 상승추세선 위쪽으로 주가가 회복하지 못하고 전 고점 부근에서 다시 하락하면 주가가 상투에 왔다고 생각해야 된다. 그리고 주가가 더 하락하여 직전 저점 밑으로 떨어지면 상승추세는 끝났다고 판단해야 한다.

【상승추세의 막바지 징후】

① 주가가 상승추세선을 붕괴(하향 돌파)한다.

② 주가가 상승추세선 붕괴 이후 2~3일 이내에 회복하지 못한다.

③ 주가가 다시 상승해도 상승추세선 근처(또는 아래)에서 다시 하락한다.

〈그림 5-13〉에서 보듯 롯데케미칼은 2015년 1월부터 저점이 점점 올라가는 상승추세의 흐름을 보이고 있었다. 하지만 2018년 5월 말 주가가 하락하여 상승추세선을 하향 돌파하는 모습을 보였다. 상승추세 막바지 징후의 첫 번째 신호이다. 상승추세가 반전될 수 있으므로 이러한 주가 흐름이 나오면 일단 하락추세로 바뀔 수 있음을 대비하고 있어야 한다. 만약 2~3일 이내에 다시 주가가 상승추세선 위로 올라오면 상

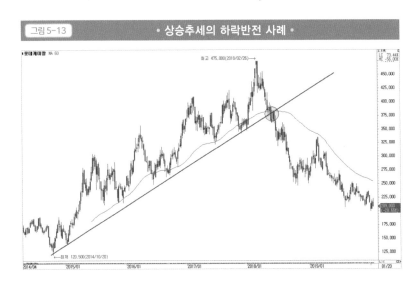

그림 5-13 • 상승추세의 하락반전 사례 •

승추세가 유지될 수 있다. 하지만 그렇지 못하면 더 떨어질 수 있다. 롯데케미칼은 상승추세선 하향 돌파 후 2018년 10월 다시 반등했으나 상승추세선을 상향 돌파할 만큼 오르지는 못했다. 결국 이렇게 되면 상승추세의 반전이 완성되어 하락추세로 바뀐다. 이러한 상황에서는 추가 하락 가능성이 크므로 보유 중인 주식을 매도하는 것이 유리하다.

상승추세 국면에서 상승추세의 막바지 징후가 나타났다면 주식에 투자하지 말아야 한다. 만약 이미 주식을 보유하고 있는 상황이라면 매도해야 할 타이밍이다. 특히 상승추세선이 붕괴한 후 계속 하락하여 직전 저점까지 붕괴되면 보유 주식을 신속하게 매도하는 것이 정답이다. 또 신규 매수는 절대 하지 말아야 한다. 그런데 이러한 반전 시점에서 화려한 뉴스와 전망들이 많이 나올 때가 있다. 주가가 떨어졌으니 오히려 싼 가격에 주식을 매수할 기회라는 식이다. 이러한 뉴스와 전망들은 신규 매수에 참여하거나, 보유 주식을 너 오래 가져가서 큰 수익을 내려는 욕심이 들게 만든다. 하지만 실제로는 이때가 상투다. 이런 징후가 보일 때는 주식과 멀어져야 한다. 화려한 뉴스와 전망은 신기루일 뿐이다.

만약 증권회사를 통해 매매를 하고 있는데, 상승추세 국면이 한동안 계속되고 있다면 증권회사 직원에게 상승추세의 막바지 징후가 있는지 없는지 반드시 물어봐야 한다. "주가가 상승추세선을 붕괴시키지는 않았나요?", "주가가 상승추세선을 하향 돌파하고 직전 고점도 붕괴시켰나요?" 만약 이러한 질문에 증권사 직원이 "Yes"라고 답한다면, 어느 누가 어떤 화려한 수식어로 주식을 추천한다고 해도 자리를 떨치고 나와야 한다. 주식은 상승추세 막바지에서 가장 유혹당하기 쉽고, 그 유혹에 빠졌을 때 가장 큰 손해를 본다.

하락추세의 반전을 알면 기회를 잡을 수 있다

추세가 하락추세 국면이면 주식에 투자할 필요가 없다. 이때는 투자하는 족족 손해만 보기 십상이다. 하락추세에서도 일시적인 주가 상승이 있기는 하다. 하지만 직전 고점 아래에서 다시 하락하기 때문에 수익을 내기가 힘들다. 하락추세는 저점이 아니라 고점을 기준으로 추세선을 판단한다. 이미 기술했듯이 고점이 점점 내려가는 것이 하락추세이므로 하락추세선(고점과 고점을 이은 선)을 그어 보면 우하향한다. 결국 고점이 점점 내려가니까 주가도 점점 떨어지는 추세가 되는 것이다. 하락추세선은 저항선(주가가 더 이상 오르기 힘들 정도로 높은 가격대) 역할을 한다.

그래서 주가가 일시적으로 반등을 하더라도 하락추세선(저항선) 부근에서 다시 떨어지는 경우가 많다. 그 이유는 하락추세 국면에서는 많은 투자자들이 손해를 보고 있는 상황이라 조금만 주가가 반등을 하면 지금까지 팔지 못하고 있던 투자자들이 너나 할 것 없이 주식을 팔아버리기 때문이다. 그래서 하락추세 국면에서 나타나는 고점은 계속 낮아지고 하락추세는 지속된다.

그러나 하락추세도 영원히 계속되는 것은 아니다. 하락추세선 밑에서 떨어지기만 하던 주가가 어느 순간 하락추세선(저항선)을 상향 돌파하는 날이 온다. 이른바 하락추세의 막바지 징후다.

하락추세 국면이 끝나면 주가 바닥이 형성된다. 물론 주가 바닥은 누구도 알 수 없지만 그 징후는 알 수 있다. 그 징후는 주가가 하락추세선(저항선)을 상향 돌파할 때 감지할 수 있다. 주가가 하락추세선을 상향 돌파하면 하락추세가 끝날 수 있다는 희망을 가져야 한다. 물론 주가가 일시적으로 하락추세선을 상향 돌파했다가 2~3일 후에 다시 하락추세선 밑으로 붕괴되면 하락추세는 다시 계속된다.

그러나 주가가 하락추세선을 상향 돌파한 후 직전 저점 밑으로 하락하지 않으면 상승추세로 반전될 가능성이 많다. 그래서 하락추세가 오래 지속되면 하락추세의 막바지 징후가 있는지 살펴봐야 한다. 다시 말하면 이때는 당장은 아니라도 투자할 준비를 하고 있어야 한다는 것이다.

【하락추세의 막바지 징후】

① 주가가 하락추세선을 상향 돌파한다.

② 주가가 하락추세선을 상향 돌파한 후 다시 하락추세선 밑으로 떨어지지 않는다.

③ 주가가 다시 하락해도 하락추세선 근처(또는 위)에서 다시 상승한다.

〈그림 5-14〉에서 보듯 LG이노텍은 2018년 8월부터 고점이 점점 내려가는 하락추세의 흐름을 보이고 있었다. 하지만 2019년 1월 말 주가가 상승하여 하락추세선을 상향 돌파하는 모습을 보였다. 하락추세 막바지 징후의 첫 번째 신호이다. 하락추세가 반전될 수 있으므로 이러한 주가 흐름이 나오면 일단 상승추세로 바뀔 수 있음을 대비하고 있어야 한다. 만약 2~3일 이내에 다시 주가가 하락추세선 아래로 내려오면 하락추세가 유지된다. 하지만 주가가 계속하여 하락추세선 위에서 머무르면서 저점을 상승시키면 상승추세로 전환된다. 이렇게 되면 하락추세의 반전이 완성되어 상승추세가 시작된다. 이러한 상황에서는 추가 상승 가능성이 크므로 주식을 매수하는 것이 유리하다.

하락추세 국면에서 하락추세의 막바지 징후가 나타나면 투자를 준비해야 한다. 만약 이미 주식을 보유하고 있다면 추가 매수를 고려해야

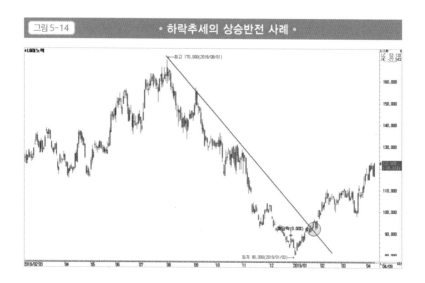

그림 5-14 • 하락추세의 상승반전 사례 •

한다. 특히 주가가 하락추세선(저항선)을 상향 돌파한 후 계속 상승하여 직전 고점도 돌파하면 적극적으로 매수에 나서야 한다. 그런데 이러한 징후가 나타날 때 '상승추세의 반전'과는 반대로 비관적인 뉴스와 전망들이 쏟아질 경우가 많다. 그래서 개미투자자들은 신규 매수는 커녕 가지고 있던 주식도 팔아야 하나 라는 생각이 든다. 하지만 이때가 주가 바닥이다. 이런 징후가 보일 때 주식과 가까워져야 한다.

만약 증권사를 통해 매매할 때 하락추세 국면이 한동안 계속되고 있다면 증권사 직원에게 하락추세의 막바지 징후가 있는지 물어봐야 한다. "주가가 하락추세선을 상향 돌파하지 않았나요?", "주가가 하락추세선을 상향 돌파하고 직전 고점도 돌파했나요?" 만약 이 질문에 증권사 직원이 "Yes"라고 답한다면, 매수 타이밍이다. 주식은 하락추세 막바지에서 가장 떨쳐버리고 싶지만, 그때가 바로 최고의 기회다.

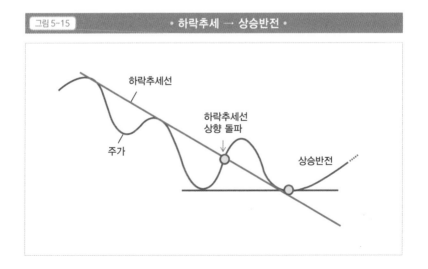

그림 5-15　　　　　• 하락추세 → 상승반전 •

횡보추세에서 상승추세로 반전하는 경우

주가가 일정한 가격 범위 내에서만 소폭 움직이는 횡보추세에서는 적극적으로 주식에 투자할 필요가 없다. 이때는 이익이 나더라도 크지 않고, 수수료만 날리거나 손해를 볼 가능성이 크기 때문이다. 하지만 횡보추세 또한 영원히 계속되는 것은 아니다. 박스권 횡보추세에서 추세반전은 두 가지 형태로 나타난다. 횡보추세 후 상승추세로 반전할 수도 있고, 하락추세로 반전할 수도 있다. 상승추세로 반전하면 당연히 매수 관점으로 접근해야 하겠지만, 하락추세로 반전하면 매수 시점을 더 늦춰야 하고 보유 주식이 있다면 전량 매도해야 한다.

횡보추세는 특정 가격대에서 더 오르지도 않고 더 떨어지지도 않는 상황이 반복되어 박스권 장세라고 불리기도 한다. 횡보추세 국면에서는 상승반전하는 시점까지 기다리는 여유가 필요하다. 횡보 국면에서

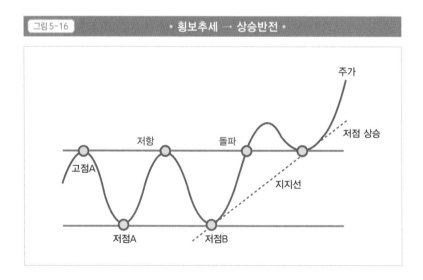

그림 5-16　• 횡보추세 → 상승반전 •

상승 국면으로 반전하면 횡보 국면의 고점이 지지선이 되어 크게 상
승할 수 있다. 이 때문에 횡보추세 국면이 오래 지속되면 횡보추세가
상승추세로 바뀌는 막바지 징후가 나타나는지 유심히 살펴봐야 한다.

【횡보추세가 상승추세로 반전할 수 있는 막바지 징후】

① 횡보추세의 주가가 다중 고점을 상향 돌파한다.
② 주가가 다중 고점을 상향 돌파한 후 조정을 받아도 직전 고점을
붕괴시키지 않는다.
③ 주가가 직전 고점이 지지선이 되고 저점이 올라가기 시작한다.

〈그림 5-17〉에서 보듯 LG전자는 2020년 9월부터 12월 말까지 주가
가 8만 5,000원(저점)에서 9만 5,000원(고점) 사이에서 크게 오르지도

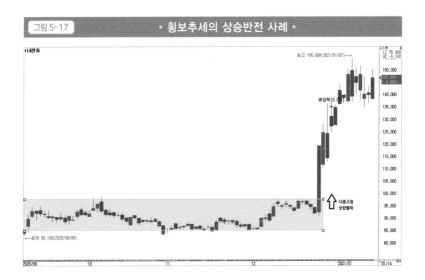

그림 5-17 • 횡보추세의 상승반전 사례 •

않고 크게 내리지도 않는 횡보추세의 흐름을 보이고 있었다. 하지만 2020년 12월 말 주가가 다중 고점인 9만 5,000원 부근을 상향 돌파하는 모습을 보였다. 횡보추세 막바지 징후의 첫 번째 신호이다. 횡보추세의 주가가 다중 고점을 상향 돌파하면 횡보추세의 막바지 신호로 보고 상승추세로 바뀔 수 있음을 대비하고 있어야 한다. 만약 2~3일 이내에 다시 주가가 다중 고점인 9만 5,000원 아래로 내려오지 않으면 상승추세로 바뀔 가능성이 커진다고 볼 수 있다. 그리고 상승 중에 주가가 하락하더라도 다중 고점인 9만 5,000원 수준 위에서 다시 상승하면 횡보추세에서 상승추세로의 반전이 완성된 것으로 판단할 수 있다. 이와 같이 횡보추세의 상승반전 신호가 보이면 추가 상승 가능성이 크므로 주식을 매수하는 것이 유리하다.

횡보추세 국면에서 상승추세로 반전할 수 있는 막바지 징후가 보이면 상승추세로 반전될 확률이 커지므로 매수 관점에서 접근해야 한다. 즉 주가가 횡보추세에서 생긴 동일한 가격대의 많은 고점들을 돌파하면 상승추세로 전환할 가능성이 큰 것이다. 그런데 실전에서 이 시점에 적극적으로 매수하기가 쉽지 않다. 왜냐하면 그 시점에서는 주가가 이전에 비해 가장 높은 상태이기 때문에 주가가 비싸다고 생각하는 것이다. 하지만 이때가 투자(매수)시점이다.

LG전자의 주가는 4개월 동안 8만 5,000~9만 8,000원 사이에서 움직였다. 그런데 어느 순간 10만 원도 뚫고 단숨에 12만 원이 되어버렸다. 투자자 입장에서는 8만 5,000~9만 8,000원 정도에서 LG전자를 살 수 있을 것이라고 생각했는데 단숨에 12만 원까지 올라버리니 비싸 보인다. 4개월 동안의 과거 경험으로 볼 때(4개월은 주식을 매수하려고 하는 투자자 입장에서 보면 결코 짧지 않는 기간이다) 올랐다가도 다시 8만 5,000원까지 떨어졌던 예가 많았으므로 좀 떨어질 때까지 기다리게 된다. 하지만 다중 고점(9만 8,000원)의 상향 돌파로 횡보추세가 상승추세로 바뀌게 되면 LG전자의 주가는 9만 8,000원 밑으로 떨어지지 않는다. 떨어지길 기대했는데 오히려 더 오르게 되니 더더욱 매수하기가 힘들게 된다.

이를 다른 측면에서 생각해 보자. 과거 4개월간의 횡보추세에서의 경험으로 볼 때 8만 5,000~9만 8,000원 정도의 가격으로 살 수 있었던 주식을 투자자는 왜 12만 원까지 올랐음에도 매수했을까? 그것은 앞으로 LG전자가 성장 가능성이 있다고 판단했기 때문이다. 보통 횡보추세 국면의 고점을 상향 돌파한 가격에서 주식을 매수한 투자자는 '세력'인 경우가 많다. 세력이라고 하여 작전 세력만 생각하지 말자. 세력은 외국인이 될 수도 있고, 기관 투자자가 될 수도 있고, M&A(기업인수합병)를 목적으로 매수하는 큰손일 수도 있다.

보통 횡보추세의 다중 고점(박스권의 상단)에서 높은 가격으로 주식을 사는 투자자는 그 주식을 상승으로 이끌 수 있는 주도 세력이 될 가능성이 높다. 일반 투자자가 비싸다고 생각하고 있을 때 다중 고점 매수 세력은 이 시점에서 공격적으로 매수한다. 특히 다중 고점을 상향 돌파할 때 거래량이 늘어나면 상승반전의 가능성은 더 높아진다. 거래량이 평소보다 2~3배 이상 늘어나면서 다중 고점을 돌파하면 그 후 조정을 받는다 해도 직전 고점 부근에서 지지받고 다시 상승하는 경우가 많다. 직전 고점 부근에서 지지받으면서 상승하면 주가의 저점도 상승한다. 그래서 횡보추세의 다중 고점을 이은 저항선은 지지선으로 바뀐다. 만약 이러한 징후가 보이면 상승추세로 반전할 수 있는 확률이 높으므로 주식을 매수하는 것이 유리하다.

횡보추세에서 하락추세로 반전하는 경우

횡보추세 국면이 오래 지속된 후 반드시 상승추세로만 반전되는 것은 아니다. 하락추세로 반전할 수도 있다. 횡보추세 후 상승반전은 주가의 바닥 국면에서 자주 발생하지만, 주가가 천정 부근에서 횡보추세를 오래 지속하게 되면 하락추세로 반전하는 경우가 많다.

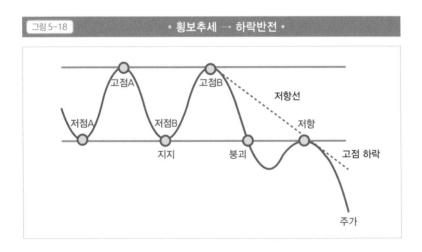

【횡보추세가 하락추세로 반전할 수 있는 막바지 징후】

① 주가가 횡보추세의 다중 저점을 하향 돌파한다.

② 다중 저점을 하향 돌파한 후 반등을 해도 직전 저점을 상향 돌파
   하지 못한다.

③ 직전 저점이 저항선이 되고 고점이 내려가기 시작한다.

횡보추세 국면에서 위와 같은 징후가 보이면 하락추세로 반전될 확
률이 많으므로 보유 주식은 전량 매도하고 신규 투자는 중지해야 한다.
횡보추세에서 생긴 동일한 가격대의 많은 저점들을 하향 돌파하면 하
락추세로 전환할 가능성이 농후하기 때문이다. 그런데 실전에서 이 시
점에 매수하는 사람이 많다. 왜냐하면 최근 들어 주가가 가장 낮아져

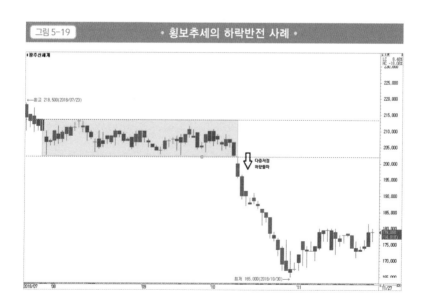

그림 5-19 · **횡보추세의 하락반전 사례** ·

많이 싸졌다고 생각하기 때문이다.

〈그림 5-19〉에서 보듯 2018년 7월 24일부터 10월 10일까지 광주신세계의 주가는 20만 2,000원~21만 3,000원 사이에서 움직였다. 그런데 2018년 10월 11일 단숨에 다중 저점인 20만 2,000원을 하향 돌파하여 19만 6,000원까지 떨어졌다. 20만 2,000원~21만 3,000원 하던 광주신세계 주가가 일시적으로 19만 6,000원까지 떨어졌으니 매우 싸 보인다. 과거 경험으로 볼 때 21만 3,000원까지 다시 올라간 적이 많았으니 19만 6,000원에 사면 최소한 손해보지는 않겠다는 생각이 든다. 그래서 덥석 사게 된다.

하지만 이 상황을 반대의 측면에서 생각해 보자. 3개월 동안 여러 차례 20만 2,000원~21만 3,000원 정도의 가격으로 팔 수 있었던 것을 19만 6,000원에 판 사람은 왜 그랬을까? 이들은 광주신세계 주가가 더 떨어질 것이라고 전망한 것이다. 일반 투자자가 모르는 그 주식의 악재를 이들은 미리 알고 있었을지도 모른다. 보통 횡보추세 국면에서 다중저점 가격(20만 2,000원)보다 낮은 가격으로 주식을 파는 사람도 '세력'일 가능성이 높다. 일반 투자자가 싸다고 생각하고 있을 때 세력은 주가가 더 떨어질 것을 미리 예상하고 이 시점에서 공격적으로 매도하는 것이다. 특히 다중 저점을 하향 돌파할 때 거래량이 늘어나면 하락반전의 가능성은 더 높아진다. 거래량이 평소보다 2~3배 이상 늘어나면서 다중 저점을 하향 돌파하면 그 후 반등이 와도 직전 저점 부근에서 저항을 받아 다시 하락하는 경우가 많다. 직전 저점 부근에서 저항을 받으면서 하락하면 고점도 하락하게 된다.

결국 다중 저점을 이은 선은 지지선에서 저항선으로 바뀐다. 그 때문에 이러한 징후가 보이면 하락추세로 반전할 수 있는 확률이 높으므로 매도 관점으로 봐야 하며, 상승추세의 징후가 보일 때까지 주식투자를 중단해야 한다.

여섯 번째 공식

◇

상승주도업종의
선도주를
잡아라

주식시장의 상승을 주도하는 업종을 찾아라

주식투자는 주식시장이 상승추세에 있을 때만 하자고 했다. 그런데 주식시장이 상승추세라고 하여 모든 기업의 주식이 다 올라가는 것은 아니다. 그렇다면 주식시장이 상승할 때 크게 오를 만한 종목은 어떻게 찾아야 할까? 결론부터 말하자면 첫째, 주식시장의 상승을 주도하는 업종을 찾아야 한다. 둘째, 주도업종 중에서 선도주(상승추세에서 주식시장의 상승을 주도하는 종목)에 투자해야 한다.

주식시장에는 여러 업종이 있다. 주식시장이 상승할 때 모든 업종이 오르는 것이 아니다. 상승추세를 이끄는 업종들이 따로 있다는 얘기다. 때문에 상승추세라 하더라도 주도업종을 파악해야 한다. 스스로 파악하기가 힘들어 증권사 직원을 찾거나 전문가에 조언을 구한다면 반드시 현재 주도업종이 무엇인지 물어야 한다.

2020년 하반기 우리나라 주식시장에서 상승추세를 주도한 테마는 'BBIG^{Battery, Bio, Internet, Green}'이었다. Battery는 화학업종, Bio는 의약품업종, Internet은 IT서비스업종, Green은 친환경산업을 의미한다. 이들 업종의 지수는 당시 코스피 대비 높은 상승을 기록했다. 반면 건설업종이나 섬유의복업종은 코스피 대비 상대적으로 덜 올랐다. 따라서 상승

추세라도 아무 주식이나 막 산다고 크게 오르는 것은 아니다. 그렇다면
주도업종은 어떻게 찾아야 할까?

그림 6-1	• 코스피 업종 및 관련 종목 •
업종	**관련 종목**
음식료	CJ제일제당, 오리온, 하이트진로, 오뚜기, 농심, 롯데칠성, 대상 등
섬유의복	F&F, 한섬, 한세실업, LF, 일신방직, 대한방직, BYC 등
종이목재	태림포장, 아세아제지, 한솔제지, 무림P&P, 신대양제지, 대영포장 등
화학	LG화학, SK이노베이션, 아모레퍼시픽, 롯데케미칼, 한화솔루션 등
의약품	삼성바이오, 셀트리온, 유한양행, 녹십자, 한미약품, 종근당 등
비금속	포코케미칼, 쌍용양회, 아이에스동서, 한일시멘트, 조선내화 등
철강금속	POSCO, 고려아연, 현대제철, KG동부제철, 영풍, 풍산, 동국제강 등
기계	한온시스템, 두산중공업, 씨에스윈드, 현대엘리베이, LIG넥스원 등
전기전자	삼성전자, SK하이닉스, 삼성SDI, LG전자, 삼성전기, 두산퓨얼셀 등
의료정밀	케이씨텍, 덴티움, 케이씨, 디아이, 우진, 미래산업 등
운송장비	현대차, 기아차, 현대모비스, 삼성중공업, 만도, 현대로템, 명신산업 등
유통	삼성물산, 이마트, 호텔신라, 롯데쇼핑, GS리테일, 신세계 등
전기가스	한국전력, 한국가스공사, 부산가스, 지역난방공사, 삼천리 등
건설	현대건설, GS건설, 대림산업, HDC현대산업, 한전KPS, 한진중공업 등
운수창고	현대글로비스, 대한항공, HMM, 한진칼, CJ대한통운, 팬오션 등
금융	KB금융, 신한지주, 하나금융지주, 미래에셋대우, 삼성증권, 삼성생명 등
IT서비스	NAVER, 카카오, 엔씨소프트, 넷마블, 빅히트, 더블유게임즈 등

증권사 HTS에서 비교 차트를 이용하면 쉽게 찾을 수 있다. 〈그림 6-2〉를 보자. 코스피지수는 흑색선으로 표시되어 있는데 상승하고 있음을 알 수 있다. 그런데 코스피지수보다 더 위에 빨간색선이 있다. 빨간선은 화학업종으로 코스피지수보다 상대적으로 높은 상승을 보이고 있다. 반면 파란색선으로 표시된 건설업은 코스피지수보다 상대적으로 낮은 상승을 보이고 있다. 이러한 비교차트를 통해 이왕이면 코스피지수보다 높은 상승추세를 보이는 업종에서 투자종목을 선택하는 것이 유리하다. 코스피지수 대비 차이가 나기 시작한 2020년 8월부터 12월까지 해당 업종의 종목을 비교해 보면 차이는 명확하게 나타난다. 이 기간 동안 코스피지수는 27% 상승하고, 화학업종인 LG화학은 코스피지수보다 3% 높은 30% 상승했다. 반면 건설업종인 현대건설은 이 기간 동안 9% 상승에 그쳤다. 시장을 주도한 업종이었던 화학업종의 LG

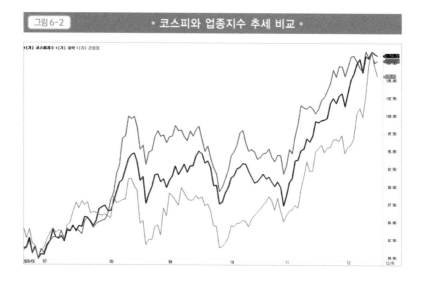

그림 6-2 · 코스피와 업종지수 추세 비교 ·

화학을 매수한 사람은 행복한 나날을 보냈다. 주가가 오르는 것도 기분 좋은 일이지만 코스피지수보다 더 잘 오르니 수익도 크다. 하지만 만약 건설업종에 속한 현대건설을 매수한 사람은 어땠을까? 그에게는 머피의 법칙이 작동한다. 다 오르는 것 같은데 자신이 산 주식만 오르지 않는 것이다. 그래서 "나는 뭘 해도 되는 일이 없다"며 자책하게 된다.

물론 하락추세나 횡보추세에서도 상승하는 종목이 있다. 그렇다고 그 종목을 찾기 위해 애쓸 필요는 없다. 성공할 확률이 적기 때문이다. 굳이 실패할 확률이 높은 게임을 할 필요가 없다. 하락추세에서는 일단 상승 종목의 수가 적고, 상승하더라도 오래 가지 않는다. 급등했다가 급락하는 경우도 많다. 또 하락추세에서는 업종 대표주보다는 개별 종목이나 테마주가 오르기도 하는데 그 규모가 작고, 자칫 그러한 종목에 투자했다가는 시장의 희생양이 될 가능성이 크다.

시장 주도업종에서 선도주를 찾아라

주식시장의 추세를 보고 시장을 주도하는 업종을 선정했다면, 이제는 주도업종 중에서도 실제로 어떤 기업에 투자할 것인지 알아야 한다. 같은 업종이라 하더라도 어떤 종목을 선정하느냐에 따라 투자 수익도 달라진다. 주식을 잘 모르는 개인은 무작정 뉴스나 지인, 전문가의 말만 믿고 종목을 선택하는 경우가 많다. 물론 이렇게 하여 운 좋게 성공하기도 하지만 남의 말만 믿고 투자를 한다면 대부분 실패하기가 십상이다.

보통 집을 사기 전에 부동산 등기부등본을 보고 저당이 얼마나 잡혔는지, 직접 방문하여 집 내부와 주변 환경은 어떤지, 앞으로도 살 만한 집인지 등을 꼼꼼히 알아보는 것이 상식이다. 그런데 주식을 살 때는 순간적인 충동이나 소문을 믿고 투자하는 경우가 많다. 이는 제대로 확인도 하지 않고 집을 사는 것과 마찬가지다. 잘 모르면 증권사 직원이나 믿을 만한 전문가를 찾아 상담을 받아봐야 한다. 물론 무작정 상담을 받을 것이 아니라 스스로 충분히 조사한 다음에 그 내용을 검증하는 형식으로 상담을 받는 것이 좋다. 증권사 직원을 불신하는 투자자도 많은데 꼭 그럴 필요는 없다. 증권사 직원 말만 믿으라는 소리는 아니다. 당신이 꼭 필요한 질문을 하고 그에 맞는 답변을 들으면 된다.

1억 원이 있다면 어느 종목을 사겠는가

당신에게 현금 10억 원이 있다고 가정해 보자. 당신이 주식투자에 관심은 있는데 주식투자는 위험하고 성공하기가 쉽지 않다는 것을 알기 때문에 그중 일부인 1억 원만 주식에 투자하기로 했다. 그래서 투자하기 좋은 종목을 알아보기 위해 증권사를 찾아갔다. 증권사 직원에게 무슨 종목이 좋으냐고 물었더니 직원은 다음에 나오는 4개의 종목을 추천했다. 과연 4종목 가운데 어느 종목이 좋을까? 4종목 모두 업종 대표주이고 시가총액도 3조 원 이상인 대형 종목이다. 당신은 어떤 종목을 매수할 것인가? 각 종목에 대한 설명을 읽고 스스로 한번 선택해 보고 그 이유를 생각해 보자. 그리고 나중에 자신이 선택한 종목이 어떻게 되었는지 실제 상황과 비교해 보도록 하자.

증권사 직원은 첫 번째 추천 종목 ①에 대하여 이렇게 설명하였다. "①종목은 정보통신사업을 하는 업체로 연 매출 23조 원, 영업이익은 1조 2,000억 원 정도됩니다. 2000년 이후 단 한 번도 적자를 낸 적이 없고, 매년 한 번도 빼먹지 않고 배당을 주고 있는데 배당수익률이 3%가 넘습니다. 매년 1조 원대의 이익을 내고 있으니 부도날 일은 없고, 매년 주는 배당금 수준이 은행 1년 예금금리의 두 배 수준 정도 됩니다. 4개월간 ①종목이 계속 하락하고 있다가 최근 소폭 반등하고 있습니다. 매년 이익도 나고 배당도 매년 주는 회사인데 주가가 너무 많이 빠졌기 때문에 지금 싸게 살 수 있는 좋은 시점이라고 생각합니다." 당신 생각은 어떤가? 1억 원을 이 종목에 투자하겠는가?

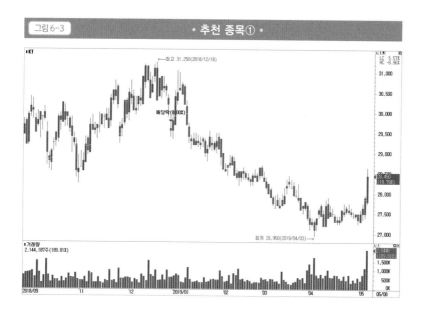

여섯 번째 공식 : 상승주도업종의 선도주를 잡아라   101

증권사 직원은 두 번째 추천 종목 ②에 대하여 이렇게 설명하였다. "②종목은 생활필수품을 판매하는 업체로 연 매출 15조 원, 영업이익은 5,800억 원 정도 됩니다. 최근 3년간 매출이 1조 원씩 늘어나고 있고, 영업이익도 3년 연속 증가하고 있습니다. 부채비율은 89%, 유보율(기업의 잉여금을 납입자본금으로 나눈 비율로, 얼마나 많은 자금을 보유하고 있는지 알 수 있는 지표)은 무려 5,815%나 되어 빚은 매우 적고, 유보액이 많아 자금동원력이 엄청 큰 회사입니다. S증권사 애널리스트도 '투자 비중 확대' 의견을 내고 있습니다. 특히 주가도 저점을 찍고 상승하고 있습니다. 증시 격언에 '달리는 말에 올라타라'는 말이 있습니다. 이 종목은 그 격언에 부합하는 종목인 것 같습니다"라며 ②종목을 추천하였다. 당신 생각은 어떤가? 1억 원을 이 종목에 투자하겠는가?

그림 6-4 • 추천 종목② •

증권사 직원은 세 번째 추천 종목 ③에 대하여 이렇게 설명하였다. "③종목은 발전설비업체로 연 매출 20조 원, 영업이익은 1조 3,000억 원 정도 됩니다. 최근 5년간 매출과 영업이익이 모두 두 배로 증가하였습니다. 최근 경기 회복에 따라 신흥국들의 신규 발주, 선진국의 노후화 발전소 성능개선 발주가 증가하고 있어 ③종목의 추가 성장이 기대됩니다. 또한 인도 법인을 통해 글로벌 사업을 확대하고, 터빈 원천기술을 확보하여 세계적 기업들과 어깨를 나란히 하게 되었다는 평가를 받고 있습니다. 그러나 최근 주가가 이전 저점 수준까지 떨어져 저가매수의 기회가 생긴 것으로 보입니다. 이에 K증권사 애널리스트는 목표주가를 11만 원으로 제시하였습니다"라며 ③종목을 추천하였다. 당신 생각은 어떤가? 1억 원을 이 종목에 투자하겠는가?

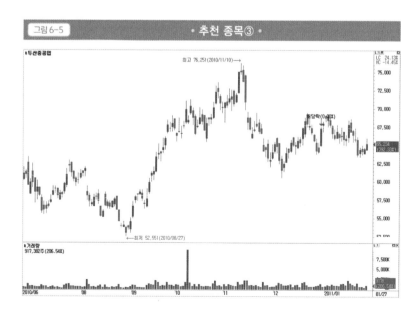

그림 6-5   • 추천 종목③ •

증권사 직원은 네 번째 추천 종목 ④에 대하여 이렇게 설명하였다. "④ 종목은 디지털 엔터테인먼트 사업체로 연 매출 8,300억 원, 영업이익은 2,700억 원 정도 됩니다. 최근 3년 연속 매출액과 영업이익이 증가하고 있습니다. 작년 말 기준 이 회사 주요 상품의 점유율은 7.6%이나 향후 다양한 신제품이 선보일 예정이어서 국내 점유율이 확대될 것으로 예상되고, 미국·중국 등 세계 여러 나라와 계약을 체결하여 해외에서도 매출이 크게 오를 것으로 예상됩니다. 7개월 전까지만 해도 25만 원이던 주가가 한때 18만 1,500원까지 떨어졌다가 다시 과거 고점인 25만 원대 가까이 올라가고 있습니다. 최근 조정을 받고 있지만 내년 말에는 매출과 영업이익 모두 크게 증가할 것으로 전망되고 있습니다"라며 ④종목을 추천하였다. 당신 생각은 어떤가? 1억 원을 이 종목에 투자하겠는가?

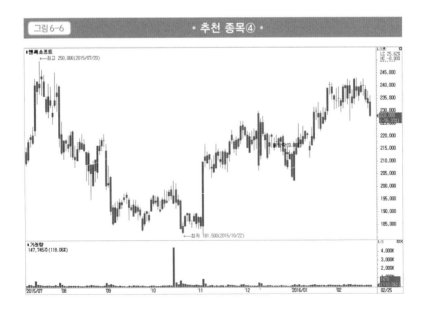

그림 6-6 　　　　　• 추천 종목④ •

나의 투자 결과는 어땠을까

당신은 증권사 직원으로부터 4개의 업종 대표주를 추천받았다. 증권사 직원의 설명은 모두 사실이다. 자 그렇다면 당신은 어느 종목에 투자할 것인가? 결과를 읽기 전에 한 종목을 꼭 선택하기 바란다. 주식투자는 결과를 알고 하는 것이 아니기 때문이다. 자, 이제 당신이 1억 원을 투자할 종목을 정했는가? 선택하기가 쉽지 않았을 것이다. 하지만 어쨌든 당신은 증권사 직원의 설명을 듣고 난 후 바로 1억 원을 그 종목에 투자했다고 하자. 결과는 어떻게 되었을까? 기대하시라!

첫 번째 종목 ①번 주식을 선택하신 분 있는가? ①번 주식은 대표적인 통신업체인 KT다. 안타깝게도 당신이 매수한 시점 이후 이 종목은 점점 하락하였다. 증권사 직원의 추천으로 당신이 KT 주식을 매수한

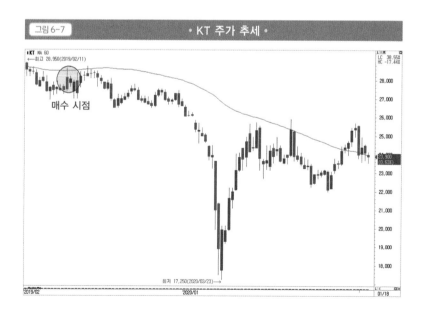

그림 6-7 · KT 주가 추세 ·

시점은 〈그림 6-7〉 차트에서 노란색 원으로 표시한 시점이었고, 매수 가격은 2만 8,450원이었다. 그런데 매수 이후 주가가 계속 떨어지기만 했고 단 한 번도 매수 가격을 회복하지 못했다. 한때 1만 7,250원 떨어지기도 했다. 2021년 1월 29일 기준 KT 주식의 가격은 〈그림 6-7〉 차트에서 보는 바와 같이 2만 3,750원이다. 수익률은 -17%, 1,700만 원이 날아갔다. 매년 이익도 내고 배당도 주면 은행예금보다 낫겠다는 심정으로 매수했는데 손해라니, 마음이 아플 뿐이다. 주식과는 인연이 없는 것 같다는 생각이 든다. 하지만 너무 낙담하지 말자. 당신은 이번의 실패를 통해 '업종 대표주에 대한 투자'가 항상 수익을 내는 것은 아니라는 사실을 배웠다. 이번의 실패를 거울삼아 다음 투자에는 꼭 성공하길 바란다.

두 번째 종목 ②번 주식을 선택하신 분 있는가? ②번 주식은 신세계그룹 계열사인 이마트다. 증권사 직원의 추천 당시 당신이 이마트 주식을 매수한 시점은 〈그림 6-8〉 차트에서 노란색 원으로 표시한 시점이었고, 매수가격은 31만 7,500원이었다. 그런데 오호통재라! 당신이 매수한 시점 이후 주가는 줄줄 미끄러졌다. 제대로 반등 한번 못하고 하락만 했다. 2021년 1월 20일 기준 이마트 주식 가격은 17만 2,000원이었다. 수익률은 -46%, 4,600만 원이 날아갔다. S증권사 애널리스트가 투자 비중 확대 의견을 냈다는 말을 믿고 매수했는데 반토막이라니… 하지만 누구를 탓한단 말인가? 운도 지지리 없다. '달리는 말에 올라타야 한다고?' 서 있는 말도 잘 타지 못하는데 달리는 말에 어떻게 잘 탈 수

그림 6-8

• 이마트 주가 추세 •

매수 시점

있단 말인가. 주식에 '주'자도 모르면서 주식투자한 게 잘못이라는 생각이 든다. '앞으로 주식은 절대 안 한다!' 이런 마음이 드는가? 그 마음을 충분히 이해하지만 툴툴 털어버리기 바란다. 세상에는 한 번의 도전으로 성공을 이룬 사람은 거의 없다. 오히려 한 번도 실패하지 않았다는 건 새로운 일을 전혀 시도하고 있지 않다는 신호일 뿐이다.

세 번째 종목 ③번 주식을 선택하신 분 있는가? ③번 주식은 발전설비 및 플랜트 건설업체인 두산중공업이다. 당신이 두산중공업 주식을 추천받아 매수한 시점은 〈그림 6-9〉 차트에서 노란색 원으로 표시한 시점이었고 매수가격은 6만 5,000원이었다. 그런데 매수와 동시에 떨어지기 시작하여 중간에 반등의 기간도 있었지만 지금까지 원금 수준

이상으로 반등한 적은 단 한 번도 없이 줄기차게 하락했다. 2021년 1월 20일 기준 두산중공업 주식 가격은 1만 3,250원이다. 수익률은 -80%! 투자금액 1억 원은 이제 2,000만 원으로 쪼그라들었다. 실적도 좋고 기술력도 좋지만 주가 조정으로 인해 주가가 떨어져서 저가매수 기회가 왔다는 말을 듣고 매수했는데 투자 결과는 말 그대로 엉망이었다. 증권사 직원이 원망스럽다. 와이프도 주식 때문에 매일 성화다. "코스피지수는 신고가를 경신하고 있는데 당신이 산 주식은 왜 거꾸로 가냐?"며 틈만 나면 속을 뒤집어 놓는다. 이제 주식의 주자도 보기 싫다. 정말 미칠 것 같은 그 마음을 나도 안다. 나도 그렇게 작살난 때가 있었기에⋯ 그래도 지금은 많이 여유로워진 것 같다. 너무 손실에 집착하지 말아야 한다. 손실에만 집착하면 돈만 잃는 것이 아니라 행복도 깨질 수 있

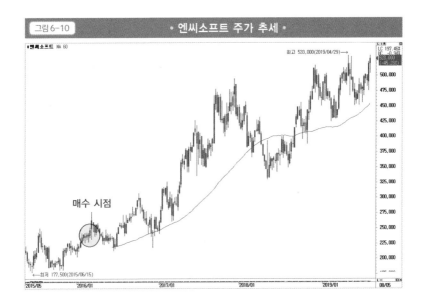

그림 6-10 ● 엔씨소프트 주가 추세 ●

● 엔씨소프트 MA 60

최고 533,000(2019/04/29)→

매수 시점

←최저 177,500(2015/06/15)

2015/05   2016/01   2017/01   2018/01   2019/01   08/05

다. 대안을 찾는 노력이 필요할 때다. '그놈 때문에 피 같은내돈 8,000만 원만 날렸다'라고 낙담하지 않았으면 좋겠다. '그래도 불행 중 다행이야. 10억 원 다 투자했으면 8억 원을 날릴 뻔했잖아. 나에겐 아직 9억 2,000만 원이 있잖아. 다음에는 잘해 봐야지. 어떻게 하면 잘할 수 있을까?'라고 생각하는 것이 현명한 생각이다. 투자 실패에 연연하면 나머지 돈도 잃기 십상이다. 마음을 비우고 실패의 원인과 대안을 찾는 여유를 가져야 한다.

네 번째 종목 ④번 주식을 선택하신 분 있는가? ④번 주식은 온라인, 모바일 게임소프트웨어 개발과 공급을 주요 사업으로 하는 엔씨소프트이다. 엔씨소프트 주식을 추천받아 매수한 시점은 〈그림 6-10〉 차트에서 노란색 원으로 표시한 시점이었고 매수가격은 22만 8,000원이었다.

매수 이후에 약간의 조정이 있기는 했지만 주가는 계속 상승하는 흐름을 이어갔다. 2021년 1월 20일 기준 엔씨소프트의 가격은 96만 5,000원이다. 수익률은 323%! 투자금액 1억 원은 이제 4억 2,300만 원이 되었다. 이 종목을 추천해 준 증권사 직원에게 크게 한턱내고 싶다. 그리고 앞으로도 그 직원과 좋은 관계를 맺기로 마음먹었다. 처음부터 좀 많이 투자했으면 더 좋았을 걸 하는 아쉬움도 남는다. 주식투자 비중도 좀 더 늘려야겠다. 종목만 잘 선택하면 주식이 위험한 것도 아닌 것 같다. 큰 욕심 부리지 않고 10억 원만 더 벌고 싶다. 10억 원이 되면 세계 여행도 하고, 기부도 하고, 취미 생활도 여유 있게 하면서 살고 싶다. 갑자기 앞날이 밝게 느껴진다.

하지만 투자에 성공했다는 기쁨에 너무 들떠 있지 마시라. 성공에 취해 있으면 다음 투자에서 실패할 가능성이 많다. '산이 높으면 골도 깊다'는 증시 격언을 겸허한 마음으로 새겨야 한다. 사실 당신이 투자에 성공한 것은 당신의 실력이 좋았기 때문도 아니고, 증권사 직원의 족집게 실력 때문도 아니다. 더욱이 주식투자가 매번 성공하는 것도 아니다. 냉정하게 판단하면 당신은 운이 좋았을 뿐이다. 3개의 다른 종목들은 모두 큰 손실이 났는데 당신이 선택한 엔씨소프트만 크게 수익이 났다. 큰 수익에 잔뜩 고무되어 흥분하면 안 된다. 운 좋게 대박 난 것을 감사하게 생각하고, 이제부터는 본격적인 투자 공부를 해라. 다음번 투자는 증권사 직원이나 애널리스트의 추천에만 의존하지 말기 바란다. 그들을 무시하라는 의미가 아니다. 그들의 분석보고서와 추천 사유를 맹신하지 말고 참고만 하자. 주식투자를 할 때는 반드시 나만의 기준이 있어야 한다. 그 기준에 맞춰 종목을 선정하고 매매 타이밍을 결정해야만 지속적으로 수익을 낼 수 있는 주식투자를 할 수 있음을 명심하도록 하자.

우량주를 골랐는데도 쪽박이 나는 이유

증권사 직원의 설명을 듣고 투자한 3개의 종목은 큰 손실이 났다. 그 종목들은 작전주도 아니고 나름 업종 대표주에 해당한다. 대부분 실적이나 전망도 괜찮은 회사였다. 그런데 주가는 크게 떨어졌다. 왜 그랬을까? 주식은 고수익·고위험 투자상품이다. 특성상 큰 수익이 날 수도 있지만 큰 손실을 볼 수도 있다. 그래서 보통 주식투자자는 은행에 저축하는 것과 달리 연 1% 내외의 수익을 바라고 주식에 투자하지는 않는다. 주식투자자라면 연 1% 수익에 만족하는 사람은 없다. 주식투자는 수익에 대한 기대치가 크다. 또 실제 주식투자로 대박이 나는 경우도 종종 있다. 예금으로 수십 년 이상 저축해야 벌 수 있는 돈을 1년 만에 벌 수도 있고, 운 좋으면 1주일 만에 벌 수도 있다. 그래서 주식투자는 매력적이고 달콤해 보인다.

하지만 주식투자가 항상 우호적인 것은 아니다. 큰 수익이 있는 곳에는 큰 위험도 함께 있기 마련이다. 아무리 우량주라 해도 반토막이 날 수 있다. 주식은 태생적으로 위험을 안고 있기 때문이다. 그렇다면 무슨 위험이 있는지를 알아야 한다. 위험을 제대로 알아야 위험에 대응할 수 있다. 그런 노력 없이 고수익만 추구하는 것은 탐욕이며, 탐욕은 순식간에 쪽박을 불러올 수 있다.

주가를 떨어뜨리는 두 가지 주범

애인과 함께 자동차를 타고 서울에서 강릉을 거쳐 동해로, 부산을 지나 남해로, 목포를 거쳐 서해로 갔다가 서울로 오는 6박 7일 여행을 한다고 가정해 보자. 생각만 해도 행복하다. 그런데 걱정이 있다. 나는 초보운전자이고 내 애인은 무면허로 운전을 못한다. 내가 여행 중에 운전을 잘할 수 있을지 걱정이다. 혹시 사고가 나면 어떻게 대응해야 할지 모르겠다. 생각하기 싫지만, 사고로 다치거나 죽을 수도 있다는 상상만으로도 끔찍하다.

자동차를 타고 여행할 때 두 가지 위험만 없으면 사고 없이 즐겁고 행복한 여행이 될 수 있다. 두 가지 위험이란 바로 '내부위험'과 '외부위험'이다.

먼저 내부위험은 자동차 자체와 그 안에 타고 있는 사람에 의해 일어나는 위험이다. 예를 들어 브레이크에 문제가 있다거나 타이어에 펑크가 나는 등의 차량 결함으로 인한 위험과 교통신호 미준수나 과속, 음주운전이나 운전 중 주의산만과 같이 운전자 및 동승자의 부주의로 인한 위험이 내부위험에 속한다. 이러한 내부위험은 통제만 잘하면 어느정도 막을 수 있다. 차량을 운행하기 전에 꼼꼼히 점검하여 문제가 있으면 사전에 차량을 정비하면 된다. 또 운전자는 교통법규를 잘 지키며

운전하고, 운전 중에는 허튼짓을 하지 않고 운전에만 집중할 수 있도록 해야 한다. 동승자도 운전자가 운전을 잘할 수 있도록 도와야 한다. 이러한 노력을 통해 내부위험을 줄일 수 있다.

그렇다면 내부위험이 사라지면 사고가 안 날까? 그렇지 않다. 내부위험이 전혀 없어도 사고가 일어날 수 있다. 교통사고는 차 안뿐만 아니라 차 밖에서 일어나는 돌발 상황 때문에 일어나는 사고도 많기 때문이다. 외부위험은 말 그대로 차 밖에서 일어나는 위험을 말한다. 예를 들어 다른 차가 내 차에 부딪힌다든지, 눈이나 비 때문에 도로가 미끄러워 일어나는 접촉사고나 운행 중 갑자기 들이닥치는 동물과의 사고 등이 외부위험이다. 이러한 외부위험은 내부위험과는 달리 예측하기가 어렵다. 내부위험은 내가 조심하면 어느 정도 막을 수 있지만 외부위험은 내가 통제할 수 없는 것으로 인해 발생하기 때문이다. 그렇다면 외부위험을 줄이기 위해서는 어떻게 해야 할까? 외부위험은 내가 통제할 수도 없고, 그 가짓수 또한 무수히 많기 때문에 모두 조사하고 대비하기란 불가능하다. 이럴 땐 해답은 심플하다. 원칙에 충실하는 것이다. 다른 차가 내 차를 박을지 모르니까 방어운전을 하고, 눈이나 기상이 안 좋을 때는 자동차가 아닌 기차를 이용한다. 비포장 지름길보다는 돌아가더라도 도로 상황이 좋은 안전한 길을 이용하는 등 상식적이고 당연한 원칙들을 지킨다면 외부위험을 줄일 수 있다.

물론 내부위험을 관리하지 않아도, 외부위험에 대비하지 않아도 운좋게 사고 없이 여행할 수도 있다. 그러나 여행 시간이 길수록 사고 날 확률은 높아질 것이다. 당신은 행복한 여행을 위해 내부위험과 외부위험의 발생 가능성을 줄일 것인가? 아니면 모든 위험을 무시하고 그냥 운運이라고 생각할 것인가?

지금까지 얘기한 자동차 여행에서 일어날 수 있는 내부위험과 외부위험에 관한 내용은 주식투자를 할 때 일어나는 위험 상황과 완전히 일치한다. 주식투자를 처음 할 때는 마치 초보운전자가 장거리 여행하는 것과 같다. 코로나19로 인한 팬데믹 이후 동학개미운동으로 초보투자자들이 급증했다. 문제는 주식투자를 하겠다면서 주식에 대해서는 완전 초보라는 것이다. 2020년에는 운 좋게도 초보투자자도 주식투자로 큰 수익을 챙겼다. 초보투자자의 실력이 좋아 수익이 좋은 게 아니라 주식투자 시 발생할 수 있는 두 가지 위험이 발생하지 않았기 때문이다. 초보투자자가 2020년 주식투자로 큰 수익을 냈다고 해서 앞으로도 그 수익행진이 계속될 것이라 생각한다면 큰 오산이다. 초보임에도 2020년 상승장에서 큰 수익을 얻었다면 그저 감사하게 생각하고 지금부터라도 주식공부를 해서 두 가지 위험에 대비하자.

주가를 떨어뜨리는 것은 딱 두 가지뿐이다. 고로 이것만 잘 관리하면 주식투자를 정말 편안하게 할 수 있고, 수익도 잘 낼 수 있다. 주가를 떨어뜨리는 두 가지 주범은 바로 '개별위험'과 '시장위험'이라는 녀석이다. 자동차 여행의 내부위험이 개별위험에 해당하고, 외부위험은 시장위험에 해당한다고 보면 된다. 이 두 놈만 잡으면 주식투자의 수익은 따 놓은 당상이다. 그런데 이 두 가지 위험을 완벽하게 제거하는 것은 불가능하다. 다만, 개별위험과 시장위험을 내가 통제할 수 있을 만큼 줄이는 것은 가능하다. 당신이 주식투자로 성공하고 싶다면 개별위험과 시장위험을 줄이는 방법에 대해 반드시 알아야 한다.

개별위험과 시장위험이라는 말이 생소하겠지만 일단 그 의미는 알고 있어야 한다. 먼저 개별위험에 대해서 알아보자. 예를 들어 A 회사의 대표가 회삿돈 100억 원을 횡령한 사실이 알려지면서 A 회사의 주가가 떨어졌다고 가정해 보자. A 회사의 주가는 왜 떨어졌을까? A 회사 대표가 횡령한 회삿돈 100억 원으로 인하여 회사의 이익이 100억 원 감소해서 회사의 가치가 떨어졌기 때문이다. 이처럼 회사의 내부에 사고가 생겨 주가를 떨어뜨리는 것이 바로 개별위험이다.

반면 2020년 코로나19로 인한 팬데믹 상황은 주식시장에 상장된 모든 회사의 주가를 큰 폭으로 떨어뜨렸다. B 회사는 팬데믹 시점에 특별한 개별위험(내부위험)이 없었는데도 불구하고 주가가 큰 폭으로 빠졌다. 이처럼 B 회사 내부요인이 아니라 시장 전체에 영향을 미치는 외부요인 때문에 주가가 떨어지는 위험을 시장위험(외부위험)이라고 한다.

주가를 떨어뜨리는 첫 번째 주범, 개별위험

개별위험은 해당 회사에만 영향을 끼치는 해당 회사의 내부 문제로 발생하는 위험을 의미한다. 예를 들면 A 회사에 불이 났다. 이것은 A 회사의 개별위험이다. A 회사가 불이 났다고 A 회사와 관련이 없는 B 회사의 주가가 떨어지지는 않기 때문이다. 또 C 회사가 만드는 제품의

불량률이 높아서 판매가 큰 폭으로 감소함에 따라 주가가 떨어졌다면 그것은 C 회사의 개별위험 때문이다. C 회사의 판매감소가 C 회사와 관련이 없는 D 회사나 E 회사의 주가를 떨어뜨리지는 않는다. 이처럼 어떤 특정 회사에만 관련된 위험이 개별위험이다.

반면 시장위험은 글로벌금융위기와 같은 상황이 벌어졌을 때처럼 A 회사, B 회사, C 회사, D 회사 등 모든 회사의 주가를 떨어뜨리는 위험이다.

개별위험은 그 형태가 회사마다 각각 다양하다. 특정 회사의 매출이 줄어드는 것, 특정 회사의 이익이 감소하는 것, 특정 회사의 대고객 이미지가 나빠지는 것 등이 그것이다. 개별위험의 내용은 각기 다를 수 있지만, 모두 회사 내부의 문제라는 점에서 동일하다. 내가 어떤 주식에 투자할 당시에는 나타나지 않았던 개별위험이 생기면 주가가 떨어진다. 그래서 투자 당시에는 회사의 재무구조나 전망에 대하여 철저히 분석하고 투자했다고 해도 예상치 못한 개별위험 때문에 주가가 폭락할 수도 있다. 만약 내가 투자한 주식 중에 개별위험이 발생하면 손실을 보게 된다. 내가 운전하는 자동차의 내부위험에 대비하지 않으면 사고 나기 쉽다. 마찬가지로 내가 투자한 주식의 개별위험에 대비하지 않으면 투자 손실이 나기 쉽다.

그렇다면 개별위험으로 인한 투자 손실을 피할 수는 없을까? 피할 수 있다. 개별위험을 피하기 위해서는 '분산투자'가 답이다. 주식에 투자할 때 어느 한 종목에 올인하지 않고 여러 종목에 나누어 투자하는 것이다. 앞에서 우리는 가상으로 KT, 이마트, 두산중공업, 엔씨소프트 중 한 종목에 1억 원을 투자해 보았다. 한 종목에만 투자했을 경우 수익률을 다시 한번 보자. KT는 -17%, 이마트는 -46%, 대우조선해양은 -80%다. 반면 엔씨소프트에 투자했을 경우에는 +323%였다. 모든 사람이 엔씨소프트에만 투자했다면 더할 나위 없이 좋았겠지만, 나머지 3종목을 선택했다면 큰 손실을 피할 수 없었다.

그런데 만약 1억 원을 4종목에 각각 2,500만 원씩 분산투자했다면 어떻게 되었을까? 4종목에 모두 똑같은 비율로 투자했다면 최종적인 총평가 금액은 2021년 1월 20일 기준 1억 4,500만 원 정도 된다. 3종목에서 손실이 컸음에도 불구하고 다른 한 종목에서 매우 큰 수익이 발생했기 때문이다. 1억 원 투자해서 45% 수익이 났다면 엄청난 것 아닌가? 1억 원을 1%짜리 예금에 가입했다면 수십 년이 지나야 가능한 수익이다. 이렇듯 분산투자의 위력은 당신의 상상을 초월한다. KT, 이마트, 두산중공업 등 3종목은 각종 개별위험으로 인하여 주가가 떨어

그림6-11	• 분산투자 시 투자손실 회피 효과(예시) •		
종목	투자금액	수익률	회수금액
KT	25,000,000	-17%	20,869,947
이마트	25,000,000	-46%	13,543,307
두산중공업	25,000,000	-80%	5,096,154
엔씨소프트	25,000,000	323%	105,811,404
누계	100,000,000	45%	145,320,812

졌지만, 개별위험이 없었던 엔씨소프트에도 투자함으로써 나타난 결
과를 보시라. 결과적으로 개별위험을 감소시키는 조치, 즉 4종목에 분
산투자 했더니 투자 손실은 감소하고, 더 나아가 45%의 수익을 만들
었다. 고로 한 종목에 몰빵하지 말고 4종목 이상에 분산투자 하길 바
란다.

주가를 떨어뜨리는 두 번째 주범, 시장위험

시장위험은 회사 외부의 시장 변화가 주가를 하락하게 하는 위험이
다. 시장위험을 발생시키는 것에는 금리, 환율, 원자재, 글로벌 위기,
전쟁 등이 있다. 이러한 것들은 전체 주식시장에 영향을 미친다. 예를
들어 금융위기로 환율이 급등하자 어제 당신이 산 A 회사 주식이 10%
급락했다. 하루 만에 10% 손실이 난 것이다. 그런데 사실 A 회사의 내부
상황은 어제나 오늘이나 크게 달라진 것이 없다. 현재 매출은 여전히 지
속 되고 있고 이익도 나고 있는 상태다. 그런데 환율 급등이라는 회사 외
부의 요인으로 인한 시장위험이 A 회사의 주가를 떨어뜨린 것이다. 이
처럼 회사 자체에는 당장 문제가 없어도 전체 시장에 영향을 미치는 환
율, 금리 등이 급변하여 시장위험이 발생하면 어느 한 종목의 주가만 떨
어지는 것이 아니라 상장된 종목 전체가 떨어진다. 투자자로서는 억울
한 일이다. 지금 현재 회사는 내부적인 문제가 없고 좋은 상황인데도 불
구하고, 갑작스럽게 외부의 시장위험이 주가를 떨어뜨렸기 때문이다.
그래서 투자종목을 잘 분석하고 분산투자하여 개별위험을 줄였음에도

불구하고 갑작스러운 시장위험 때문에 손해를 보는 경우가 많다.

재무구조가 좋은 KT를 샀는데 세계적인 통신 업황이 좋지 않아 주가가 떨어질 수 있다. 또 수주가 많은 대형 건설사 주식을 샀는데 부동산 경기가 안 좋아서 주가가 떨어질 수 있다. 전일 미국 IT 주식이 폭락했다는 소식이 전해지면 우리나라 IT 주식도 떨어질 수 있다. 이처럼 특정 회사의 개별위험을 제거하더라도 외부의 시장위험 때문에 주가가 떨어질 수 있다. 개별위험은 한 종목에 몰빵하지 않고, 여러 종목에 분산투자함으로써 상당 부분 피할 수 있다고 했다. 그러나 갑작스럽게 발생하는 시장위험을 개별회사가 피하기는 힘들다. 내가 산 A 회사 주식이 금리, 환율, 미국시장, 글로벌시장과 같은 회사 외부의 위험을 통제할 수 없기 때문이다. 그래서 시장위험(외부위험)이 발생하면 A 회사의 주식이 우량주가 아니라 우량주 할아버지라도 떨어진다. 위에서 사례로 든 KT, 이마트, 두산중공업이 우량주이거나 업종 대표주임에도 불구하고 크게 떨어진 이유는 시장위험이 크게 작용한 탓도 있다. 내가 아무리 잘나도 누가 알아주지 않으면 빛날 수 없다. 마찬가지로 아무리 좋은 주식이라도 시장이 도와주지 않으면 떨어지기 마련이다.

시장위험은 멀쩡한 주식의 가격을 떨어뜨리는 일등 공신이다. 그런데 정말 시장위험을 피할 수는 없는 것일까? 그렇다. 완벽하게 피할 수는 없다. 그러나 줄일 수는 있다. 어떻게 줄일 수 있을까? 그 해답은 '분할투자'다. 분할투자는 투자금액을 한꺼번에 투자하지 않고 1/N로 쪼개어 여러 번 투자하는 방식이다. 예를 들면 추천 종목이었던 KT, 이마트, 두산중공업 등에 투자할 때 1억 원을 한꺼번에 투자하지 않고 매월 1,000만 원씩 10번으로 나누어 투자하는 방식이다. 시장위험이 분산되기 때문에 손실을 줄일 수 있게 된다.

앞의 사례에서 KT 주식을 한 번에 1억 원어치 몽땅 매수한 경우 수익률은 -17%였다. 그러나 투자 시점을 10회 분할해서 매월 1,000만 원씩 매수하면 수익률은 -12%로 손실 폭이 줄어든다. 이마트의 경우에는 10회 분할해서 매수하면 -46%에서 -27%로 손실 폭이 줄어들고, 두산중공업의 경우에도 -80%에서 -73%로 손실 폭이 줄어든다. 1억 원으로 한 번에 매수한 것보다 1,000만 원씩 10회로 나누어 매수한 경우, KT는 5%, 이마트는 19%, 두산중공업은 7%나 손실 폭이 줄어든다. 이 때문에 주가를 떨어뜨리는 시장위험은 분할투자를 통하여 줄일 수 있음을 알 수 있다.

앞에서 주가를 떨어뜨리는 두 요인은 개별위험과 시장위험이라고 했다. 개별위험과 시장위험을 모두 제거할 수는 없다. 그러나 줄일 수는

그림 6-12	· 분할투자 시 투자 손실 폭 감소 효과 ·		
종목	수익률		투자 손실 폭 감소
	1억 원 1회 투자 시	1억 원 10회 분할투자 시	
KT	-17%	-12%	5%
이마트	-46%	-27%	19%
두산중공업	-80%	-73%	7%
엔씨소프트	321%	285%	-11%

있다. 개별위험은 분산투자방식으로, 시장위험은 분할투자방식으로 손실 폭을 감소시킬 수 있다고 했다. 어떤 사람은 이렇게 묻는다. "주식에 투자하는 것은 수익을 내서 돈 벌려고 하는 거지, 손실 폭을 감소시키려고 하는 사람이 누가 있습니까? 돈은 언제 법니까? 손실 폭 감소시키는 거 말고 높은 수익을 내는 방법을 가르쳐 주시오!" 그럴듯한 말이다. 하지만 단편적인 생각이다. 물론 누구나 주식투자로 큰 수익을 내고 싶다. 그런데 대부분의 투자자가 왜 손해를 보는 경우가 많은지 생각해 보라! 주식투자라는 것은 수익 가능성과 손실 가능성(위험)이 동시에 존재한다. 수익과 손실을 접하는 우리의 감정은 매우 비대칭적이다.

예컨대, 1억 원을 주식에 투자했는데 한 달 만에 50% 수익이 났다면 당신이 느끼는 행복감은 얼마나 될까? 그것이 10 정도 된다고 하자. 반면 1억 원을 주식에 투자했는데 한 달 만에 반토막이 되었다. 당신이 느끼는 상실감은 얼마나 될까? 그것은 100 정도 된다. 합리적으로 생각하면 수익이 났을 때와 손실이 났을 때 감정의 기복도 같은 정도 수준이어야 한다. 50% 수익이 났을 때 행복감이 10이라면, -50% 손실이 났을 때 상실감도 10이어야 한다. 그런데 실제로 대부분의 투자자들은 수익이 났을 때 행복감보다 손실이 났을 때 상실감을 훨씬 크게 느낀다.

50% 수익 난 사람의 경우, 행복감의 수명은 그리 길지 않다. 어떤 사람은 하루에 끝나기도 하고 어떤 사람은 일주일 정도 기분 좋은 정도다. 50% 수익 났다고 일상의 일을 제대로 못할 정도는 아니다. 50% 수익 난 것은 난 것일 뿐이고, 회사 일도 평소와 같이 잘하고, 가족들과도

즐겁게 지낸다. 어느 순간에는 50% 수익 난 것을 잊고 평상시처럼 살아간다. 반면 50% 손실 난 사람의 경우, 상실감의 수명은 매우 길다. 어떤 사람은 한 달 동안 괴로워하고, 어떤 사람은 1년 동안, 또 어떤 사람은 평생을 괴로워하면서 살게 된다. 일상의 일도 제대로 못한다. 회사에서도 일이 손에 잡히지 않는다. 어떤 순간에도 50% 손실의 아픔이 계속 따라다닌다. 큰 손실은 때로 가정을 파괴시키기도 하고, 극단적인 선택을 하게 하는 유인이 되기도 한다. 나는 이러한 감정의 비대칭성 때문에 수익관리보다 위험관리를 더 중요하게 생각한다.

또 한편으로 생각하면 위험관리가 곧 수익관리다. 앞의 예시를 다시한번 되새겨 보자. 증권사 직원의 추천 종목에 투자하면서 어떤 생각을 했는가? 그 종목에 투자하면서 수익만 생각한 것은 아닌가? 그런데 KT, 이마트, 두산중공업의 경우 어땠는가? 추천 당시 수익이 날 것 같은 달콤한 얘기만 믿고 있으니 손실위험에 대한 관리는 안 했던 것 아닌가? 업종 대표주라도 개별위험 때문에 손해 볼 수 있으니 미리 대비해야 한다는 생각은 왜 하지 않았는가? 실적 좋은 우량주라도 시장위험 때문에 손해 볼 수 있으니 미리 대비해야 한다는 생각은 왜 하지 않았는가?

만약에 처음부터 4종목에 분산투자 했다면 한 종목에 투자하여 수익률 -80%가 되는 사단은 나지 않았을 게다. 손실은커녕 4종목에 분산투자함으로써 45%의 수익률이라는 적지 않은 이익을 얻을 수 있었다. 만약에 처음부터 투자금액을 1회 몰빵하지 않고 매월 1,000만 원씩 나누어 투자했다면 그토록 많은 손실을 보지는 않았을 것이다. 냉철하게 생각해 보자! 수익관리가 중요한가? 위험(손실)관리가 중요한가? 당연히 위험관리가 중요하다.

당신이 투자초보자라면 처음부터 분산투자, 분할투자의 습관을 가지기 바란다. 주식투자를 아무리 오래 했어도 위험관리의 습관을 가지고 있는 사람과 그렇지 않은 사람의 차이는 확연하다. 위험관리 습관은 실패를 줄여주는 중요한 습관이다.

투자금액이 100만 원이든 1,000만 원이든 분산투자하라. 또 아무리 좋은 종목이라도 투자금액 전액을 한 번에 투자하지 말고 분할투자하라. 그리하면 손실위험은 더 줄어들고 수익의 확률은 더 높아진다. 〈그림 6-13〉에서 4종목으로 분산하여 10회 분할투자 한 경우 성과를 한번 확인해 보라. 10회 분할투자하니 KT, 이마트, 두산중공업의 손실 폭이 1회 한꺼번에 투자하는 것보다 감소하고, 4종목에 분산투자하니 3종목 손실에도 불구하고 43%라는 적지 않은 수익률을 달성했다. 위험관리

그림 6-13	• 4종목으로 분산하여 10회 분할투자 시 성과 •		
종목	투자금액	수익률	회수금액
KT	25,000,000	−12%	21,934,964
이마트	25,000,000	−27%	18,255,834
두산중공업	25,000,000	−73%	6,778,128
엔씨소프트	25,000,000	285%	96,251,499
누계	100,000,000	43%	143,220,426

는 손실 폭만 줄이는 것이 아니라 수익도 낼 수 있다는 것을 투자를 시작할 때부터 기억하기 바란다.

종목을 고를 때 꼭 확인해야 할 3가지 투자기준

증권사 직원이나 증권 전문가들이 가장 많이 받는 질문은 무엇일까? 당연히 "앞으로 올라갈 만한 좋은 종목 좀 알려 주세요"라는 질문이다. 대부분의 개인투자자들은 시장이나 업황에 대해서는 별로 관심이 없고 오직 잘나갈 만한 주식 하나만 찍어 달라고 한다.

하지만 증권 전문가라고 해도 어느 종목이 잘 올라갈지 꼭 집어낼 수는 없는 일이다. 만약 그런 능력이 있다면 회사를 때려치우고 자신의 투자에만 집중하여 돈을 벌 것이다. 때문에 어느 누구라도 상승이 '100% 확실한' 종목을 말해줄 수는 없다. 다만 상승할 가능성이 큰 종목을 '추천'할 따름이다. 그럼에도 불구하고 많은 주식 초보들은 증권 전문가의 추천 종목에 크게 의존한다. 자신보다는 투자 정보를 많이 알고 있으므로 종목도 더 잘 고를 것이라고 믿는 것이다. 하지만 천만의 말씀이다. 증권사에서 오래 근무하면서 내가 본 대부분의 증권사 직원, 그리고 재야에서 증권 전문가로 불리는 사람들도 실전 매매에서 실패하는 경우가 비일비재하다. 승률이 일반인과 비슷하거나 오히려 쪽박이 나는 경우도 있다.

증권사에 있다 보면 숱하게 많은 정보들이 있다. "조만간에 A 종목이 대형 수주 계약을 맺는데 그러면 주가가 두 배는 오를 거다", "B 회사가 4분기에는 흑자 전환되는데 그러면 턴어라운드의 최고 수혜주가 될 것이다" 등. 많은 주식투자자들은 이러한 정보를 듣고 매수한다. 그러나 결과는 실패로 끝나는 경우도 많다. 왜? 확인되지 않은 정보만을 믿고 탐욕스럽게 매수했기 때문이다.

아무리 좋은 재료(정보)를 가진 주식이라도 국내외 시장의 업황, 수급, 환율 등 여러 가지 변수에 의하여 떨어질 수 있다. 그래서 설령 호재가 될 만한 좋은 정보를 알고 투자한 경우에도 갑작스러운 시장위험으로 손해 보는 경우가 다반사다. 더욱이 거짓 정보가 흘러 다니는 경우도 많다. 그렇다면 증권사 직원이나 전문가가 종목을 추천할 때 당신은 어떻게 해야 할까? 그냥 절대적으로 믿고 투자하는 것은 가장 좋지 않다.

증권사 직원이나 전문가의 추천 종목이 모두 나쁘다는 게 아니다. 그들이 그 종목을 추천하는 기준이 무엇인지를 물어서 확인해야 한다. 그리고 그들의 기준이 당신의 기준 및 원칙과 부합되는지 따져 보아야 한다는 말이다. 그들의 기준이 자신의 투자기준과 부합할 때 비로소 투자할 만한 종목이 된다.

그렇다면 종목을 선택하는 기준(투자기준)으로는 무엇이 있을까? 그 기준은 물론 사람마다 다르다. 하지만 당신 스스로 그 기준을 정해 놓지 못했다면 최소한 다음 3가지 투자기준(안정성, 수익성, 성장성)은 확인하고 투자하기 바란다.

첫째, 당신이 투자하는 회사가 망하지 않을 회사여야 한다(안정성).

회사가 망해버리면 투자 수익은커녕 투자한 돈은 한푼도 못 건지기 때문이다. 따라서 투자하고자 하는 회사의 '안정성'을 확인해야 한다. 안정성 있는 주식은 부도 가능성이 작은 회사이다. 그런데 부도 가능성이 작은 회사를 어떻게 알 수 있나? 가장 쉽게 알 수 있는 지표는 부채비율이다. 부채비율은 자기자본 대비 타인자본의 비율, 쉽게 말하면 빚이 어느 정도 되는지 파악하는 지표이다. 단순하게 생각하자. 부채가 많으면 부도 가능성이 크고, 부채가 적으면 부도 가능성이 작다. 그러면 부채비율이 어느 정도 되는 회사가 좋은 것인가? 이 문제는 업종에 따라서 좀 달리 봐야 하지만 나는 부채비율이 100% 이하인 종목이 좋다고 본다. 특히 부채비율 200% 이상은 일단 안정성이 없다고 보고 추천 종목으로 추천 받아도 투자하지 않는 게 좋다. 다만 업종에 따라서는 좋은 회사인데도 부채비율이 높은 경우가 있다. 이때는 부채비율이 100%를 넘더라도 그 업종의 평균보다는 낮은 종목을 선택해야 한다.

둘째, 이익이 나는 회사여야 한다(수익성). 많은 투자자들이 주식투자로 쪽박을 차는 것은 이익을 내지 못하는 회사에 투자하기 때문이다. 이익을 내지 못하는 회사의 주가가 올라갈 수 없는 것은 당연하다. 그런데 주식 초보들은 호재성 재료만 믿고 투자하는 경우가 많다. 현실에서는 적자를 내고 있는 회사들이 주가를 부양하려고 호재성 재료를 일부러 퍼뜨리기도 한다. 그러한 주식은 잠시 오르다가 반드시 떨어지게 돼 있다. 그렇다면 수익성을 어떻게 알 수 있을까? 기업의 이익을 판단할 수 있는 대표적인 지표가 영업이익, 순이익, ROE^{Return On Equity}이다. 이러한 지표가 마이너스인 종목은 투자하지 마라. 예컨대 ROE는 자기자본 대비 이익률을 말하는 것으로 ROE가 플러스이면 이익을 낸 다는 것이고 마이너스이면 손해를 보고 있다는 의미다. 그렇다면 ROE 가 조금이라도 플러스이면 무조건 좋은 주식일까? 아니다. 그럼 ROE 가 어느 정도 되어야 좋다고 판단할 수 있는가? ROE는 최소한 예금금 리가 최소 두 배 이상은 되어야 한다. 현재 예금금리가 2%라면 ROE가 최소 4%보다는 높아야 한다. 왜냐하면 ROE가 2% 미만인 기업에 투자 하느니 차라리 예금에 넣는 편이 낫기 때문이다. 참고로 나는 개인적으 로 ROE가 예금금리보다 3배 이상인 종목에만 투자한다. 다만, 시장 상 황이나 업황에 따라 예금금리보다 낮은 경우도 있는데 이 경우에도 그 회사의 ROE가 업종평균보다는 높은 것이 좋다.

셋째, 꿈이 있는 회사여야 한다(성장성). '주식은 꿈을 먹고 산다'는 격언이 있다. 그 말은 현재보다는 미래를 보고 투자해야 한다는 걸 의미 한다. 꿈이 있는 회사, 성장성이 있는 회사란 매년 매출액이 증가하고 영업이익도 증가하는 회사를 말한다. 성장하지 않는 회사의 주가는 일 시적 단기적으로는 오를 수 있을지 몰라도 중장기적으로 보면 떨어진 다. 2000년 2월 SK텔레콤의 주가는 50만 원(액면분할 전 주가는 최고 500만 원을 넘었다)이 넘었으나 21년이 지난 2021년 1월의 주가는 25만 원 내외로 떨어져 있다. SK텔레콤은 부채도 적고 매년 이익도 내는 회 사였지만 괄목할 만한 성장이 없었기에 주가는 오히려 21년 전 주가보 다 50%나 떨어진 것이다. 성장하지 않았다는 것은 무엇으로 알 수 있나? 매년 매출액과 영업이익이 모두 증가해야 성장하는 회사이다. 매출액이 증가하지 않는 회사는 성장성 있는 회사라고 할 수 없다. 또 매출액이 증가해도 영업이익이 감소한다면 꿈이 있는 회사라고 할 수 없다.

호재성 재료에만 의존하여 주식에 투자하는 습관을 버려야 한다. 최소한 앞에서 언급한 3가지 기준은 꼭 확인하고 그 기준에 맞을 때만 투자해야 한다. 이러한 기준들은 각 증권사 HTS에서 기업분석란을 클릭만 하면 쉽게 알 수 있다. NAVER에 접속하여 NAVER 금융으로 들어가서 조회하고 싶은 종목을 검색하면 그 회사의 안정성, 수익성, 성장성 지표를 확인할 수 있다. 투자하기 전에 꼭 이 3가지만은 체크하길 바란다.

이제까지의 내용을 다시 한번 복습해 보자. 주식을 살 때 우선 시장의 추세를 보라고 했다. 그리고 상승추세일 때만 주식투자를 해야 한다고 했다. 그다음 상승추세를 주도하는 업종이 무엇인가를 찾아야 한다. 그리고 상승추세를 주도하는 업종을 알아냈다면 그 업종 중에서 가장 투자하기에 좋은 종목을 찾아야 한다. 그리고 그러한 종목의 조건으로는 안정성, 수익성, 성장성 3가지가 있다. 만약 증권사를 통하거나 전문가의 도움을 받고 있다면 추천 종목에 대해 단순히 호재성 재료만 볼 것이 아니라, 안정성, 수익성, 성장성을 갖추었는지 확인해봐야 한다.

주식의 투자지표, 네이버에서도 쉽게 확인할 수 있다.

증권사 직원이 '디앤씨미디어'라는 주식을 추천했다고 가정해 보자. 증권사 직원의 말만 믿고 바로 투자할 것인가? 아니면 그래도 한번 내

그림 6-14

• 디앤씨미디어 기업실적 분석 •

NAVER 금융 디앤씨미디어 🔍 통합검색

기업실적분석

부요재무정보	최근 연간 실적				최근 분기 실적					
	2017. 12	2018. 12	2019. 2	2020. 12(E)	2019. 09	2019. 12	2020. 03	2020. 06	2020. 09	2020. 12(E)
	IFRS 별도	IFRS 연결	IFRS 연결	IFRS 연결	IFRS 연결	IFRS 연결	IFRS 연결	IFRS 연결	IFRS 연결	IFRS 연결
매출액(억원)	265	321	421	586	131	87	126	140	155	171
영업이익(억원)	54	64	79	135	20	26	27	32	36	41
당기순이익(억원)	45	49	49	111	16	6	23	25	30	27
영업이익률(%)	20.47	20.02	18.78	23.01	15.68	29.7	21.27	22.76	23.22	23.83
순이익률(%)	17.09	15.33	11.52	18.96	12.27	6.35	18.2	18.2	19.04	15.76
ROE(%)	23.42		12.44	23.66	13.74	12.44	14.03	16.38	18.59	
부채비율(%)	11.8	19.49	28.73		28.62	28.73	26.91	28.97	22.67	
당좌비율(%)	960.44	248.66	168.91		425.92	168.91	177.92	162.81	522.22	
유보율(%)	439.2	513.62	158.51		585.06	589.51	626.98	668.69	716.93	

투자기준에 부합하는지 확인해보고 투자할 것인가? 나는 증권사 직원이 아무리 유능하다고 해도 너무 과신하지 말고 투자자 스스로 확인할 것은 확인하고 투자해야 한다고 본다.

앞에서 자신만의 주식에 대한 투자기준이 없다면 내가 제시한 안정성, 수익성, 성장성 3가지는 꼭 확인하여 투자에 적용하라고 했었다. 주식의 투자기준은 증권사 HTS에서 확인할 수 있는데 네이버에서도 확인할 수 있다. 네이버 금융 검색창에 '디앤씨미디어'라는 회사를 검색해 보면 최근 연간실적과 최근 분기 실적이 순서대로 정리되어 있다. 네이버에서 디엔씨미디어의 최근 실적을 보면서 3가지 투자기준을 적용해보자(〈그림 6-14〉 참조).

첫 번째 기준은 '안정성'이다. 안정성 지표는 부채비율이다. 부채비율은 100% 미만인 것이 좋다고 했다. 이 회사의 최근 3년간 부채비율을 보니 11.80%, 19.49%, 28.73% 등 모두 100% 미만이다. 빚이 거의 없으니 최소한 이 회사는 망할 가능성은 없다. 첫 번째 기준은 합격이다.

두 번째 기준은 '수익성'이다. 수익성 지표는 영업이익률, 당기순이익률, ROE 등이 플러스인지 마이너스인지 먼저 확인해야 한다. 플러스이면 흑자 상태로 이익이 난 것을 의미하므로 좋은 것이고, 마이너스면 적자 상태로 사업해서 손해 본 것이므로 좋지 않다. 그리고 플러스의 수준이 최소한 예금금리보다는 높아야 좋다. 디앤씨미디어의 2020년 영업이익률, 당기순이익률, ROE가 각각 21.01%, 18.96%, 23.66%이므로 예금금리 대비 월등하게 높다. 두 번째 기준도 거뜬히 합격이다.

세 번째 기준은 '성장성'이다. 성장성 지표는 매출액이 증가하는지, 영업이익이 증가하는지를 확인해야 한다. 매출액과 영업이익이 모두 증가하면 좋은 것이고, 감소하면 좋지 않다. 또, 매출액은 증가하나 영업이익이 감소하는 것은 별로다. 매출액은 감소하나 영업이익은 증가하는 것은 나름 괜찮다. 이 회사의 최근 4년간 매출액 추이를 보니 265억 원→321억 원→586억 원 순으로 매년 증가하고 있다. 최근 4년간 영업이익 추이를 보니 54억 원→64억 원→79억 원→135억 원 순으로 역시 매년 증가하고 있다. 세 번째 기준도 기분 좋게 합격이다. 결론적으로 디앤씨미디어 주식은 투자기준에 부합한다고 판단할 수 있다.

아주 믿을 만한 친구가 2020년 초 '제넥신'이라는 종목을 매수하여 6개월 만에 큰 수익을 냈다면서 당신에게도 매수를 추천한다면 바로 매수하겠는가? 이 책을 보신 분이라면 절대 그러면 안 된다. 네이버금융에서 제넥신의 기업실적을 확인하여 투자기준에 적합한지 꼭 확인하길 바란다. 친구는 믿어도 주식은 믿으면 안 된다. 친구는 버릴 수 없어도 주식은 버려도 된다.

제넥신을 검색해 보니 한눈에 봐도 숫자가 좋지 않다. 빨간색의 마이너스가 많다. 분석해보자. 첫 번째 기준인 안정성 판단지표는 부채비율인데 이 회사의 최근 3년 부채비율은 23.55%, 16.94%, 20.64% 등으로 100% 미만이다. 최소한 이 회사가 망할 것 같지는 않다. 첫 번째 투자기준은 합격이다. 두 번째 기준은 수익성인데, 수익성지표인 영업이익률, 순이익률, ROE가 모두 마이너스다. 두 번째 기준은 불합격이

그림 6-15 · 제넥신 기업실적 분석 ·

기업실적분석

부요재무정보	최근 연간 실적				최근 분기 실적					
	2017. 12	2018. 12	2019. 2	2020. 12(E)	2019. 09	2019. 12	2020. 03	2020. 06	2020. 09	2020. 12(E)
	IFRS 별도	IFRS 별도	IFRS 별도	IFRS 별도	IFRS 별도	IFRS 별도	IFRS 연결	IFRS 연결	IFRS 연결	IFRS 연결
매출액(억원)	285	129	113		41	37	77	17	7	
영업이익(억원)	-269	-381	-445		-50	-131	-49	-98	-119	
당기순이익(억원)	-193	-341	-165		-90	-159	-149	-75	343	
영업이익률(%)	-94.39	-295.64	-394.02		-120.78	-356.78	-63.72	-575.26	-1,742.21	
순이익률(%)	-67.93	-264.46	-146.06		-216.14	-433.81	-193.84	-442.99	5,034.07	
ROE(%)	-15.84	-15.68	-5.35		-0.80	-5.35				
부채비율(%)	23.55	16.94	20.64		18.34	20.64	23.36	17.15	7.17	
당좌비율(%)	223.09	1,639.62	423.26		219.20	423.26	270.66	73.50	123.56	
유보율(%)	953.99	2,585.27	2,362.45		2,524.65	2,362.45	2,248.76	2192.36	2,683.46	

다. 세 번째 기준은 성장성이다. 그런데 이 회사의 최근 3년 매출이 285억 원→129억 원→113억 원으로 점점 감소하고 있다. 최근 3년간 영업이익은 -269억 원→-381억 원→-445억 원으로 적자가 확대되고 있다. 세 번째 기준도 불합격이다. 결론적으로 이 회사는 투자하기에 적절하지 않다. 투자지표가 좋은 회사가 있는데 굳이 투자지표가 좋지 않은 회사를 선택할 필요가 있겠는가?

주식투자를 처음 하는 사람은 주변 지인 추천이나 인터넷 기사를 보고 주식에 투자하는 경우가 많다. 어떤 경로로 주식에 투자하든 앞에서 말한 안정성, 수익성, 성장성 이 3가지 투자기준은 반드시 확인하길 바란다. 그리하면 정말 투자해서는 안 되는 주식을 걸러낼 수 있다.

초보자도 좋은 종목을 찾을 수 있다.

주식시장에서 거래되는 상장주식은 2,000개 정도가 된다. 생각보다 많은 종목이 주식시장에 상장돼 있기 때문에 막상 투자종목을 선정하려면 어떤 종목을 선택해야 할지 막막하다. 그래서 증권사 직원이나 투자전문가의 추천 종목에 의존한다. 추천 종목을 사려고 해도 자신만의 원칙과 기준이 명확하지 않으면 계속해서 불안하다. 누군가를 믿고 누군가의 조언에만 의존하여 투자하는 것은 좋지 않다고 하니 나만의 기준으로 좋은 종목을 찾고 싶다. 어떻게 종목을 선택하는 것이 좋을까? 자신만의 특별한 종목 선정의 원칙과 기준이 없다면 다음의 5가지 단계를 밟아가면서 투자하기 좋은 종목을 찾길 바란다.

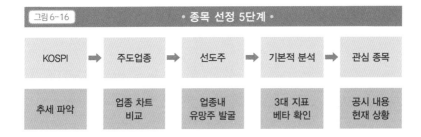

그림6-16 ・ 종목 선정 5단계 ・

KOSPI	⇒	주도업종	⇒	선도주	⇒	기본적 분석	⇒	관심 종목
추세 파악		업종 차트 비교		업종내 유망주 발굴		3대 지표 베타 확인		공시 내용 현재 상황

1단계 : 시장추세 확인

주식시장 추세가 상승추세인지 본다

투자종목을 선정하기 전에 우선 현재 주식시장의 추세를 가장 먼저 살펴봐야 한다. 앞서 말했듯이 주식시장이 상승추세일 때만 투자를 하는 것이 유리하다. 하락추세이거나 횡보추세에서는 돈을 벌기가 결코 쉽지 않다. 그래서 우선 종합주가지수KOSPI의 추세가 상승추세인지 확인해보아야 한다. 코스피가 상승추세라면 투자에 관심을 가질 만하다. 그리고 상승추세가 확인되더라도 현재 주가의 위치가 어느 정도인지 점검해야 한다. 상승 초기라면 괜찮지만 상승이 한참 진행되어 상승추세의 막바지 징후가 보이면 투자를 보류하거나 투자하더라도 투자 비중을 최소화해야 한다.

2단계 : 주도업종 선별

시장이 상승추세라면 어떤 업종이 상승추세를 주도하는지 본다

종합주가지수가 상승추세라고 모든 업종이 전부 상승하는 것은 아니다. 상승을 주도하는 업종은 따로 있다. 그렇다면 주도업종은 어떻게 알아낼 수 있을까? 그 방법은 의외로 간단하다. 증권사 HTS에서 업종차트가 상승 중인 것을 찾으면 된다. 상승 중인 업종차트가 여러 개라면 그중 가장 가파르게 상승 중인 것이 주도업종이다. 코스피 상승률과 업종차트 상승률을 비교하여 찾을 수도 있다. 코스피차트와 업종차트를 비교하여 코스피보다 상승률이 높은 업종이 바로 주도업종이다.

3단계 : 선도주 찾기

상승업종 중에서 선도주를 찾는다

상승을 주도하는 업종을 찾았으면 그다음으로 그 업종 내에서 선도주를 찾는다. 상승을 주도하는 업종에 속하는 개별종목을 살펴보면 그중에서도 잘 오르는 종목이 있고 잘 오르지 않는 종목이 있다. 예를 들어 2020년 하반기에는 화학업종이 상승을 주도했다. 하지만 이 업종 내 개별종목을 살펴보면 LG화학, 롯데케미칼은 잘 올랐지만 동성화학, 경인양행 등은 오히려 하락했다. 이 때문에 상승을 주도하는 업종이라도 오르지 않는 종목이 있다는 것을 유념해야 한다. 주도업종에 속해 있다고 해서 오르지 않는 종목이 오를 것이라고 기대하는 것보다 오르고 있는 종목에 베팅하는 것이 낫다.

4단계 : 투자기준 확인

내 투자기준에 맞는 주식을 찾는다

상승하는 업종 내 선도주를 찾았다면 그 종목이 투자기준에 맞는지 확인해보아야 한다. 앞서 제시한 3가지, 즉 안정성, 수익성, 성장성이 좋은지 체크하시라. 좀 더 정확한 분석을 위해서는 한 가지가 더 필요하다. 그것은 바로 그 종목의 베타를 확인하는 것이다. 베타를 확인하는 이유는 자신의 투자성향과 부합하는지 알아보기 위해서다. 베타란 종목이 시장 변화에 얼마나 민감한지를 수치로 나타낸 것이다. 베타는 증권사 HTS 기업분석 코너에서 찾을 수 있다. 베타가 1보다 큰 종목은 시장보다 더 크게 움직이는 것이다. 반대로 베타가 1보다 작은 종목은 시장보다 더 변동성이 작다는 것이다. 예를 들어 최근 1년 기준(2020년) 하이닉스와 SK텔레콤의 베타를 조회해 보니 하이닉스의 베타는 1.84 이고, SK텔레콤의 베타가 0.11이다. 이것의 의미는 코스피가 1% 올라갈 때 하이닉스는 1.84% 올라가고, SK텔레콤은 은 0.11% 올라간다는 뜻이다. 또 시장이 1% 떨어질 때 하이닉스는 1.84% 떨어지지만, SK텔레콤은 0.11% 떨어진다는 뜻이다. 따라서 공격적인 투자자라면 베타가 1보다 큰 하이닉스에 투자하는 것이 적합하고, 보수적인 투자자라면 베타가 1보다 작은 SK텔레콤이 투자하는 것이 적합하다.

5단계 : 관심 종목 선정
관심 종목으로 선정해 놓고 투자 시점을 잡는다

앞의 절차를 통하여 종목이 선정되었다고 하더라도 곧바로 매수하지는 말자. 일단 관심 종목으로 등록해 놓고 기업과 관련된 내용을 추가적으로 조사하는 것이 필요하다. 예를 들어 최근 뉴스나 매수 주체

등을 확인해보는 것도 필요하고, 금감원 전자공시시스템에 들어가서 해당 주식의 사업 내용과 각종 공시 자료를 상세히 훑어보는 것도 필요하다. 만약 자료를 살펴보다가 궁금한 사항이 있으면 해당 기업의 IR 담당자나 증권사 직원에게 물어봐도 괜찮다. 물어보는 것을 귀찮아 해서는 안 된다. 이렇게 여러 가지 기업 관련 내용을 꼼꼼히 살펴보면 스스로 투자할 만한 회사인지 아닌지에 대한 판단이 생기게 된다. 그런데 만약 이러한 과정을 생략하고 급하게 매수했다가는 상투를 잡을 수도 있다. 다시 한번 강조하거니와 매수는 천천히 해도 늦지 않다. 주가는 일단 상승추세를 타면 하루 이틀 오르다가 끝나는 것이 아니다. 주가는 상승추세가 끝날 때까지 계속 오른다. 당신이 선택한 주식이 정말 괜찮은 주식이라면 지금 당장 급하게 사지 않아도 충분히 높은 수익을 낼 수 있다. 오히려 조급하게 서두르는 것이 실패의 원인이 된다. 일단 관심종목으로 등록해 놓고 다음 장에서 공부할 매매 타이밍을 참고하여 적절한 매수 시점을 잡아야 한다.

일곱 번째 공식

◇

5가지
매매 타이밍으로
수익률을
올려라

매수는 기술, 매도는 예술

투자하기에 좋은 종목을 선정했다면 이제 언제 매매할 것인가를 결정해야 한다. 투자는 타이밍이다. 아무리 좋아 보이는 종목이라도 제때에 사고 제때에 팔지 못하면 수익을 내기가 힘들다. 그래서 같은 종목이라도 쌀 때 사고 비쌀 때 팔아야 한다. 안정성, 수익성, 성장성이 모두 좋은 우량주라고 해도 비쌀 때 사면 손해가 난다. '매수는 기술이고, 매도는 예술'이라는 증시 격언이 있다. 이 격언은 그만큼 매수와 매도 타이밍을 잡는 것이 어렵다는 뜻이다. 순간적인 감感에 의해 매매하는 사람은 반드시 망한다. 언제 매수하고 언제 매도하느냐가 실제 손익을 결정하는 가장 중요한 포인트다. 그리고 매수보다 매도가 더 중요하다. 실제 손익을 확정하는 것은 매도했을 때이기 때문이다.

"가장 싸게 사는 사람이 가장 많은 돈을 번다." 이 명제가 맞다고 생각하는가? 예를 들어 보자. 김 대리는 현대차 주식을 2020년 팬데믹으로 주가가 폭락했을 때 6만 5,000원에 매수했고, 4달 후에 박 대리도 현대차 주식을 매수했는데 김 대리보다 훨씬 비싼 12만 2,500원에 매수했다. 그런데 박 대리가 김 대리보다 훨씬 더 많은 수익을 냈다. 어떻게 된 일일까? 그것은 바로 타이밍 때문이다. 김 대리는 현대차 주식을 2020

년 3월 20일 6만 5,000원에 매수했는데 이는 최근 10년 중 최저가에 해당할 만큼 싸게 매수한 것이었다. 현대차 주가가 급등하여 2020년 6월 1일 10만 원이 되자, 김대리는 현대차 주식을 전량 매도하여 54%의 수익을 실현하였다. 반면 박 대리는 같은 현대차 주식을 2020년 7월 24일 12만 2,500원에 매수했다. 김 대리보다 5만 7,500원이나 비싸게 매수했다. 하지만 5개월 후인 2021년 1월 20일에 25만 9,500원에 전량 매도하여 112%의 수익을 실현하였다. 박 대리가 김 대리보다 거의 두 배나 비싼 가격으로 매수했지만 김 대리보다 2.5배나 높은 수익을 낸 것이다. 많은 투자자들이 싸게 사야 수익이 높다고 생각한다. 물론 맞는 말이다. 하지만 비싸게 산다고 수익이 낮아지는 것은 아니다. 주식투자는 얼마나 싸게 매수했느냐가 수익을 결정하는 것이 아니라 언제 매매하느냐가 수익의 크기를 결정하기 때문이다.

주식의 '싸다' 혹은 '비싸다'라는 개념은 매우 상대적이다. 매매 시점에 따라 같은 가격이라도 쌀 수도 있고 비쌀 수도 있다는 말이다. 앞의 사례에서 볼 때 단순히 매수 가격만으로 보면 현대차 주식을 12만 2,500원에 매수한 것보다 6만 5,000원에 매수했을 때 더 많은 수익이 날 것이라고 생각하기 쉽다. 하지만 이것은 매매 시점을 고려하지 않기 때문에 합리적인 비교가 될 수 없다. 주식투자로 수익을 내려면 절대적인 기준으로 주식 가격을 평가하기보다 해당 주식의 '매매 시점'을 기준으로 주식 가격이 싼지 비싼지 상대적으로 평가해야 한다.

주식투자에서 크게 실패하는 이유는 주가가 떨어진 것 때문만은 아니다. 주가는 올랐는데 손해 보는 사람도 있다. 오르는 와중에도 종종 주가가 하락하는 시기가 있는데 이때 매매를 거꾸로 하면 주가가 상승 중에도 손해 볼 수 있다. 그래서 주식투자자 중 이런 말을 하는 사람들이 있다. "내가 사면 떨어지고, 내가 팔면 올라간다." 주가는 오르기도 하지만 계속해서 오르는 건 아니고 어느 순간에는 떨어지게 되어 있다. 아무리 좋은 종목이라도 "현재는 고평가되었다", "외국인이 판다", "미국 증시가 폭락했다" 등과 같은 이유로 떨어질 수 있다. 반대로 아무리 주식 가격이 높아도 호재성 재료가 계속해서 등장하면 더 올라갈 수도 있다. 때문에 주식투자에 실패하는 근본적인 이유는 주가가 떨어졌기 때문이 아니라 매매기준이 없었기 때문이라고 말하는 것이 정확하다. 매매기준을 가지고 있었다 하더라도 그 매매기준을 지키지 않으면 실패하기 십상이다.

투자의 고수들은 모두 다 자기만의 매매기준을 가지고 있다. 만약 투자의 고수라는 사람이 수익을 내지 못하고 쪽박을 찼다면 이는 주가가 크게 떨어졌기 때문이 아니라 자신이 가지고 있는 매매기준을 지키지 못했기 때문일 가능성이 크다. 매매기준은 사람마다 다르고 상황에 따라 달라질 수 있다. 이는 투자주체, 대상, 상황 등이 모두 다르기 때문이다. 주식 초보자는 지금 사야 될지, 혹은 팔아야 될지, 매번 갈팡질팡한다. 그러다가 증권사 직원이나 주식전문가를 찾아간다. 그런데 그들이 가르쳐주는 답도 각양각색이다. 어떤 사람은 지금 사야 한다고 하고, 어떤 사람은 사지 말라고 하며, 또 어떤 사람은 기다리라고 한다. 이

때 자신만의 기준이 없다면 당연히 누구의 말이 옳은 것인지 판단할 수 없을 것이다. 자신만의 매매기준이 없는 사람들은 주가를 맞추는 사람만 신뢰하는 경향이 있다. 그런데 문제는 주가 방향을 한 번 맞춘 사람이 계속해서 맞추지 못한다는 사실이다. 증권사 직원 중에도 연속해서 세 번을 정확히 맞춘 사람은 없다고들 한다. 그래서 두 번 주가 방향을 맞춘 사람의 세 번째 전망은 무시하기도 한다.

주식투자에서 조심해야 할 것은 전문가의 예측이나 전망만 믿고 투자하는 것이다. 물론 이 말이 전문가의 예측이나 전망을 무시하라는 말은 아니다. 주의 깊게 듣되 '참고'만 해야 한다. 왜냐하면 대부분의 예측이나 전망은 '전제 조건이 있고, 그 전제 조건에 부합할 때 일반적으로 어떠어떠한 결과가 나온다'라는 것을 의미할 뿐이기 때문이다. 이 말을 반대로 생각하면 전제 조건이 맞지 않을 경우 언제든지 예측과 전망이 틀릴 수 있다는 말이기도 하다. 그래서 실제로 투자할 때는 자신만의 매매기준을 세우고, 그 기준에 따라 매수하고 매도하는 것이 현명하다.

그렇다면 매매기준은 어떻게 잡아야 하나? 매매기준은 매수 기준과 매도 기준을 모두 만들어 놓아야 한다. 그리고 이때 이용되는 것이 주로 차트를 통한 '기술적 분석' 방법이다. 일반적으로 많이 쓰이는 매수 기준과 매도 기준을 정리해 보면 다음과 같다. 이 중 어느 것이 100% 맞다고 할 수는 없다. 하지만 아직까지 명확한 자신만의 매매기준이 없다면 이 가운데 자신에게 맞는 것 하나를 선택해서 기준으로 삼기 바란다.

매매기준 : 매매 타이밍의 5가지 기준

시장의 판단과 종목 선정은 분석하는 것으로 그치지만, 매매는 실전
이다. 매매를 잘하기 위해서는 지지(주가가 더 이상 떨어지지 않을 정도
의 낮은 가격대)와 저항(주가가 더 이상 올라가지 않을 정도로 높은 가
격대)을 잘 알아야 한다. 지지받는 곳에서 사고 저항받는 곳에서 팔면
된다. 그렇다면 어디서 지지받고 어디서 저항받는지를 판단할 줄 알아
야 한다. 그것을 판단하기 위해서는 지지와 저항의 추세, 이동평균선,
거래량, 캔들, 주가 위치 등 5가지 요인을 보면 된다. 더 많은 매매 지표
를 굳이 알 필요는 없다. 여기서 설명하지 않은 매매지표는 이 5가지 요
인에서 파생된 것이기 때문이다. 주식투자에서 매매를 잘해서 수익을
내려면 앞으로 설명하는 매매기준의 핵심이 되는 5가지 요인을 꼭 마스
터해야 한다.

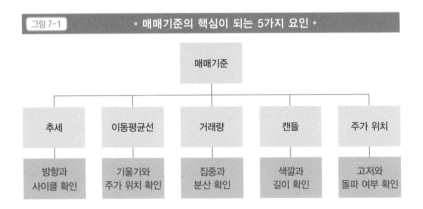

그림 7-1 • 매매기준의 핵심이 되는 5가지 요인 •

매매기준

추세	이동평균선	거래량	캔들	주가 위치
방향과 사이클 확인	기울기와 주가 위치 확인	집중과 분산 확인	색깔과 길이 확인	고저와 돌파 여부 확인

추세를 활용한 매매법

단풍 구경을 가려면 봄, 여름을 기다렸다가 가을에 산에 올라야 한다. 주식도 마찬가지다. 주식투자로 수익을 내려면 하락추세와 횡보추세에는 기다렸다가 상승추세에서 투자해야 한다. 추세 매매법의 기본 원칙은 상승추세에서만 투자하는 것이다. 즉, 상승추세에 매수하여 상승추세가 붕괴될 때 매도하는 방법이다. 주가의 방향이 우상향일 때만 화려한 파티를 시작하면 된다. 주가의 방향이 없거나 우하향이면 우상향의 사이클이 나올 때까지 기다리면 된다. 추세 매매법의 핵심은 추세선을 그릴 줄 아는 것이다. 추세선을 그리는 것은 어렵지 않다. 증권사 HTS 차트에서 쉽게 그릴 수 있다. 앞에서 기술했듯이 주가가 오를 때 저점과 저점을 이으면 상승추세선이 되고, 주가가 내릴 때 고점과 고점을 연결하면 하락추세선이 된다. HTS를 보고 어떻게 그리는지 잘 모르겠다면 증권사를 한 번 방문해서 직원에게 물어보시라.

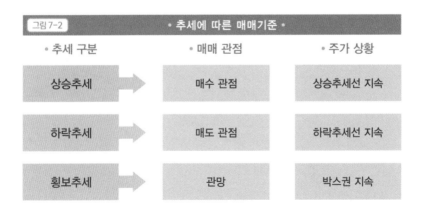

그림 7-2	• 추세에 따른 매매기준 •	
• 추세 구분	• 매매 관점	• 주가 상황
상승추세	매수 관점	상승추세선 지속
하락추세	매도 관점	하락추세선 지속
횡보추세	관망	박스권 지속

상승추세에서의 매매 타이밍

주가는 사이클이 있다. 매일매일 등락을 거듭하지만 긴 시간의 관점에서 보면 오르는 추세가 있다. 주가의 저점이 점점 올라가는 것이 확인될 때 또는 이동평균선이 우상향할 때 상승추세가 진행된다. 상승추세라고 해도 매수 시점과 매도 시점을 잘못 잡으면 손해가 날 수 있다. 상승추세에서도 단기적인 하락이 있기 때문이다.

〈그림 7-3〉을 보면 주가의 저점이 점점 상승하고 있다. 문제는 이렇게 주가의 저점이 상승할 때 언제 매수하고 언제 매도하느냐이다. 일단 상승추세선을 그려보라. 상승추세가 형성될 때 매수 시점은 상승추세선 부근에서 양봉이 나올 때다(양봉에 대해서는 캔들 부분에서 자세히 설명할 것이다. 여기서는 일단 양봉이란 주식차트에서 빨간색 막대 모양으로 주가의 종가終價가 시가始價보다 높다는 의미라고만 알아두

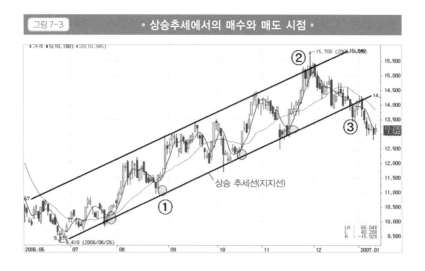

그림 7-3 ・ 상승추세에서의 매수와 매도 시점 ・

상승 추세선(지지선)

자. 반대로 음봉이란 파란색 막대 모양으로 주가의 종가가 시가보다 낮다는 것 의미한다). 상승추세에서 상승추세선은 지지선(더 이상 떨어지지 않을 정도로 낮은 가격대) 역할을 한다고 이미 기술했다. 〈그림 7-3〉을 보면 노란색으로 표시된 곳에서 지지되었다는 것을 확인할 수 있다. 상승추세의 매수 타이밍은 바로 상승추세선(지지선)이 붕괴되지 않고 양봉으로 다시 올라갈 때이다. 〈그림 7-3〉을 보면 ①번 위치에서 주가가 상승추세선을 붕괴시키지 않고 양봉을 만들면서 지지를 확인해주고 있는데, 바로 이 시점이 매수 시점이 된다.

한편 매도 시점은 ②번과 ③번 중 어느 쪽이 좋을까? 언뜻 생각하기에는 ②번이 좋을 듯하다. 주가의 최고점이기 때문이다. 하지만 정답은 ③번이다. 물론 ②번 위치에서 매도하면 더 많은 수익을 낼 수 있다. 그런데 왜 주가가 높은 ②번 위치에서 매도하지 않고 ③번 위치에서 매도하라고 하는 것일까? 추세 매매법은 긴 시간에 걸쳐 만들어지는 추세를 기준으로 매매하는 것이므로 단기 매매자에게는 적합하지 않다. 단기 매매자라면 ②번 위치에서 매도하는 것이 일면 타당해 보인다. 하지만 장기 매매자라면 다르다.

추세 매매법은 주식을 한번 매수하면 단기 등락에 연연하지 않고 상승추세가 유지될 때까지 보유하다가 상승추세가 붕괴될 때 매도하는 투자법이다. 상승추세가 붕괴될 때란 상승추세선(지지선)이 붕괴된 때를 말한다. 그런데 ②번은 상승추세선(지지선)이 붕괴된 상태가 아니므로 상승추세가 붕괴되었다고 볼 수 없다. ②번 위치에서는 상승추세가 계속 유지되고 있는 상황이므로 매도 시점이 아닌 것이다. 만약 주가가 ③번 위치에서 상승추세선을 지지하고 다시 올라간다면 ②번 위치보다 더 높은 가격에서 매도할 수 있다. 때문에 추세 매매에서는 상승추세가 지지되고 있는 ②번이 아니라 상승추세가 붕괴된 ③번이 매도 타이밍이 되는 것이다. ③번 위치에서 주가는 상승추세선을 음봉으로 하향 돌파하면서 지지선을 붕괴시켰다. 따라서 상승추세의 막바지 징후가 나타나 하락반전될 수 있으므로 이 시점이 매도시점이다.

【상승추세에서의 매수 · 매도 시점】

> 매수 시점 : 상승추세선 부근 양봉 출현 시
> 매도 시점 : 상승추세선 하향 이탈하는 음봉 출현 시

하락추세에서의 매매 타이밍

하락추세에서는 주식에 투자할 필요가 없다. 고점이 점점 낮아지므로 시간이 갈수록 주가는 떨어진다. 다만, 주식을 보유하고 있다면 가장 손실이 적은 시점에서 매도하고 빠져나오는 것이 현명하다. 하락추세에서 하락추세선(고점과 고점을 연결한 선)은 저항선(더 이상 높게 올라갈 수 없는 가격대) 역할을 한다고 했다.

〈그림 7-4〉를 보면 주가가 하락추세선 부근까지 올라가기만 하면 다시 떨어진다. 따라서 하락추세일 때는 하락추세선 부근에서 음봉이 나올 때 매도하는 것이 가장 좋다. 하락추세선이 저항선 역할을 하기

그림 7-4

• 하락추세에서의 매수와 매도 시점 •

때문에 하락추세선 부근에서 음봉이 나온다는 것은 추가 하락 가능성이 높다는 의미다. 반면 주가가 하락추세선을 상향 돌파하면 하락추세의 막바지 징후가 나타나는지를 점검해야 한다. 하락추세에서는 매수하는 것이 불리하나, 주가가 하락추세선을 상향 돌파하고, 더 이상 하락추세선 아래로 내려가지 않으면 매수 관점으로 보아야 한다. 하락추세의 막바지 징후가 나타나면 상승추세로 반전할 수 있기 때문이다.

【하락추세에서의 매수 · 매도 시점】

매도 시점 : 하락추세선 부근 음봉 출현 시
매수 시점 : 하락추세선 상향 돌파하는 양봉 출현하고 저점 상승 확인 시

횡보추세에서의 매매 타이밍

횡보추세는 주가가 '일정한 가격 박스권' 내에서 소폭의 등락만 거듭하는 때다. 이런 횡보추세에서는 원칙적으로 주식투자를 할 필요가 없다. 다만, 횡보추세도 영원히 지속되지는 않는다. 언젠가는 상승추세로 전환될 수 있다. 그렇다면 횡보추세의 막바지 징후를 잘 포착하고, 상승추세로 반전되는 시점에서 매수해야 한다.

〈그림 7-5〉를 보면 주가가 수개월 동안 7만 5,000원과 8만 5,000원 사이에서 횡보했다. 이러한 횡보 시기에는 주식투자를 할 필요가 없다. 이때는 매매를 해서 수익을 낸다고 해도 그 수익이 미미하다. 자칫 잘못하면 수익도 안 나고 수수료만 낭비할 수도 있다. 하지만 언젠가는 횡보추세를 마감하고 상승추세로 반전될 수 있다. 그 시점을 포착했다

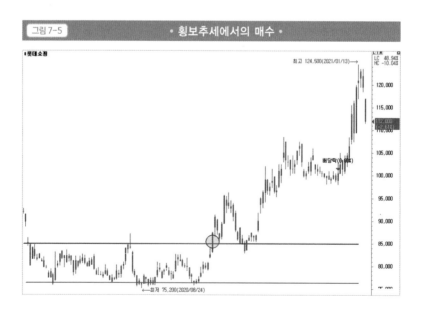

그림 7-5 • 횡보추세에서의 매수 •

【황보 추세에서의 매수 시점】

> **매수 시점 : 박스권 상단을 상향 돌파하는 양봉 출현 시**

가 투자해도 늦지 않다. 횡보추세의 막바지 징후는 주가가 박스권 상단을 상향 돌파할 때다. 주가가 박스권 상단을 상향 돌파한 후 지지받으면서 양봉이 나오면 매수를 시작해도 좋다. 하지만 이때 한꺼번에 몰빵하는 것은 지양해야 한다. 간혹 주가가 박스권 상단을 상향 돌파했다가 다시 하향 돌파하는 경우도 있기 때문이다. 그래서 주가가 박스권 상단을 상향 돌파한 후 박스권 상단 부근에서 지지되는지 여부를 지켜보아야 한다. 만약 주가가 박스권 상단 부근에서 지지되지 않고 다시 무너지면 상승추세로의 반전에 실패한 것이므로 추가 투자를 중지하고 손절매 여부를 결정해야 한다.

일정 기간 횡보추세가 지속되다가 하락추세로 반전되는 경우도 있다. 이때 주식을 보유하고 있으면 아주 큰 손실이 나는 경우가 많다. 때문에 주가가 횡보추세에 있는데 하락추세로 반전될 징후가 보인다면 손실이 나더라도 매도할 준비를 해야 한다. '매수는 거북이처럼, 매도는 토끼처럼'이라는 증시 격언이 있다. 이 격언은 그 어느 경우보다 바로 이 경우에 확실하게 실행으로 옮겨야 한다. 〈그림 7-6〉을 보면 횡보추세의 막바지에 커다란 음봉이 나오면서 주가가 하락추세로 바뀌고 있다. 주가가 박스권 하단을 하향 돌파하는 현상이 나타난 것이다. 이

그림 7-6

• 횡보추세에서의 매도 •

【황보 추세에서의 매도 시점】

매도 시점 : 박스권 하단을 하향 돌파하는 음봉 출현 시

때 주식을 보유하고 있었다면 설령 원금이 깨지는 상황이라고 해도 손절매하고 빨리 빠져나오는 것이 현명하다. 그렇지 않고 본전 생각에 팔지 못한다면 상상 이상으로 손해를 볼 수도 있다.

이동평균선을 활용한 매매법

주식투자자가 매매할 때 가장 많이 보는 것이 이동평균선이다. 이동평균선은 일정 기간 주가의 평균을 연결한 선이다. 5일 동안의 주가 평

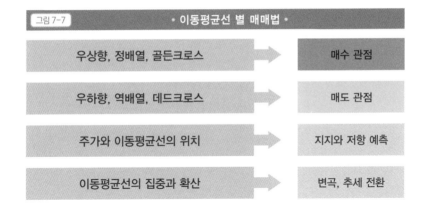

그림 7-7	• 이동평균선 별 매매법 •
우상향, 정배열, 골든크로스 ➡	매수 관점
우하향, 역배열, 데드크로스 ➡	매도 관점
주가와 이동평균선의 위치 ➡	지지와 저항 예측
이동평균선의 집중과 확산 ➡	변곡, 추세 전환

균을 이은 선은 5일 이동평균선, 20일 동안의 주가 평균을 이은 선은 20
일 이동평균선, 60일 동안의 주가 평균을 이은 선은 60일 이동평균선이
라고 한다.

이동평균선이 우상향, 골든크로스, 정배열을 나타내면 주가가 상승
할 수 있는 신호로 본다. 이를 자세히 설명하면 다음과 같다. 이동평균
선이 우상향한다는 것은 주가의 평균 가격이 올라가는 것을 의미하므
로 향후 주가가 상승할 것을 기대할 수 있다. 골든크로스란 단기 이동
평균선이 장기 이동평균선을 상향 돌파하는 것으로 주가가 상승할 때
자주 나온다(예를 들어 5일 이동평균선이 20일 이동평균선을 상향 돌
파하거나 20일 이동평균선이 60일 이동평균선을 상향 돌파하는 걸 뜻
한다. 즉 단기 이동평균선이 장기 이동평균선을 상향 돌파하는 것이
다). 정배열이란 이동평균선이 위에서부터 아래로 '단기 이동평균선 →
장기 이동평균선' 순으로 배열된 것으로 주가 상승이 오래 지속될 때 나

타난다. 그래서 이동평균선이 우상향, 골든크로스, 정배열 형태로 나타난다면 주식 매수 관점으로 봐야 한다.

반면 이동평균선이 우하향, 데드크로스, 역배열을 나타내면 주가가 하락할 수 있는 신호로 본다. 이동평균선이 우하향한다는 것은 주가의 평균이 내려가는 것을 의미하므로 향후 주가가 하락할 가능성이 높다. 데드크로스는 단기 이동평균선이 장기 이동평균선을 하향 돌파하는 것으로 주가가 하락할 때 자주 나온다. 역배열은 이동평균선이 위에서부터 아래로 '장기 이동평균선 → 단기 이동평균선' 순으로 배열된 것으로 주가 하락이 오래 지속될 때 나타난다. 그래서 이동평균선이 하향, 데드크로스, 역배열 형태로 나타난다면 매도 관점으로 본다.

골든크로스에서 매수, 데드크로스에서 매도

이동평균선 매매법 중 가장 간단하고 쉬운 매매법은 골든크로스와 데드크로스를 이용하여 매매하는 것이다. 단기적인 주가 등락을 매번 확인할 필요가 없고 이동평균선의 추세만 보면 되기 때문이다. 매수 시점을 잡는 것도 쉽다. 단기 이동평균선이 장기 이동평균선을 상향 돌파할 때 매수하면 된다. 예컨대 5일 이동평균선(단기 이동평균선)이 20일 이동평균선(장기 이동평균선)을 상향 돌파할 때 매수한다. 또는 20일 이동평균선이 60일 이동평균선을 상향 돌파할 때 매수한다.

왜 골든크로스가 매수 타이밍이 되는 것일까? 이에 대해서는 5일 이동평균선이 20일 이동평균선을 상향 돌파했다는 것의 의미를 알면 된다. 그것의 의미는 5일 동안의 주가 평균이 20일 동안의 주가 평균보다 높다는 것이다. 이 말은 곧 최근의 평균이 점점 높아진다는 것으로, 앞으로 점점 주가가 올라갈 가능성이 높다는 것을 의미한다. 그래서 골든크로스가 발생하면 주식을 사는 것이다.

그렇다면 골든크로스가 발생하여 매수한 주식은 언제 파는 것이 좋을까? 바로 데드크로스가 날 때다. 데드크로스는 골든크로스의 반대다. 단기 이동평균선이 장기 이동평균선을 하향 돌파하는 것이다. 이때가 바로 매도 타이밍이다. 예컨대 20일 이동평균선이 60일 이동평균선을 상향 돌파할 때 매수했다면, 20일 이동평균선이 60일 이동평균선을 하향 돌파할 때 매도하면 된다. 〈그림 7-8〉의 에코마케팅 주가차트

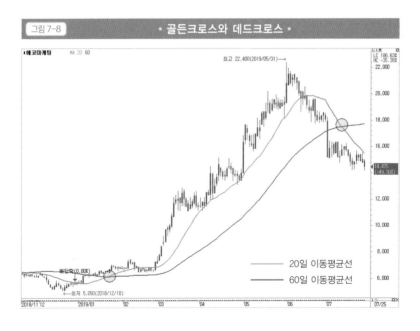

그림 7-8 · 골든크로스와 데드크로스 ·

에서 보듯이 이동평균선이 골든크로스(20일 이동평균선이 60일 이동평균선을 상향 돌파)일 때 매수 하면 된다. 그리고 이동평균선이 데드크로스(20일 이동평균선이 60일 이동평균선을 하향 돌파)일 때 매도하면 된다. 에코마케팅의 주가는 골든크로스가 되었을 때 6,000원 정도였고, 데드크로스가 되었을 때 1만 7,000원 정도였다. 따라서 골든크로스와 데드크로스를 이용한 매매로 180% 이상의 수익률(주당 1만 1,000원 정도)을 챙기게 된다.

여기 주식학교에 다니는 고수와 하수가 있다고 하자. 이 학교의 학생이 100명인데 수학 평균 점수가 70점이다. 고수의 수학 점수는 80점이고, 하수의 수학 점수는 60점이다. 고수는 수학을 잘한다고 평가받는다. 왜냐하면 평균보다 10점이나 높기 때문이다. 한편 하수는 수학을 못한다고 평가받는다. 왜냐하면 평균보다 10점이나 낮기 때문이다. 고수는 주로 평균 이상인 친구들과 어울려 놀고, 하수는 주로 평균 이하인 친구들과 어울려 논다. 그러니 당연히 시험에 대한 정보교환도 고수가 많을 수밖에 없다. 다음 시험 결과가 어떨지는 굳이 설명하지 않아도 충분히 예상된다.

주식투자도 이와 마찬가지다. 항상 평균보다 높은 쪽에서 매매해야 한다. 주식의 평균은 이동평균선이다. 주가가 이동평균선보다 높은 주식과 친하게 지내야 한다. 모든 매매는 주가가 이동평균선보다 높을 때 해야 수익을 낼 수 있다. 평균보다 높은 주가가 좋은 주식으로 평가받기 때문이다.

그림 7-9

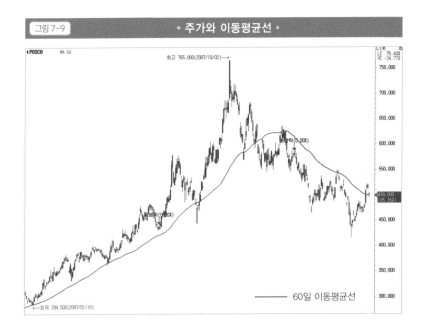

• 주가와 이동평균선 •

〈그림 7-9〉를 보면 주가가 60일 이동평균선보다 높은 위치에 있을 때 더 올라갔다. 반면 주가가 60일 이동평균선보다 낮은 위치에 있을 때 주가는 더 떨어졌다. 이와 같은 사실을 토대로 이동평균선과 주가의 위치를 통해 훌륭한 매매 방법을 발굴할 수 있음을 알 수 있다. 즉 주가가 이동평균선 위에 있을 때 매수하고, 이동평균선 아래 있을 때 매도하면 되는 것이다. 너무 단순해 보이는가? 너무 단순해서 믿기가 힘든가? 하지만 진정한 진실은 단순한 데 있다. 오히려 복잡하고 현란하게 무슨 말인지 모를 설명으로 투자자를 현혹하는 것이야말로 진실과 거리가 먼 것이다. 매매기준은 단순해야 한다. 복잡할수록 매매하기 힘들어지고 기준을 정하기가 힘들어진다.

지금까지 배운 것을 참고로 해서 좀 더 구체적으로 얘기해 보자. 주식을 매수할 때는 주가가 이동평균선 위에 있을 때 매수해야 하는데 그중에서도 어느 시점에서 매수해야 수익을 낼 수 있을까? 주가가 이동평균선 위에 있다고 해서 아무때나 매수하는 것은 아니다. 주가가 이동평균선 위에 있을 때도 주가는 그 위에서 등락을 반복한다. 이렇게 등락을 반복하는 도중에 이동평균선 근처까지 하락하다가 양봉이 만들어지면서 이동평균선 부근에서 지지받고 다시 올라가면 바로 그때가 매수 타이밍이다. 주가가 이동평균선보다 위에 있고 우상향할 때, 이동평균선은 지지선 역할을 한다. 때문에 주가가 지지선 부근까지 내려왔다가 다시 박차고 올라가려 할 때가 매수 시점이 되는 것이다.

매도 시점은 이 생각을 뒤집어 생각하면 된다. 매도 시점은 주가가 지지선 역할을 하는 이동평균선을 하향 돌파할 때가 된다. 주가가 지지선 역할을 하는 이동평균선 밑으로 떨어졌다는 것은 주가가 평균 이하로 간다는 것을 의미한다. 쉽게 말해 지지하는 힘이 무너졌다는 것이고, 지지하는 힘이 무너졌다는 것은 투자자들이 그 종목을 앞으로 사려고 하기보다는 팔려고 할 가능성이 커졌다는 것을 의미한다.

나는 주식투자를 20년 이상 했고, 증권사에서도 오랫동안 근무한 경험이 있다. 그런데 그 긴 시간 동안 매매기준을 여러 개 섞어서 거래하는 사람이 성공하는 것을 보지 못했다. 오히려 아주 쉽고 단순한 매매기준을 정하여 철저하게 잘 지키는 사람이 성공했다. 많은 투자전문가들이 새로운 매매 방법을 개발했다며 시스템도 만들고, 홍보도 한다.

자신이 만든 매매 방법 대로만 하면 반드시 수익이 난다느니 하면서 투자자를 우롱하는 자들을 멀리해야 한다. 모든 매매 방법은 이동평균선, 거래량, 캔들, 이 3가지를 조합한 것에 불과하다. 매매기준은 복잡하게 만들거나 논리적으로 만드는 것이 중요한 것이 아니다. 가장 중요한 것은 자신이 만든 매매기준대로 실천하는 것이다. 매매기준대로 실천하려면 쉽고 간단해야 한다.

여러 개의 이동평균선이 모이면 큰일이 일어난다

5일 이동평균선, 20일 이동평균선, 60일 이동평균선, 120일 이동평균선 등 기간을 달리하는 여러 개의 이동평균선은 보통 일정 간격으로 떨어져 있다. 그런데 가끔씩 3~5개의 이동평균선이 특정 가격대에 몰려 있을 때가 있다. 이렇게 이동평균선이 특정 가격대에 모이면 큰 일이 일어날 수 있다는 신호로 봐야 한다. 크게 올라가든지 크게 내려가든지 둘 중의 하나다.

주가라는 것이 올라가기도 하고 내려가기도 하는 것은 매일 있는 일이다. 그러나 큰 폭으로 올라가거나 큰 폭으로 떨어지는 것은 자주 일어나지 않는다. 주식을 매매하는 사람은 이때를 놓치면 크게 후회한다. 여러 개의 이동평균선이 특정 가격대에 모이는 것을 유식한 말로 '이동평균선의 수렴'이라고 한다. 이동평균선이 수렴한 후 주가가 여러 개의 이동평균선을 상향 돌파하면 대세 상승으로 갈 확률이 높다. 이른바 대박의 신호인 것이다.

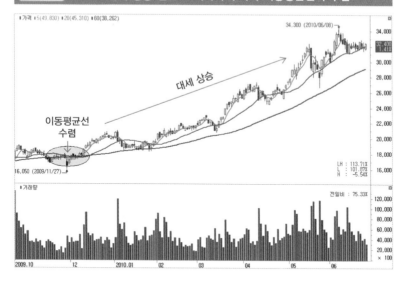

그림 7-10 • 대세 상승 신호 : 기아차 주가와 이동평균선의 수렴 •

〈그림 7-10〉 기아차 차트를 보면 이동평균선 3개(5일, 20일, 60일 이
동평균선)가 1만 7,000원 부근에 모여 있다. 이처럼 여러 개의 이동평균
선이 1만 7,000원 부근에 겹쳐 있다가 주가가 이 가격대를 상향 돌파하
여 이동평균선 위로 올라가면 대세 상승을 기대할 수 있다.

왜 이런 기대를 할 수 있는 것일까? 비유하면 이렇다. 손으로 빨간
벽돌 한 개를 깬 사람은 대단하다. 그런데 손으로 빨간 벽돌 3개를 한
꺼번에 깬 사람은 어떨까? 그 사람은 벽돌 하나를 깬 사람보다 적어도
3배는 힘이 세다고 할 수 있다. 주가가 이동평균선 하나를 상향 돌파
하는 것은 벽돌 하나를 깨는 것과 같고, 한 번에 이동평균선 3개를 상
향 돌파하는 것은 벽돌 3개를 깬 것과 같다. 이동평균선 한 개를 돌파

해서 10% 정도의 상승을 기대할 수 있다면, 이동평균선 3개를 한꺼번에 돌파할 경우 그 세 배인 30%를 기대할 수 있을 뿐만 아니라 100%의 상승도 기대할 수 있다. 주가가 여러 개의 이동평균선을 한꺼번에 상향 돌파하면 매수의 힘이 매우 세고, 그 센 힘은 상당히 오래 간다고 생각하면 된다.

투자자의 입장에서 생각해보자. 기아차의 주가가 5일간의 평균 주가뿐 아니라 20일간, 60일간의 평균 주가를 한꺼번에 뛰어넘었다. 이런 일은 결코 쉽게 일어나지 않는다. 왜냐하면 누군가가 5일, 20일, 60일을 평균한 가격보다 높은 가격으로 기아차 주식을 매수해야 3개의 이동평균선을 상향 돌파하는 양봉이 발생할 수 있기 때문이다. 이 때문에 이러한 일이 생기면 누군가 그 높은 가격에 기아차 주식을 사는 이유는 무엇일까 생각해봐야 한다. 뭔가 틀림없는 대형 호재가 있는 것이다. 실제로 기아차 주가는 1만 7,000원 부근에 모여 있던 3개의 이동평균선을 상향 돌파하자 5만 원이 넘을 때까지 지속적으로 상승했다.

좋은 일이 있으면 나쁜 일도 있는 법. 앞에서 설명한 것과 반대의 경우, 다시 말해 이동평균선이 모여 있는데 주가가 그 여러 개의 이동평균선을 동시에 아래로 하향 돌파하면 대세 하락으로 진행될 가능성이 높다. 여러 개의 이동평균선을 한꺼번에 하향 돌파한다는 것은 매도의 힘이 매우 강하고, 그 강한 힘이 오랫동안 지속된다는 것을 의미한다고 이해하면 된다.

〈그림 7-11〉미래에셋증권의 차트를 보면 2008년 1월 3개의 이동평

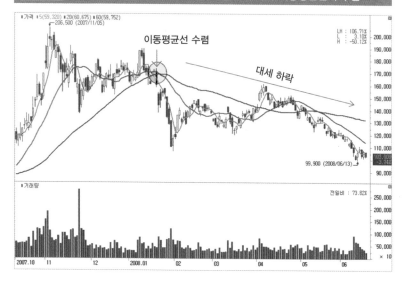

그림 7-11 • 대세 하락의 신호 : 미래에셋증권 주가와 이동평균선의 수렴 •

균선(5일, 20일, 60일)이 17만 원 부근에서 모여 있다. 그런데 주가가 모여 있던 3개의 이동평균선을 하향 돌파하면서 주가는 순식간에 급락했다. 그 이후 이 주식은 16만 원대에서 4만 6,500원까지 하락했다. 누군가 3개의 이동평균값보다도 낮은 가격으로 팔았기 때문에 주가가 이동평균선 아래로 떨어진 것이다. 왜 3개의 평균값보다도 낮은 가격으로 팔았을까? 분명히 더 떨어질 것을 알고 있는 세력이 미리 매도한 것이다. 이는 앞으로 대세 하락으로 갈 가능성이 많다는 것을 의미한다. 만약 자신이 보유하고 있는 종목 중에 여러 개의 이동평균선이 수렴했다가 주가가 이동평균선 아래로 떨어지면 손실이 나더라도 즉시 매도해야 한다.

160

캔들을 활용한 매매법

캔들이란 일정 시간 동안 주식의 시가, 종가, 저가, 고가를 나타내는 것이다. 양초 모양같아서 '캔들candle'이라 부르기도 하고, 막대 모양같아서 '봉棒'이라고도 한다. 주식시장에서 거래가 시작될 때(09:00)의 가격을 시가始價, 거래가 종료될 때(15:30)의 가격을 종가終價, 거래시간 중 가장 낮았던 가격을 저가低價, 거래 시간 중 가장 높았던 가격을 고가高價라고 한다. 그리고 거래 기간이 1일이면 일봉日棒, 1주일이면 주봉週棒, 1달이면 월봉月棒이라고 한다. 또 시가보다 종가가 올라가면 '양봉(빨간색 봉)', 시가보다 종가가 내려가면 '음봉(파란색 봉)'이라고 부른다.

일봉이 양봉으로 표시되면 그날의 종가가 시가보다 상승한 날을 의미한다. 〈그림 7-12〉에서 보는 바와 같이 시가와 종가는 직사각형의 몸통 모양으로 표시되고, 저가와 고가는 몸통에 연결된 꼬리 모양으로 표

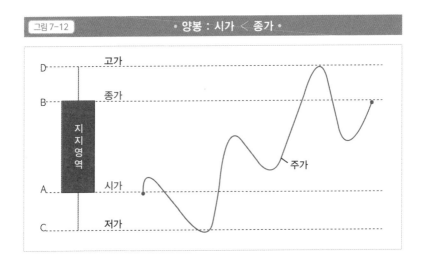

그림 7-12 · 양봉 : 시가 < 종가 ·

그림 7-13

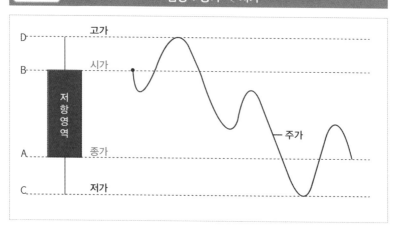

• 음봉 : 종가 < 시가 •

시된다. 양봉의 경우 A 가격이 시가, B는 종가, C는 저가, D는 고가를 의미한다. 양봉의 경우 직사각형의 몸통 부분은 지지 역할을 한다. 즉, 캔들을 보고 주식을 매수한다면 지지 역할을 하는 몸통 가격대(A와 B 사이의 가격)에서 사야 한다는 것을 의미한다.

한편, 음봉은 양봉과 비교했을 때 시가와 종가의 위치가 다르다. 음봉은 거래 시간 동안 주가가 떨어진 경우이므로 B 가격이 시가, A 가격이 종가가 된다. 저가와 고가의 위치는 양봉과 동일하다. 음봉의 경우 직사각형의 몸통 부분은 저항 역할을 한다. 즉, 캔들을 보고 주식을 매도한다면 저항 역할을 하는 몸통 가격대(A와 B 사이의 가격)에서 팔아야 한다. 또 주가가 저항받고 있으므로 이 가격대에서는 주식을 사서는 안 된다. 따라서 양봉의 지지영역에서는 매수를 해도 되고, 음봉의 저항영역에서는 매수를 자제해야 한다.

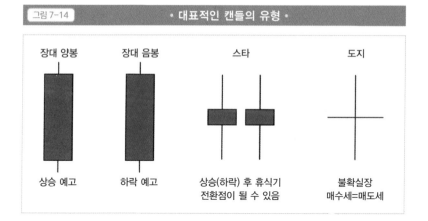

그림 7-14　　　• 대표적인 캔들의 유형 •

장대 양봉	장대 음봉	스타	도지
상승 예고	하락 예고	상승(하락) 후 휴식기 전환점이 될 수 있음	불확실장 매수세=매도세

캔들의 유형은 크게 3가지다. 상하 꼬리가 없거나 짧으면서 직사각형 몸통의 길이가 긴 '장대 양봉과 장대 음봉', 상하 꼬리가 길고 몸통의 길이는 짧은 '스타', 몸통이 없는 '도지' 형태가 그것이다. 장대 양봉은 상승을 예고하는 경우가 많으므로 매수 관점으로 봐야 하고, 장대 음봉은 하락을 예고하는 경우가 많으므로 매도 관점으로 봐야 한다. 반면 스타는 상승 또는 하락의 휴식기에 나타나는 캔들로 매매보다는 관망 관점으로 봐야 한다. 도지 형태는 시장이 불확실하고 매수세와 매도세가 팽팽할 때 나타나므로 적극적인 매매보다는 장대 양봉 또는 장대 음봉이 나올 때까지 기다리는 편이 낫다.

장대 양봉에서 매수하면 비싼 것처럼 보인다

길이가 짧은 양봉과 음봉이 반복해서 나타나다가 갑자기 장대 양봉이 출현하면 매수 시점이다. 장대 양봉은 양봉의 몸통이 길다. 그것은 곧 지지 영역이 크다는 것을 의미한다. 떨어질 확률보다는 상대적으로 올라갈 확률이 높다는 것이다. 그래서 캔들을 기준으로 매수 시점을 잡을 때는 장대 양봉이 나올 때 잡는 것이 정석이다.

〈그림 7-15〉를 보면 짧은 양봉과 음봉이 반복되다가 장대 양봉이 나온 이후 주가는 계속 오르고 있음을 알 수 있다. 특히 장대 양봉의 몸통은 지지 역할을 하기 때문에 주가가 조정을 받아도 장대 양봉의 몸통 밑으로 떨어지지 않음을 알 수 있다.

만약 주가가 장대 양봉의 몸통 맨 아래 근처에 오면 추가 매수하는 것이 유리하다. 왜 그럴까? 다시 〈그림 7-15〉을 보자. 차트를 보면 첫 번째 장대 양봉이 나올 때 그 시점의 주가는 그 이전보다 훨씬 높다. 장대 양봉이 나오는 날이 1년 중 가장 주가가 높은 신고가인 경우도 있다. 그

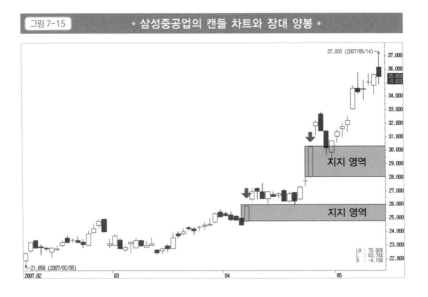

그림 7-15 • 삼성중공업의 캔들 차트와 장대 양봉 •

래서 일반 투자자는 주가가 너무 높다고 생각하고 매수하지 않는 경우가 많다. 그런데 생각을 바꿔서 해 보자. 누군가가 이전 주가보다 훨씬 높은 가격으로 매수하면서 장대 양봉이 만들어졌다. 왜 이런 일이 일어났을까? 삼성중공업의 차트를 보면 4월 24일이 전에는 2만 8,000원보다 낮은 가격으로 거래되었는데, 4월 24일 2만 8,000원부터 매수가 시작되어 3만 원까지 가격을 올려가면서 장대 양봉이 발생했다. 이전까지의 가격 중 가장 높은 가격인 2만 8,000원에서 3만 원까지의 가격으로 이 주식을 산 사람은 왜 산 것일까? 답은 간단하다. 더 올라갈 것이라고 본 것이다.

일반적으로 과거 주가보다 높은 가격으로 주식을 사면서 장대 양봉을 만드는 주체는 세력(외국인, 기관 또는 큰손)일 가능성이 높다. 일반 개인투자자는 절대로 과거 주가보다 높은 가격에서 사지 않는다. 비싸다고 생각하기 때문이다. 하지만 주가를 움직일 만한 세력들은 신고가를 만들고, 더 높은 가격에서도 계속 산다. 그럴수록 주가는 더 올라간다. 이러한 과정에서 장대 양봉은 지지 역할을 하고, 주가는 장대 양봉 밑으로 떨어지지 않는다. 오히려 주가는 더 올라가 2차 장대 양봉, 3차 장대 양봉으로 이어진다. 결국 장대 양봉의 저점이 계속해서 올라가고 주가는 상승추세로 이어진다.

주가가 계속 올라가다가 장대 양봉을 하향 돌파하면 그 시점이 고점이므로 팔아야 한다. 주가가 장대 양봉을 하향 돌파한다는 것은 지지선이 붕괴됐다는 것을 의미하기 때문이다. 지지선이 붕괴됐다는 것은 상승추세가 끝났다는 것을 의미하므로 매도해야 한다. 이를 거꾸로 말하

면 주가가 장대 양봉을 하향 돌파하지 않는 한 매수 관점으로 봐야 한다
는 것을 의미한다. 이미 주식을 매수하고 보유한 상태라면 장대 양봉이
붕괴되지 않는 한 계속 보유하고 있어야 한다.

아랫꼬리가 긴 캔들은 장대 양봉 못지않게 좋을 수도 있다

일반적으로 몸통(시가와 종가를 표시한 사각형)이 짧은 양봉은 최적
의 매수신호라고 볼 수 없다. 지지 역할을 하는 몸통이 짧다는 것은 작
은 충격에도 떨어질 수 있다는 것을 의미하기 때문이다. 그러나 아랫
꼬리가 긴 양봉은 매수 신호가 되는 경우가 많다. 아래로 꼬리가 길다
는 건 주식을 사고 싶은 투자자가 많기는 한데 시가가 너무 높게 시작해
서 눈치를 보고 있다가 주가가 떨어지면 사러 들어간다는 것을 의미한
다. 즉 주식에 대한 매수 욕구가 높은 세력이 많은데 높은 시초가로 인
해 주가가 좀 더 떨어지길 기다렸다가 계속해서 사들이고 있는 것이다.
아랫꼬리가 긴 양봉은 주가가 떨어지자 누군가가 금방 매수하면서 주
가를 상승시킬 때 발생한다. 주로 세력이 저가매수를 시작할 때 아랫꼬
리가 긴 양봉이 나온다. 따라서 아랫꼬리가 긴 양봉이 나오면 매수 관
점으로 봐야 한다.

〈그림 7-16〉을 보자. 이 그림에서 LG전자는 아랫꼬리가 긴 양봉이
나오면서 상승추세로 전환된 것을 알 수 있다. 아랫꼬리가 긴 양봉은
시가가 높게 시작해서 장대 양봉이 되지 않은 것일 뿐, 저가를 기준으
로 생각하면 장대 양봉과 같다. 그리고 긴 아랫꼬리가 지지 역할을 하

그림7-16   • LG전자의 캔들 차트와 아랫꼬리가 긴 캔들 •

므로 특별한 사정이 없는 한 주가가 그 밑으로 잘 떨어지지 않는다. 결국 주가가 이 캔들의 하단을 하향 돌파하지 않는 한 상승으로 이어진다. 이러한 캔들을 보고 주식을 샀다면 지지 영역이 붕괴되지 않으면서 주가의 저점이 계속 상승하여 높은 수익을 기대할 수 있다.

만약 증권사 직원이 이러한 캔들이 나올 때 매수를 권한다면 충분히 매수할 만하다. 단, 지지 영역이 무너지지 않은 것을 확인하고 매수해야 한다. 지지 영역이 무너지지 않으면서 저점이 상승하면 상승추세로 전환한 것이므로 상승추세가 끝날 때까지 장기 보유하면 된다.

하지만 매수하자마자 주가가 아랫꼬리를 하향 돌파하면 신속하게 매도하는 편이 낫다. 이는 지지 영역이 무너진 것을 의미하므로 다시 하락할 수 있기 때문이다. 또 매수 후 장기간 상승하다가 주가가 직전 저점을 붕괴시킬 때도 매도를 고려해야 한다. 직전 저점이 붕괴되면 하락추세로 반전될 수도 있기 때문이다.

장대 음봉은 하락의 신호탄

장대 음봉은 음봉의 몸통(시가와 종가를 표시한 직사각형)이 길다. 다시 말하면 저항 영역이 크다는 것이고, 이는 오를 확률보다는 상대적으로 내릴 확률이 높다는 것을 의미한다. 그래서 캔들을 기준으로 매매할 때 매도 시점은 장대 음봉이 나올 때 잡는 것이 정석이다.

장대 음봉의 몸통은 저항 역할을 하기 때문에 주가가 상승반전해도 장대 음봉의 몸통 위로 올라가지 않는다. 오히려 이런 상황에서 장대 음봉의 몸통 부근까지 주가가 상승하면 마지막 매도 기회로 봐야 한다.

왜 그럴까? 〈그림 7-17〉에서 보는 바와 같이 첫 번째 장대 음봉이 나올 때 그 시점의 주가는 그 이전보다 낮다. 그런데 상승추세의 막바지에서 장대 음봉이 나오면 개인투자자는 일시 조정이라고 생각하고 매수하는 경우가 많다. 하지만 장대 음봉을 만들면서 매도하는 세력의 속마음을 읽어야 한다. 그 세력은 왜 주가를 큰 폭으로 떨어뜨리면서까지 매도할까? 세력은 더 떨어질 것으로 판단했기 때문이다. 특히 주가의 흐름을 주도할 수 있는 세력(기관, 외국인 등)이 장대 음봉을 만들었다면 추가 하락 가능성이 매우 높다. 따라서 장대 음봉이 나왔을 때는 매도 주체를 확인할 필요가 있다(이는 HTS 화면에서 쉽게 확인할 수 있다).

세력의 매도가 지속될수록 주가는 큰 폭으로 더 떨어진다. 이때 장

그림 7-17 · 삼성정밀화학의 캔들 차트와 장대 음봉 ·

대 음봉은 저항 역할을 하고, 주가는 장대 음봉 위로 상승하지 않는다. 오히려 시간이 지날수록 더 떨어져 2차 장대 음봉, 3차 장대 음봉으로 이어진다. 결국 장대 음봉의 고점은 계속해서 내려가고 주가는 하락추세로 이어진다.

다만, 주가가 계속 떨어지다가 장대 음봉을 상향 돌파하면 추세가 반전될 가능성이 있으므로 이때까지 주식을 보유하고 있었다면 매도하지 말아야 한다. 주가가 장대 음봉을 상향 돌파한다는 것은 저항선을 뚫고 올라갈 수 있음을 의미한다. 주가가 저항선을 상향 돌파한 후 장대 음봉 상단에서 지지되면 하락추세가 끝나는 것을 의미하므로 오히려 매수를 고려해야 한다. 반면, 주가가 장대 음봉을 상향 돌파하지 않는 한 매도 관점으로 봐야 한다.

윗꼬리가 긴 캔들은 장대 음봉 못지않게 좋지 않다

윗꼬리가 긴 캔들은 설령 양봉이라도 매수 관점으로 볼 것이 아니다. 왜냐하면 이는 양봉의 탈을 쓴 음봉이기 때문이다. 윗꼬리가 길다는 것은 저항 영역이 크다는 것을 의미한다. 〈그림 7-18〉을 보자. 이 차트에서 POSCO는 윗꼬리가 긴 양봉이 나오면서 하락추세로 전환된 것을 볼 수 있다. 윗꼬리가 긴 양봉은 시가가 낮게 시작해서 장대 음봉이 되지는 않았을 뿐, 고가를 기준으로 생각하면 장대 음봉과 같다. 그리고 긴 윗꼬리가 저항 역할을 하므로 특별한 사정이 없는 한 주가가 그 위로 올라가지 않는다. 주가가 이 캔들의 상단을 상향 돌파하지 않는 한 하락으로 이어진다. 주식을 보유한 상태에서 이러한 캔들이 나오면 매도를 준비해야 한다.

그림 7-18 • POSCO의 캔들 차트와 윗꼬리가 긴 캔들 •

170

거래량을 활용한 매매법

'수급이 재료에 우선한다'는 증시 격언이 있다. 이 격언의 의미는 다음과 같다. 기업에 아무리 좋은 소식(호재)가 있어도 주식을 팔려는 사람이 많으면 떨어진다. 반면 기업에 별다른 호재가 없어도 주식을 사려는 사람이 많으면 주가는 올라간다. 그리고 주식을 사려는 세력이 생기면 거래량이 늘어나기 시작하고, 늘어난 거래량을 보고 주가 상승을 기대하는 매수 세력이 다시 늘면서 더욱더 거래량을 증가시킨다. 거래량증가는 계속해서 새로운 매수 세력을 자극하며 주가의 추가 상승을 이끈다. 반면 하락에 대한 우려감이나 추가 상승에 회의적인 매도 세력이 강해지면 매수 세력을 압도하면서 거래량이 늘어난다. 그리고 매도 세력이 일정 기간 매도하여 더 이상 매도할 물량이 줄어들면 거래량이 감소하고, 거래량 감소에 따라 주가는 계속 하락하거나 횡보하게 된다. 이렇게 거래량은 그 자체만으로도 주가를 좌지우지할 수 있는 큰 요인이 되고, 그 때문에 수급 상황(거래량)을 가지고 매매 타이밍을 잡는 기법이 생겨난 것이다.

거래량으로 파악하는 캔들과 이동평균선의 속임수

캔들이나 이동평균선으로 표시되는 주가의 방향에는 속임수가 있다. 예를 들어 앞에서 장대 양봉이 나오거나 골든크로스가 나올 때가 투자의 적기라고 했는데, 그렇지 않을 때도 있는 것이다. 즉 장대 양봉이 나왔는데 계속 오르지 않고 오히려 떨어질 수도 있으며, 골든크로스가 나왔는데도 이후 오르지 않고 떨어질 수도 있다. 왜 그럴까? 이는 장대 양봉과 골든크로스가 속임수였기 때문이다. 이때의 장대 양봉은 '가짜 장대 양봉'이고 골든크로스는 '가짜 골든크로스'다. 가짜인지 진짜인지 어떻게 알 수 있을까? 그 기준이 바로 거래량이다.

가짜는 거래량이 소량인 것이다. 이는 곧 어떤 세력이 적은 거래량으로 양봉(또는 골든크로스)을 만들어 놓고 일반 투자자가 매수하도록 유인한 다음 자신의 보유 물량을 털어내고자 할 때 나타난다.

구체적인 예를 들어 보자. 〈그림 7-19〉를 보면 노란 박스 안에 장대 양봉이 나왔다. 하지만 그 이후 주가가 상승하지 않고 오히려 주춤하다가 크게 하락한다. 그렇다면 이때의 장대 양봉은 양봉의 탈을 쓴 가짜 양봉이라 할 수 있다. 가짜 양봉을 확인하는 방법이 바로 거래량이다. 노란 박스의 장대 양봉 발생 시 거래량을 보면 최근 거래량 중 가장 적

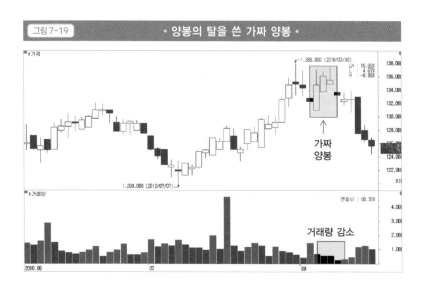

그림 7-19 • 양봉의 탈을 쓴 가짜 양봉 •

【장대 양봉과 거래량의 관계】

〈1〉 장대 양봉 + 거래량 증가 : 진짜 양봉 → 매수 세력 강세, 주가 상승 징후
〈2〉 장대 양봉 + 거래량 감소 : 가짜 양봉 → 매수 세력 약세, 주가 하락 징후
〈3〉 장대 음봉 + 거래량 증가 : 진짜 음봉 → 매도 세력 강세, 주가 하락 징후
〈4〉 장대 음봉 + 거래량 감소 : 가짜 음봉 → 매도 세력 약세, 주가 상승 징후

은 거래량이다. 다시 말하면 장대 양봉으로 주가는 올랐지만 매수 세력이 매우 약하다는 것을 의미한다.

장대 양봉이 진정한 상승 신호가 되려면 거래량이 증가해야 된다. 예컨대 평소 거래량이 1만 주였다면 3만 주 정도로 거래량이 늘어나면서 장대 양봉이 나와야 한다. 그런데 만약 장대 양봉은 나왔는데 거래량이 평소보다 떨어졌다면 이는 매수 세력이 약하다는 것을 의미한다. 그리고 매수 세력이 약하다는 것은 약간의 충격에도 크게 하락할 수 있다는 것을 의미한다. 따라서 거래량이 적은 양봉은 '가짜 양봉'이 되는 경우가 많다. 〈그림 7-19〉에서 보이는 바와 같이 장대 양봉이 나왔지만 거래량이 미약하여 결국 주가는 하락하게 된다.

주식은 매수 세력과 매도 세력의 싸움이다. 매수 세력이 강하면 주가는 상승하고, 매도 세력이 강하면 주가는 하락한다. 이 때문에 장대 양봉이 나와도 거래량이 적으면 매수 세력이 약하다는 것을 의미하는 것이고, 매수 세력이 약하면 상대적으로 매도 세력이 점점 강해지며, 결국 주가는 떨어지게 된다. 반대로 장대 음봉이 나와도 거래량이 적으면 매도 세력이 약하다는 것을 의미한다. 매도 세력이 약해지면 상대적으

로 매수 세력이 강해지게 되고, 결국 주가는 장대 음봉 밑으로 더 떨어
지지 않고 올라가게 된다.

캔들로 표시되는 주가에는 속임수가 있다. 그리고 거래량은 바로 주
가의 속임수를 알아차리게 하는 실마리가 된다. 거래량은 매수 세력
과 매도 세력 중 어느 쪽이 더 강한가를 판단하는 기준이 되는 것이다.

〈그림 7-20〉을 보자. 이 차트를 보면 첫 번째 빨간색 화살표에서 골
든크로스가 나왔다. 하지만 이때 거래량을 보니 그 이전 거래량보다 미
미하다. 이는 매수 세력이 약해지고 있다는 의미이다. 이 때문에 여기
서 발생한 골든크로스는 양의 탈을 쓴 가짜 골든크로스로 봐야 한다.
가짜 골든크로스이기 때문에 거래량이 감소하자 결국 주가는 하락하
고 만다. 하지만 두 번째 빨간색 화살표로 표시된 골든크로스는 거래
량이 증가하면서 발생했다. 이는 매수 세력이 강한 것을 의미하고 주가

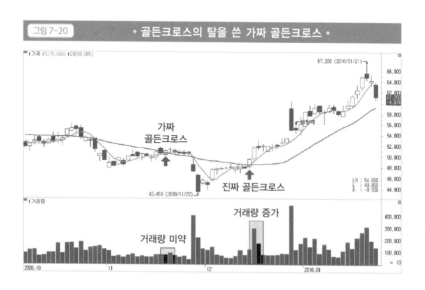

그림 7-20 • 골든크로스의 탈을 쓴 가짜 골든크로스 •

〈1〉 골든크로스 + 거래량 증가 : 진짜 골든크로스 → 매수 세력 강세, 주가 상승 징후
〈2〉 골든크로스 + 거래량 감소 : 가짜 골든크로스 → 매수 세력 약세, 주가 하락 징후
〈3〉 데드크로스 + 거래량 증가 : 진짜 데드크로스 → 매도 세력 강세, 주가 하락 징후
〈4〉 데드크로스 + 거래량 감소 : 가짜 데드크로스 → 매도 세력 약세, 주가 상승 징후

상승의 징후라고 볼 수 있다. 이처럼 주가의 평균인 이동평균선에도 속임수가 있다. 그리고 거래량은 이동평균선의 속임수를 알아차리게 하는 단초가 된다. 거래량은 세력이 진짜 매수하려고 하는 것인지, 아니면 매수하는 척만 하는 것인지를 판단하는 기준이 된다. 거래량이 증가하는 골든크로스는 세력이 진짜 매수하는 것이므로 주가 상승의 징후라고 볼 수 있지만, 거래량이 감소하거나 미미한 골든크로스는 세력이 매수하는 척만 하고 진짜 의도는 매도하려는 것이므로 주가 하락의 징후라고 볼 수 있다.

거래량으로 판단하는 세력의 매매 타이밍

주가는 세력(외국인, 기관, 큰손 등)에 의하여 움직인다. 매수 세력이 강하면 주가가 상승하고 매도 세력이 강하면 주가가 하락한다. 만약 당신이 세력이라고 가정하자. 당신에게 500억 원의 자금이 있다. 그런데 만약 당신이 시가총액 1,000억 원인 A라는 종목을 사고 싶다면 어떻게 사는 게 유리할까? 당연하게도 가장 중요한 원칙은 싸게 사서 비싸게 파는 것이다. 그런데 당신은 세력이라 당신이 매일매일 계속 사면

주가는 올라간다. 문제는 당신이 사는 동안 계속 주가가 올라가기 때문에 시간이 갈수록 당신도 비싸게 사야 한다는 점이다. 계속 그런 식으로 산다면 평균 매입 단가가 높아져서 주가가 올라가도 큰 수익을 낼 수 없을 것이다. 그래서 당신은 꾀를 낸다. 기간을 길게 보고 여러 번 나누어 사는 것이다.

예를 들어 보자. 〈그림 7-21〉을 보면 세력이 언제 사는지 알 수 있다. 그림에서 세력이 살 때는 노란색으로 표시된 것처럼 평상시보다 거래량이 급증하는 것을 볼 수 있다. 세력은 매일 연속해서 투자금을 모두 쓰지 않는다. 몇 개월에 걸쳐 사되 한번 살 때는 3일 내외로 집중하여 사는 것을 여러 번 반복한다. 이렇게 사는 이유는 매일매일 투자금이 다할 때까지 계속 사게 된다면 계속해서 주식을 너무 비싸게 사야 하기 때문이다. 그래서 3~4일 사다가 주가가 오를 것 같으면 추가로 매수하

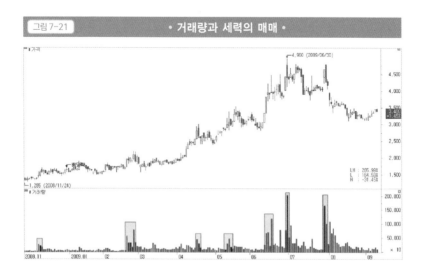

그림 7-21 · 거래량과 세력의 매매 ·

지 않고 3~4개월을 더 기다린다. 이런 방법을 반복하며 저가로 매수할 수 있는 물량을 늘려나가는 것이다. 그리고 어느 정도 저가매수 물량을 늘렸다고 생각하면 나머지 자금으로 공격적으로 매수하여 주가를 크게 올린다. 이 순간 개인투자자들이 참가하면서 거래량은 더 늘어나고 주가는 큰 폭으로 상승한다. 개인투자자들은 이때부터 주가가 큰 폭으로 상승하리라 기대하지만 세력은 이때부터 매도를 준비한다.

〈그림 7-21〉을 자세히 살펴보면 세력이 매수할 때와 매도할 때 거래량이 크게 늘어나는 것을 알 수 있다. 주가의 저점에서 거래량이 3~4개월에 한 번씩 크게 늘어나는 시점이 바로 세력이 매집하고 있다는 징후다. 세력이 저가에서 매집하는 시기에는 주기적으로 거래량이 3~5일간 급등하지만 이내 다시 줄어들고 주가도 크게 상승하지 않는다는 특징이 있다. 반면 거래량이 계속 증가하면서 주가도 상승하면 본격적인 상승 국면에 접어든 것이라고 볼 수 있다.

보통 일반 투자자는 거래량을 증가시키지 못한다. 그렇기 때문에 거래량 증가는 세력이 개입되었을 때 나타난다. 〈그림 7-21〉에서 노란색으로 표시된 것은 세력이 매수한 시점이고, 하늘색으로 표시된 것은 세력이 매도한 시점이다. 주가가 상승하면서 거래량이 급등하면 세력이 사는 시점이고, 주가가 하락하면서 거래량이 급등하면 세력이 파는 시점이다. 이렇게 거래량의 증감을 보고 세력의 매수 시점과 매도 시점을 알 수 있다.

만약 세력이 사는 종목을 매매하고 싶다면 거래량을 보고 판단해야 한다. 특히 세력이 매도할 때 조심해야 한다. 〈그림 7-21〉에서 하늘색으로 표시한 거래량이 나온 시점에서 세력은 매도했다. 즉 주식을 팔고 나간 것이다. 세력이 매도한 후에 매수하면 손해는 불가피하다. 그런데 세력이 매도할 때쯤 주가 흐름과는 반대로 좋은 공시나 소문이 많이 돌기 때문에 개인투자자들은 이때 매수하는 경우가 많다. 하지만 이러한 공시나 소문은 세력이 보유 물량을 매도하기 위한 작전일 수 있으므로 이때는 절대 매수하면 안 된다.

【거래량과 세력의 관계】

〈1〉 거래량 단기 급증 + 주가 보합 : 세력의 분할 매수 기간(매집 기간) → 관망 관점
〈2〉 거래량 증가 + 주가 상승 : 세력이 본격적으로 주가를 상승시키는 시기 → 매수 관점
〈3〉 거래량 단기 급증 + 장대 음봉 : 세력이 이탈하는 시점 → 적극 매도
〈4〉 장대 음봉 이후 거래량 감소 : 세력 완전 이탈, 개인만 남은 상태 → 매도 관점

거래량이 집중되면 힘이 세다

금은방에서 금반지 1개가 평소에 10만 원이었다고 가정하자. 그리고 평소에 금반지를 찾는 사람은 100명이었다. 그런데 금반지를 사려고 하는 사람이 어느 날부터 120명으로 늘어났다. 사려는 사람이 늘자 금반지값이 12만 원으로 올라갔다. 이 상황에서 만약 금반지를 사려는 사람이 500명까지 늘어난다면 금반지값은 얼마나 오를까? 120명으로 늘어났을 때와 같이 12만 원일까? 아니면 20만 원 이상일까? 당연히 공급보다 수요자가 많아졌으니 20만 원 이상이 될 것이다.

주식도 마찬가지다. 주식을 사려는 사람이 조금 많아지면 주가가 조금 올라간다. 반면 사려는 사람이 엄청 많아지면 주가도 엄청 올라간다. 이것은 바로 거래량으로 나타난다. 주식을 사려는 사람이 많으면 거래량이 늘어나기 때문이다. 거래량의 정도에 따라 주가가 얼마나 크게 오를지를 예상할 수 있다.

〈그림 7-22〉에서 보는 바와 같이 거래량의 집중이 적었던 때는 주가가 크게 상승하지 못했던 반면, 거래량이 집중된 노란색 부분은 주가가 큰 폭으로 상승한 것을 알 수 있다. 그리고 거래량이 집중된 부근의 주가는 지지선 역할을 한다. 〈그림 7-22〉를 보면 거래량이 집중된 곳에서 장대 양봉 3개가 연속 나왔다. 그 이후 음봉 3개가 나왔지만 양봉 밑으로 떨어지지 않고 지지를 받다가 결국 다시 장대 양봉으로 더 크게 올라가는 것을 볼 수 있다. 주가가 상승하는 중에 거래량이 집중되면 그

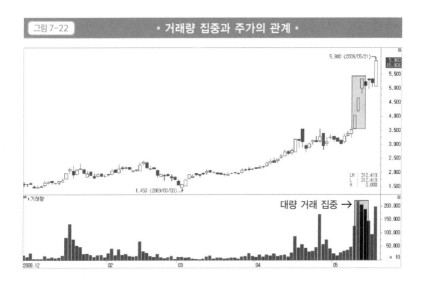

그림 7-22 • 거래량 집중과 주가의 관계 •

가격대에 매수 세력이 매우 강한 것을 의미하므로 강력한 지지 역할을 하게 된다.

【거래량 집중과 주가의 관계】

〈1〉 거래량이 집중되어 있지 않고 분산되어 있는 경우 → 매수 세력 약세
〈2〉 대량 거래 1회 집중 + 양봉 → 주가의 약한 상승
〈3〉 대량 거래 3회 이상 집중 + 양봉 → 주가 급등, 향후 지지선 역할

주가 위치를 활용한 매매법

주식은 싸게 사서 비싸게 팔아야 한다. 그런데 여러 분석 방법으로 싸다고 생각해서 샀는데 더 떨어지는 경우도 있고, 충분히 올랐다고 생각해서 팔았는데 더 올라가는 경우도 있다. 이는 주가에도 속임수가 있기 때문이다. 개인투자자가 주식투자로 실패하는 것은 많은 경우 주가의 속임수에 당하기 때문이다. 주식은 주가 위치에 따라서 매매 여부에 신중을 기해야 한다. 주식을 살 때 혹은 팔 때 주가차트를 보고 매매 시점이 주가의 고가권 부근인지 저가권 부근인지를 꼭 살펴야 한다는 말이다.

〈그림 7-23〉을 보자. 주가의 과거 추이를 보면 현재 시점이 고가권인지 저가권인지 쉽게 알 수 있다. 고가권에서는 양봉도 가짜 양봉이 많고, 가짜 골든크로스가 발생하는 경우가 많다. 따라서 고가권에서는 장대 양봉이 나온다고 해도 주가차트상 고가권 부근이면 매수하지 않

• 고가권의 골든크로스와 데드크로스 •

- 고가권 골든크로스 : 매도 준비(지지선 이탈시 매도)
- 고가권 데드크로스 : 적극 매도

는 것이 낫다. 골든크로스가 발생해도 고가권이면 매수할 것이 아니다. 이미 주식을 보유하고 있는 상태라면 고가권의 골든크로스를 보고 무조건 장기 보유한다는 생각보다 지지선이 이탈하면 매도한다는 준비를 해야 한다. 고가권에서 데드크로스가 나올 때는 당연히 적극 매도 관점이다. 또 고가권에서는 골든크로스도 가짜일 가능성이 많기 때문에 무작정 매수 관점으로 보아서는 안 된다.

거래량도 마찬가지다. 바닥권에서 대량 거래가 나오는 경우는 주가 상승의 징후다. 그러나 고가권에서 대량 거래가 나오면 주가 하락의 징후다. 따라서 바닥권에서의 대량 거래가 나오면 매수 관점, 고가권에서의 대량 거래가 나오면 매도 관점으로 봐야 한다.

그림 7-24

• 거래량과 속임수 •

- 바닥권 대량 거래 + 양봉 : 주가 상승 신호
- 고가권 대량 거래 + 음봉 : 주가 하락 신호
- 고가권 데드크로스 : 적극 매도

그림 7-25

• 매매기준 총정리 •

구분	매수 기준	매도 기준
추세	▪ 상승추세선의 양봉에서 매수한다. ▪ 횡보추세에서 박스권 상단을 상향 돌파하면 매수한다.	▪ 상승추세선 하향 돌파 시 매도한다. ▪ 횡보추세에서 박스권 하단을 하향 돌파하면 매도한다.
이동 평균선	▪ 우상향, 정배열, 골든크로스일 때 매수한다. ▪ 이동평균선 수렴 후 주가가 상승하면 매수한다.	▪ 우하향, 역배열, 데드크로스일 때 매도한다. ▪ 이동평균선 수렴 후 주가가 하락하면 매도한다.
거래량	▪ 거래량이 증가하면서 주가가 상승하면 매수한다.	▪ 거래량이 증가하면서 주가가 하락하면 매도한다.
캔들	▪ 장대 양봉에서 매수한다. ▪ 아랫꼬리가 긴 양봉에서 매수한다.	▪ 장대 음봉에서 매도한다. ▪ 윗꼬리가 긴 음봉에서 매도한다.
주가 위치	▪ 과거 주가 추이를 분석하여 바닥권에서 매수한다. ▪ 전고점 상향 돌파 시 매수한다.	▪ 과거 주가 추이를 분석하여 고가권에서 매도한다. ▪ 전저점 하향 돌파 시 매도한다.

내게 맞는 매매기준 찾기

앞에서 5가지 매매기준에 대하여 알아보았다. 마음에 드는 매매기준이 보이는가? 이 중 하나를 자신의 매매기준으로 설정하기 바란다. 주식 공부를 하지 않았다면 이동평균선이니 캔들과 같이 주식차트와 관련된 용어들이 생소할 수도 있다. 그렇다면 지금 당장 차트 분석에 관한 공부부터 시작해야 한다. 당신이 공부를 해야 하는 이유는 당신 스스로 매매기준을 정하고 그에 따라 매매를 하기 위함이기도 하지만, 당신이 주변의 도움을 받을 때도 그러한 공부는 반드시 필요하다.

예를 들어 당신이 이용하는 증권사 직원에게 어떤 종목을 언제 사야 할지 물었다고 하자. 그러면 그 직원은 추세가 어떻고 이동평균선이 어떻고 캔들이 어떻고 하면서 설명을 할 것이다. 그런데 그 상황에서 당신이 그런 용어들을 이해할 수 없다면 무슨 소용이겠는가? 당신이 증권사 직원이든 전문가든 누군가에게 질문을 했다면, 당연하게도 답변하는 사람의 말을 이해할 수 있어야 한다. 이것은 기본이다. 대충만 알고 그 속뜻을 정확히 모른다면 질문의 의미가 없다. 질문에 대한 답은 당신이 충분히 이해할 때 의미 있는 것이다.

적어도 기초적인 공부를 해 놓아야 전문가의 조언도 이해할 수 있고, 스스로 매매기준을 세울 수 있게 된다. 또 어느 전문가의 조언이 나에게 맞고, 어느 전문가의 말이 나에게 맞지 않는지 판단할 수 있다. 다시 한번 지금까지의 내용을 정리해 보자. 중요한 것은 첫째, 일단 자신만의 매매기준을 세워야 한다는 것이다. 매매기준은 단순해도 좋다. 예컨대 주가가 '60일 이동평균선을 상향 돌파하면 매수하고(매수 기준), 하향 돌파하면 매도한다(매도 기준)'라고만 정해도 된다. 굳이 전문가들처럼 복잡하고 현란하게 할 필요가 없다. 둘째, 매매기준대로 실천할 수 있어야 한다. 아무리 좋은 매매기준이라도 지키지 않으면 말짱 도루묵이다. 반면 아무리 단순하고 보잘것없는 매매기준이라도 이를 지키면 가장 훌륭한 것이 된다.

실전 매매에서 고수와 하수의 기준은 매매기준대로 하느냐 마느냐에 달려 있다고 해도 과언이 아니다. 아무리 주식투자 경험이 많은 사람이라도 매매기준이 없으면 하수다.

20년 동안 주식에 투자했던 오 사장은 주식에 대하여 아는 것이 많다. 내가 모르는 주식에 대해서도 많은 정보를 알아내고 여러 사람에게 알려주기도 했다. 그리고 주식투자에 대한 지식도 상당하다. 전문 용어를 써 가며 현란하게 설명할 줄도 안다. 그러나 오 사장은 20년 동안 주식투자로만 10억 원 이상을 날렸다. 오 사장이 그렇게 된 결정적인 이유는 그에게 매매기준이 없다는 것이다. 그는 쓸데없는 곳에 너무 많은 시간을 쓴다. 그리고 이미 주식을 사 놓고 나서 앞으로 시장이 좋을까 나쁠까를 판단한다. 매일매일 미국 증시를 보면서 오늘 팔아야 하는가 말아야 하는가를 걱정한다. 매수한 종목과 상관없는 업종과 종목에 대하여 연구한다. 심지어는 다른 사람의 투자 내용을 가지고 잘했느니 못했느니 자기가 전문가인 양 떠들어댄다.

투자 고수들은 오 사장과 같은 사람을 보면 속으로 이럴 것이다. '그래서 뭐가 어쨌다고? 너나 잘하세요!' 아무리 좋은 정보를 가지고 있어도, 아무리 좋은 주식에 투자해도, 아무리 오랫동안 주식투자 경험이 있어도, 매매기준 없이 투자하면 실패한다고 봐도 무방하다. 반면 투자의 고수는 자기가 관심 있는 종목에만 집중하고, 자신의 매매기준을 철저하게 지켜나간다.

때문에 증권사 직원이나 투자전문가로부터 어떤 종목을 추천 받았다면 그 추천자의 매매기준을 물어볼 필요가 있다. 그리고 자신의 매매기준과 비교해 본 후, 합당하다고 생각하면 투자할 만하다. 그러나 자신의 매매기준에 부합하지 않거나, 너무 동떨어져 있다면 시간 낭비하지 말고 떨쳐버려야 한다. 평양 감사도 제 하기 싫으면 그만이다. 주식투자도 자기 기준에 맞지 않는 것을 전문가가 좋다고 하거나 추천한다고 해서 무작정 따라할 일이 아니다. 그렇게 무작정 따라 하면 오히려 손해를 보게 된다. 주식투자만큼 '무작정 따라 하기'가 위험한 투자는 없다. 좋은 성과는 자기의 매매기준에 따라 매매할 때 소리 없이 나타난다.

전문가의 '추천 종목'을 '무작정 따라 하는 것'은 결코 바람직하지 않다. 그러나 전문가의 '투자기준과 원칙'을 '무작정 따라 하는 것'은 투자자로서 꼭 거쳐야 하는 과정이다. 주식투자의 전문가도 처음부터 전문가는 아니었다. 그들도 처음에는 워런 버핏이나 피터 린치 같은 투자전문가의 '투자기준과 원칙'을 따라 하면서 이룬 것이다.

여덟 번째 공식

◇

자금관리를
통해 이익을
두 배로 늘려라

고민자 씨는 자신이 투자한 주식이 반토막이 났다며 눈물을 흘리며 전문가를 찾아왔다.

전문가 : 안녕하세요. 무슨 일로 그러시나요?

고민자 : 남편의 명퇴금으로 증권사 직원이 추천한 H 종목을 샀어요. 그런데 지금 반토막입니다. 남편의 명퇴금인데 남편에게 얘기도 못 하고 죽을 지경입니다.

전문가 : 주식투자는 언제부터 하셨나요?

고민자 : 작년 주가가 크게 상승할 때 시작했으니까 1년 정도 됐죠.

전문가 : 그전에는 어디에 투자했는데요?

고민자 : 상호저축은행 예금에 넣어놨었지요.

전문가 : 그런데 왜 주식에 투자했어요?

고민자 : 다들 주가가 크게 오른다고 해서…

전문가 : 주식투자로 손해를 보게 된다면 어느 정도까지 속상하지 않고 견딜 수 있나요?

고민자 : 손해요? 손해 보려고 투자하는 사람이 어디 있어요?

전문가 : 주식에 투자하면 손해 볼 수 있다는 것, 모르시나요?

고민자 : 그거야 알죠. 하지만 작년에는 워낙 시장이 좋다고 하니까 올라갈 줄만 알았죠.

전문가 : 그래도 주식은 위험하니까 어느 정도까지 손해를 볼 수도 있잖아요.

고민자 : 그렇긴 한데… 손해를 볼 수도 있다는 생각은 했지만, 이렇게 많은 손실이 날 거라고는 생각하지 않았어요.

전문가 : 만약 바로 지금 H 종목에 투자했는데 투자하자마자 손실이 났다고 가정해 보세요. 고민자 씨께서는 어느 정도 손실이 나면 스트레스를 받을 거 같나요?

고민자 : 조금이라도 빠지면 스트레스받지요. 돈이 깨지는데… 더욱이 남편 명퇴금이거든요.

전문가 : 고민자 여사님, 양고기 좋아하세요?

고민자 : 갑자기 양고기는 왜요? 양고기는 싫어해요.

전문가 : 만약 어떤 요리 전문가가 양고기가 영양가도 높고 맛도 좋다며 먹으라고 하면 먹을 수 있어요?

고민자 : 저는 고기류는 냄새가 나서 좋아하지도 않구요. 그래서 잘 안 먹어요.

전문가 : 요리 전문가가 고기 냄새도 없애고 영양가가 좋다고 하는데도 안 먹을 건가요?

고민자 : 그래도 싫어요. 생선이라면 몰라도.

전문가 : 주식은 크게 손실이 날 수도 있는데 스트레스 없이 할 만하다고 생각했나요?

고민자 : 크게 이익이 날 줄 알았지, 이렇게 깨질 줄 알았나요.

전문가 : 양고기는 영양가가 매우 좋고 냄새를 없애도 싫다고 했지요?

고민자 : 그래요. 내 입맛에 맞지 않거든요.

전문가 : 투자도 마찬가지입니다. 자신의 투자 입맛에 맞지 않는 것이 있지요. 그 런데 고민자 여사님은 투자 입맛에 맞지 않는 것에 충동적으로 손을 댄 것입니다. 마치 양고기가 입맛에 안 맞는데 억지로 먹은 것과 마찬가지 죠. 입맛에 맞지 않으면 설령 양고기라는 사실을 모르고 먹었더라도 양 고기라는 것을 아는 순간 바로 먹지 않았겠지요? 주식투자도 마찬가지 입니다. 고민자 씨께서는 주식투자가 손실이 크게 날 수 있는 투자라는 것을 생각하지 않았다는 게 첫 번째 잘못이고, 손실이 날 수도 있다는 사실을 알면서도, 그래서 계속 손실이 쌓여가는 상황에서도 손을 떼지 못했다는 것이 두 번째 실수입니다.

고민자 : 맞아요. 지금 생각하면 내가 왜 그랬는지 모르겠어요.

주식투자의 성공과 실패에 대한 책임은 누구에게 있는가? 바로 '나' 자신에게 있다. 전문가가 추천해 준 주식이 깡통이 되었다고 해서, 혹 은 PB가 찍어준 펀드가 반토막이 되었다고 해서 전문가나 PB를 탓하기 전에 먼저 '나'를 되돌아보아야 한다. 왜냐하면 추천 상품이 모두 '나'에 게 맞는 것은 아니기 때문이다.

만약 원금이 깨지는 것을 죽도록 싫어한다면 원금 보장형 상품에 가 입하는 것이 맞다. 수익에 눈이 멀어 고위험 상품에 가입하는 것은 먹 기 싫어하는 양고기를 충동적으로 먹는 것과 하나도 다르지 않다. 만약 손실을 감수할 수 있는 정도가 -20% 정도라면 그 정도 위험에 맞는 상품이 적당하고, 그 손실 범위를 넘어서면 바로 손절매하는 것이 현명하다. 그런데 대부분의 개인투자자들은 자신의 위험 감수 수준을 파악하지 않은 채 투자하는 것이 일반적이다. 그래서 투자하다가 손실이 나면 막연히 원금이 될 때까지 기다리다가, 본의 아니게 장기투자로 가게 되는 경우가 많다. 하지만 원금이 언제 회복될지는 아무도 모를 일이다.

손실 방지를 위한 자금관리 5원칙

이제 마지막으로 당신이 답해야 할 것이 있다. 그것은 바로 손실이 났을 때의 대응 방안이다. 매매기준과 매매 방법이 사람마다 다르듯이 손실에 대한 대응 방법도 어떤 정해진 완벽한 규칙이 있는 것이 아니라 투자자마다 다르고 자신에게 맞는 방법을 선택해야 한다. 어느 방법이 맞고 어느 방법이 틀린 것도 아니다. 이 장에서는 투자 고수들이 사용하고 있는 손실 대응 전략 몇 가지를 소개할 것이니 가장 자신에게 맞는 방법을 찾기 바란다.

첫째, 목표 수익률과 손절매 기준을 수치로 정하라

목표 수익률 관리법

가장 간단한 방법은 주식을 매수하기 전에 목표 수익률과 손절매 기준을 수치로 정하는 것이다. 예컨대 LG전자를 10만 원에 사면서 '20%

올라가면 팔고, 10% 떨어지면 손절매한다'고 미리 정해 놓는 것이다. 이것이 이른바 목표 수익률 관리법이다.

자기만의 기준을 정해 놓고도 철저히 지키기란 그리 쉽지 않다. 대부분의 주식 초보는 처음에 이런 기준을 만들어 놓고도 지키지 못한다. 특히 손실이 나게 되면 10% 떨어져도 팔지 못하고 반토막이 되어서야 '10% 깨졌을 때 바로 손절매 했어야 하는데…' 하면서 뒤늦은 후회를 한다. 만약 그런 경험이 있다면 매일매일 시세판을 보지 말고 매매를 증권사 직원에게 맡겨라. 다만, 자신의 목표 수익률과 손절매 기준을 명확히 알려주고 그대로 매매하라고 강력하게 지시해야 한다. 그것이 매매 수수료는 좀 더 들지 모르지만 큰 손실을 막는 가장 효과적인 방법이다.

50대의 김 사장은 자신의 목표 수익률과 손절매 기준을 자녀에게 알려주고 그 기준대로 매매하게 하였더니 자신이 직접 매매한 것보다 훨씬 높은 수익을 냈다고 했다. 그는 만약 자신이 직접 매매했다면 틀림없이 그 기준을 지키지 못했을 것이라고 실토했다. 이런 이유로 주식투자에 대한 기준을 세워 놓고도 잘 지키지 못할 것 같은 사람은 증권사 직원에게 맡기는 것이 훨씬 낫다. 이렇게 하면 자기 기준만 확실히 알려주고 자신은 그냥 즐기면 된다.

다만, 이런 상황이 발생할 수도 있다. 목표 수익률에 도달하여 매도했는데 그 후 주가가 계속 오르는 것이다. 예컨대 A 종목을 사면서 20% 수익이 나면 매도하기로 기준을 정했다. 그런데 운이 좋아서 생각보다 빨리 목표 수익률에 도달해서 팔았다. 그런데 그 이후에도 A 종목의 주가가 계속 올라 100% 상승했다. 결국 팔지 않으면 100% 수익을 낼 수도 있는 것을 20%밖에 못 먹은 결과가 된 것이다. 정말 화가 날 만한 일이다. 하지만 그래도 후회하거나 아쉬워해서는 안 된다. 그 이후 상승은 내 몫이 아니라고 생각해야 한다. 그래도 좀 찜찜한가? 그렇다면 아래의 방법을 참고해 보라.

　A 주식을 사면서 목표 수익률 20%, 손절매 기준 -10%라는 매도 기준을 설정했다고 하자. 1년 후 20% 수익을 달성했다. 목표 수익률 20%를 달성했으니 미리 설정된 매도 기준에 따라 팔아야 한다. 그런데 앞으로 더 올라갈 것 같다. 이러한 전망이 예상된다면 그 주식의 추세를 보고 판단하라. 그 시점에서 그 주식의 추세가 상승추세(저점이 점점 올라가는 경우)이면 기존의 목표 수익률과 손절매 기준에 20%를 더하여 매도 기준을 재설정한다. 그리하면 재설정된 목표 수익률은 40%, 손절매 기준은 +10%가 된다(여기서 목표 수익률과 손절매 기준가는 최초의 매입가이다). 만약 운이 따라줘서 주가가 더욱더 상승하여 재설정한 목표 수익률 40%도 달성했다고 하자. 그러면 40% 수익을 낸 시점에서도 그 주식의 추세가 상승추세인지 다시 판단해 보도록 한다. 만약 계속해서 상승추세일 것이라고 판단이 되면 재설정했던 목표 수익률과 손절매 기준을 20% 또 올린다. 그러면 이제 또다시 설정된 목표 수익률은 60%가 되고, 손절매 기준은 +30%가 된다. 주식이 상승추세를 지속하고 있다면 이런 식으로 목표 수익률과 손절매 기준을 동시에 높여 나

가면 된다. 그리고 손절매 기준 밑으로 떨어지지 않는 한도 내에서 장기 보유하면 된다. 단, 재설정된 손절매 기준에 다다를 경우 꼭 매도하고 나와야 한다는 점은 반드시 지켜야 한다.

손절매는 2보 전진을 위한 1보 후퇴

주가는 항상 오르기만 하는 것이 아니라 떨어지기도 한다. 그런데 우리나라 사람들은 일반적으로 원금이 깨지는 것에 대해 굉장한 거부감을 가지고 있어서 손절매를 제대로 하지 못한다. 본전 생각 때문에 손절매를 제대로 하지 못하는 상황에서 하수는 원금이 되면 팔겠다고 결심한다. 하지만 본전이 언제 될지는 아무도 모른다. 하지만 고수는 자신의 예측과 다르게 주가가 움직이면 일정 시점에서 미련 없이 손절매한다. 손절매는 2보 전진을 위한 1보 후퇴라는 것을 그는 잘 알고 있기 때문이다.

원금과 관련하여 생각해봐도 손절매는 아주 중요하다. 예컨대 원금의 10%가 손실 나면 그 시점에서부터 11%의 수익을 내야 원금이 되고, 원금이 반토막 되면 그 시점에서부터 100% 수익이 나야 원금이 된다. 원금이 90% 깨지면 무려 900%의 수익을 내야 원금이 된다.

주식투자를 해 보지 않은 사람들은 어떻게 원금이 반토막 나도록 가만히 놔둘 수 있는지 의아해한다. 그러나 주식투자를 해 본 사람들은 대부분 겪는 일이다. 사람들은 일단 주식을 사면 올라갈 것을 기대한다. 그래서 원금이 깨지고 있는 상황에서도 내일은 오르겠지 하는 기대감으로 하루하루를 버틴다. 그러다가 결국 쪽박이 된다.

하지만 손절매를 잘하면 주식이 향후 저가가 되었을 때 더 싼 가격으로 더 많은 수량을 살 수 있는 기회를 가질 수 있다. 그래서 실제로 손실은 적게 내면서 더 큰 이익을 볼 수 있게 된다. 그러나 제때 손절매하지 못한 경우에는 주가가 더 많이 떨어져서 정말 부담 없이 살 만한 가격이 되었을 때는 현금 부족으로 발만 동동 구르게 된다.

주식투자를 잘하는 사람은 매수가와 비교해서 일정 수준으로 떨어지면 더 사려는 생각보다 손절매에 대한 생각을 먼저 한다. 반면 주식투자를 잘 못하는 사람은 매수가보다 떨어지면 평균 매수가를 낮추기 위해, 혹은 다시 오를지 모른다는 막연한 기대감으로 물타기를 하느라 현금을 다 소진하고 만다. 그리고 진짜 기회가 왔을 때는 현금이 없어서 대응하지 못한다. 하수와 고수는 주식투자에 성공했을 때도 차이가 있다. 주식투자의 고수는 겸허한 마음으로 성공을 자축하지만, 하수는 작은 성공도 과장하여 주위 사람에게 자랑한다.

증권사 직원이나 전문가의 추천으로 주식을 매수하려 한다면 마지막으로 물어봐야 할 게 있다. "만약 손실이 날 때는 어떻게 대응하느냐?"가 그것이다. 어느 증권사 직원도 떨어질 것 같은 주식을 추천하지는 않는다. 하지만 주식이란 것이 너무나 변화무쌍하여 아무리 잘 골라도 예상과 다르게 떨어질 수 있다. 이 때문에 증권사 직원이든 전문가든 예상과 달리 떨어졌을 때 어떤 대응 전략을 가지고 있는지 반드시 물어봐야 한다. 그리고 그 전략이 당신이 생각하고 있는 전략과 일치하는

지 따져 봐야 한다. 만약 일치하지 않거나 당신의 생각과 너무 동떨어져 있다면 맡기는 것을 재고할 필요가 있다.

이러한 기준도 없이 증권사 직원이 추천한 종목이 떨어졌다고 그를 비난할 필요가 없다. "당신 말만 믿고 투자했는데 깨졌으니 원금까지 배상하라"고 우기는 사람도 있지만 그렇게 말하는 건 "나는 아무 생각 없이 당신에게 돈을 맡겼다"는 것과 하나도 다르지 않다. 증권사 직원을 두둔하고자 하는 게 아니라 이러한 사람은 주식에 투자할 자격이 없다고 말하기 위함이다. 이런 식으로 주식에 투자하는 것보다는 차라리 하지 않는 게 낫고, 오히려 은행의 안전한 예금에 돈을 넣어두는 것이 정신적으로나 물질적으로나 훨씬 이롭다.

둘째, 투자 금액을 정하고 그 이상을 넘지 마라

자신이 감당할 수 있는 손실 금액을 미리 정하는 것에도 간단한 방법이 있다. 예컨대 1,000만 원으로 주식에 투자하는데 최대 200만 원의 손실까지는 감수할 수 있다고 하면 그 수준을 손절매 기준으로 잡는 것이다. 이 또한 자신이 지킬 수 없을 것 같으면 증권사 직원에게 맡기는 것이 낫다. 개인투자자 입장에서는 손실에 대한 대응 방법을 펀드매니저처럼 복잡하게 만들 필요는 없다. 자기가 지킬 수 있도록 가장 간단하고 쉽게 만드는 것이 누구의 것보다 최고의 방법이 된다.

여유 자금 1억 원이 있다면 주식에 얼마나 투자하는 것이 좋을까? 이는 사람마다 다를 것이다. 공격적인 사람은 보수적인 사람보다 그 액수가 클 것이다. 중요한 것은 공격적인 투자자이든 보수적인 투자자이든 그 기준은 있어야 한다는 것이다. 가장 나쁜 선택은 아무런 기준도 없이 주식에 투자하는 것이다. 이는 마치 직장인이 월급을 받아 아무 생각 없이 소비하는 것과 같다. 주식투자 비중에 대한 자신만의 명백한 기준이 없다면 〈그림 8-1〉을 기준으로 판단하기 바란다. 주식투자 비중을 결정하는 데는 다음과 같은 기준을 참고해서 정하면 된다.

첫째, 자신의 투자성향에 따라서 투자 비중을 조절하는 방법이다. 조금이라도 손실 나는 것이 싫은 위험회피형 투자자라면 여유 자금 1억 원 중 1,000만 원 이내로 투자하라. 그렇게 하면 주식투자로 쪽박을 찬다 해도 전체 여유 자금의 90% 이상을 유지할 수 있다.

위험중립형이라면 1억 원 중 5,000만 원 이하, 위험선호형이라면 1억 원 중 9,000만 원 이하로 투자하기를 권한다.

둘째, 나이에 따라 투자 비중을 정하는 '100 – 나이' 이론이 있다. 100에서 자신의 나이를 뺀 것이 자신에게 가장 적합한 주식투자 비중이 된다는 것이다. 만약 당신이 30세라면 1억 원 중 최고 7,000만 원까지

그림8-1	•주식투자 비중을 결정하는 기준•		
구분	개인별 투자 비중		시장별 투자 비중
	투자성향별	나이별	
기준	위험 감수 수준	100 – 나이	시장 상황
	위험회피형 10% 이하 위험중립형 50% 이하 위험선호형 90% 이하	30대 70% 이하 40대 60% 이하 50대 50% 이하	약세장 30% 이하 횡보장 50% 이하 강세장 70% 이상

(100 - 30 = 70%), 60세라면 최고 4,000만 원까지만 주식에 투자하라는 것이다(100 - 60 = 40%). 아직 돈을 벌 수 있는 시간과 기회가 많은 젊은 사람일수록 공격적으로 투자해도 되지만, 경제적으로 성장할 기회가 적은 나이 든 사람들은 보수적으로 투자해야 한다는 것이다.

셋째, 시장 상황에 따라 주식투자 비중을 결정할 수도 있다. 하락추세(약세장)에서는 주식투자 비중을 30% 이하로, 횡보추세에서는 50% 이하, 상승추세에서는 70% 이상 투자하는 것이다.

만약 당신에게 주식투자 비중에 대한 기준이 없다면 앞서 제시한 3가지 방법 중 하나를 선택하라. 3가지 방법을 모두 고려하여 투자 비중을 정해도 된다. 예컨대 당신이 위험선호형이고 나이는 35세, 현재 시장 상황은 횡보장이라고 가정하자. 3가지 기준을 모두 고려한다면 당신의 주식투자 비중은 다음과 같이 계산될 수 있다(3가지 방법에 의한 투자 비중의 교집합을 선택하는 것이다).

당신은 투자성향 기준으로 볼 때 90% 이하, 나이 기준으로 볼 때 65% 이하, 시장 상황으로 볼 때 50% 이하의 투자 비중을 설정할 수 있다. 이 3가지 기준의 교집합은 50% 이하가 된다(가장 낮은 것을 선택하는 것이다). 따라서 당신이 1억 원의 여유 자금이 있다면 5,000만 원 이하로 투자하면 된다. 이는 반드시 5,000만 원을 투자해야 적합하다는 의미는 아니다. 5,000만 원 이하이므로 100만 원만 투자해도 적합한 투자를 한 것이다. 0~5,000만 원까지는 어떤 금액이든 적합한 것이나 5,000만 원을 초과해서는 안 된다는 것을 의미한다.

셋째, 종목의 분산과 집중에 유연하게 대처하라

손실을 방지하는 세 번째 방법은 처음에는 종목을 분산했다가 상황에 따라 종목을 집중하는 방법이다. 예컨대 3종목을 매수했는데 그 이후 한 종목은 상승, 한 종목은 횡보, 한 종목은 하락했다고 하자. 그러면 하락한 종목을 손절매하여 상승한 종목에 추가 투자하는 것이다. 그런데 주식 초보자들은 반대로 행동하기 일쑤다. 하락한 종목은 본전 생각에 손절매하지 못하고, 상승한 종목은 수익이 났다는 기쁨에 매도를 해서 이익을 현금화시키는 것이다. 하지만 이렇게 해서는 좋은 수익을 거둘 수 없다.

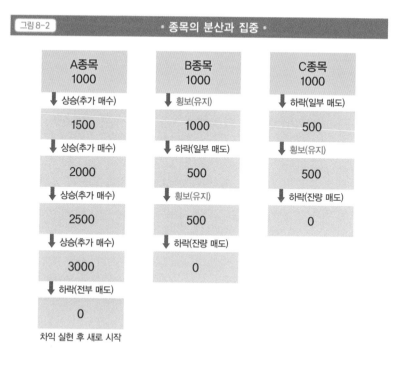

그림 8-2 ・ 종목의 분산과 집중 ・

A종목 1000	B종목 1000	C종목 1000
↓ 상승(추가 매수)	↓ 횡보(유지)	↓ 하락(일부 매도)
1500	1000	500
↓ 상승(추가 매수)	↓ 하락(일부 매도)	↓ 횡보(유지)
2000	500	500
↓ 상승(추가 매수)	↓ 횡보(유지)	↓ 하락(잔량 매도)
2500	500	0
↓ 상승(추가 매수)	↓ 하락(잔량 매도)	
3000	0	
↓ 하락(전부 매도)		
0		
차익 실현 후 새로 시작		

주식은 잘 가는 종목이 더 잘 간다. '달리는 말에 올라타라'는 주식 격언이 괜히 있는 게 아니다. 그래서 주식의 고수는 수익이 난 종목과 손실이 난 종목 중 손실이 난 종목을 손절매하여 손해를 확정시키고 수익이 나고 있는 종목을 더 산다. 그런데 주식의 하수는 수익이 난 종목을 팔아 손실이 난 종목을 더 산다. 손해를 만회해보겠다는 심정으로 그렇게 하는 것인데, 이런 행동은 결국 손해를 더 키울 뿐이다.

넷째, 타이밍 분산(분할투자)으로 큰 손실을 피하라

손실을 방지하는 네 번째 방법으로 적립식펀드와 같이 매월 특정일에 일정액씩 특정 주식을 매수하는 방법이 있다. 예컨대 목돈 2,400만 원이 있는데 정수기업체 코웨이 주식을 매월 100만 원어치씩 2년 동안 사는 것이다. 이렇게 사면 한꺼번에 지르는 것이 아니므로 투자 초기에 주가가 아무리 많이 빠져도 걱정할 게 없다. 투자 초기에는 더 싸게 매수할 여유 자금이 많이 남아 있기 때문이다. 반면에 단점이라면 주가가 1년 6개월 동안 오르다가 내리기 시작하여 결정적으로 2년쯤 되었을 때 대폭락하면 손실이 날 수도 있다는 것이다. 하지만 적립식 분할 매수 방식으로 투자하는 사람들은 일반적으로 큰 손실이 없다. 매월 나누어 사면 매수한 평균 단가가 낮은 경우가 많기 때문이다. 이 방법은 주식 투자에 시간을 할애하기 힘든 직장인이나 매매 타이밍을 잘 잡지 못하는 사람들에게 아주 좋은 방법이다. 분할 매수 기법에는 '물타기 전략'과 '피라미딩 전략'이 있다.

물타기 전략은 평균 매수 단가를 낮추어가는 전략으로 주가가 떨어질 때 더 사는 방법이다. 이 전략이 성공하면 대박이 나지만, 실패하면 손실이 커질 수도 있다. 반면 피라미딩 전략은 평균 매수 단가를 높여가는 전략으로 주가가 올라갈 때만 매수하는 방법이다. 이 전략은 주가가 올라갈 때만 사기 때문에 큰 손실이 날 가능성은 적으나 비싸게 매수한다는 점이 단점이다.

'매수는 거북이처럼, 매도는 토끼처럼' 하라는 증시 격언이 있다. 그런데 대부분의 개인투자자는 이와 반대로 한다. 매수는 신속하게 한다. 마치 지금 안 사면 더 비싼 가격에 살 것 같아 더 오르기 전에 빨리 사려고 하는 것이다. 반면 매도는 늦게 한다. 수익을 더 내고자 하는 탐욕 때문에 매도 결정을 무작정 늦추는 경우도 있고, 손실이 나서 원금이 될 때까지 매도를 늦추는 경우도 있다. 개인투자자의 이러한 습관은 이익이 나더라도 그 폭을 줄이거나 손실이 난다면 손실을 더 키우게 할 뿐이다.

그림8-3	• 분할 매수 기법의 유형 •	
구분	**물타기 전략**	**피라미딩 전략**
의미	▪ 평균 매수 단가를 낮추어 가는 전략	▪ 평균 매수 단가를 높여 가는 전략
장단점	▪ 성공하면 큰 수익이 나지만 실패하면 큰 손실이 난다.	▪ 실패할 확률이 적지만 비싸게 매수하게 된다.
전략	▪ 분할 매수 횟수를 늘린다. ▪ 지지가 확인되면 잔액 올인 ▪ 지지가 붕괴되면 손절매	▪ 상승추세에서 활용한다. ▪ 눌림목 또는 직전 고점 돌파 시 분할 매수 ▪ 지지가 붕괴되면 매도

그림 8-4

매수법	상황	분할 매수 비중
3단계 분할 매수법	점진적 상승	20% → 30% → 50%
	박스권 상향 돌파	40% → 20% → 40%
4단계 분할 매수법	점진적 상승	10% → 20% → 30% → 40%
	박스권 상향 돌파	20% → 20% → 20% → 40%
다단계 정액 분할 매수법	추세 모를 때	20% → 20% → 20% ··· 10% → 10% → 10% ···

· 매수는 천천히 ·

천천히 매수하는 방법은 간단하다. 한 번에 몰빵하지 않고 나누어 사면 된다. 무조건 나누어 사기만 한다고 천천히 매수하는 것은 아니다. 예를 들어 1억 원을 투자하는데 9시에 4,000만 원, 12시에 2,000만 원, 3시에 4,000만 원 투자했다면 하루 동안 1억 원을 몰빵한 거나 다름없다. 나누어서 투자한다는 것은 단순히 금액만 나누면 되는 것이 아니라 투자 시점도 나누는 것이다. 결국 천천히 매수한다는 것은 금액을 나누어 한 달, 석 달, 혹은 1년에 걸쳐서 분할 매수하는 것을 의미한다.

천천히 분할 매수할 때 분할투자 비중은 상황에 따라 다르다. 시장이 점진적으로 상승하면 분할 매수 금액을 늘리고, 추세가 잘 판단이 되지 않을 때는 정액으로 분할 매수하는 편이 낫다.

매도는 토끼처럼 신속해야 한다. 그렇다고 한꺼번에 무조건 100% 매도해야 한다는 부담을 가질 필요는 없다. 매도도 매수처럼 분할 매도가 유리한 경우가 있다. 특히 이익이 나고 있을 때는 여유를 갖는 게

그림8-5

상황	분할 매도 비중
고점 첫 장대 음봉	50% → (30%) → (20%)
고점 첫 데드크로스	70% → (30%)
하락추세	100%

• 매도는 신속하게 •

좋다. 왜냐하면 매도 후 더 상승하면 차익 실현을 했다 하더라도 배가 아프기 때문이다.

그러나 확실하게 시장의 하락추세가 보일 때는 100% 매도하는 것이 옳다. 하지만 상승추세가 하락추세로 전환되지 않은 상황이라면 분할 매도로 대응하는 것이 현명하다. 여기서 분할 매도는 천천히 매도하라는 의미가 아니다. 장대 음봉이나 데드크로스와 같은 하락 징후가 보이면 일단 50%~70% 정도를 분할 매도하고, 나머지는 시장 반전 여부에 따라 결정한다는 의미다.

다섯째, 계좌 관리를 효율적으로 하라

주식투자의 승률이 높아도 계좌 관리를 잘못하면 손실이 나기 십상이다. 주식투자에서 중요한 것은 승률이 아니라 수익률이다. 그래서 9승 1패로 승률이 좋아도 쪽박을 차기도 한다. 예컨대 1억 원으로 10번 투자해서 9번은 연속해서 5%씩 수익을 냈으나 마지막 한 번에서 50% 손실이 난다면 수익률은 결국 마이너스다. 1억 원이 9번 성공하여 1억

4,500만 원이 되었다가 순식간에 7,000만 원으로 쪼그라든 것이다. 이러한 상황은 탐욕이 앞서서 수익금에 대한 관리를 제대로 못했기 때문에 일어나는 경우가 많다. 이 때문에 승률이 아무리 좋아도 계좌 관리를 못하면 결국 투자금은 점점 줄어든다는 사실을 명심해야 한다.

수익이체 관리법

일단 번 돈은 따로 챙겨야 한다. 번 돈을 투자할 돈과 합쳐서 또 투자하면 손실이 날 경우 손실 규모가 더 커지기 때문이다. 수익금이 아무리 적은 금액이라도 안전한 계좌로 옮겨 관리해야 한다. 주식을 매매하여 차익을 실현하면 그 수익금은 즉시 별도의 CMA 계좌에 입금하는 방법이 있다. 주의할 것은 증권계좌와 함께 사용하는 CMA 계좌를 사용하는 것이 아니라 반드시 별도의 다른 계좌를 사용해야 한다는 점이다. 이렇게 수익금을 CMA 계좌에 쌓아 놓으면 두 가지 장점이 있다. 첫째는 수익금을 확실하게 챙길 수 있다는 점이고, 둘째는 분할 매수 재원으로 활용할 수 있다는 점이다. 계좌가 두 개 있어야 하고, 수익이 날 때

그림 8-6　　• 수익이체 관리법 •

마다 자금을 이체해야 해야 하는 번거로움이 있기는 하지만 주식 고수들은 이 방법을 많이 사용한다.

5 : 5 분할 관리법

이 방법은 일단 투자금 전체를 증권계좌와 예금계좌에 반반씩 나누어 넣어두는 것이다. 예컨대 1억 원 중 5,000만 원은 증권계좌에, 5,000만 원은 예금계좌에 넣어두고, 이 중 증권계좌에 있는 5,000만 원으로 주식투자를 한다. 그리고 주식투자로 이익이 날 때마다 그 수익금을 예금계좌로 이체한다. 그다음 6개월마다 다시 5 : 5로 나눈다. 만약 6개월 동안 이런 식으로 계속했더니 증권계좌는 5,000만 원, 예금계좌는 7,000만 원이 되었다고 하자. 그러면 이를 다시 5 : 5로 수정한다. 즉 예금계좌에서 1,000만 원을 빼내 증권계좌에 넣어 두 계좌를 모두 6,000만 원이 되게 하는 것이다.

반면 손실이 난 경우도 있을 수 있다. 예를 들어 처음 6개월 동안은 주식투자로 수익이 나서 증권과 예금계좌 모두 6,000만 원으로 늘어났

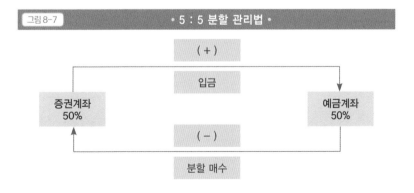

그림 8-7 　　　　　・ 5 : 5 분할 관리법 ・

는데, 그 후 증권계좌에서 3,000만 원 손실이 났다고 하자. 그러면 증권계좌는 3,000만 원, 예금계좌는 6,000만 원이 돼 있을 것이다. 그러면 이때 예금계좌에서 1,500만 원을 빼내 증권계좌에 넣어 두 계좌 모두 4,500만 원이 되게 하여 5:5를 만든다. 5:5 분할 관리법은 이렇게 일정 기간(6개월 혹은 1년)을 정해 놓고 증권계좌와 예금계좌를 똑같은 비율로 맞추는 것으로, 이는 몰빵을 방지하면서 손실위험을 감소시키는 방법이다.

재투자 관리법

이 방법은 증권계좌와 예금계좌에 각각 50%씩 자금을 넣어두고, 증권계좌에서 손실이 나면 예금계좌에서 자금을 인출하여 증권계좌에 추가 투자하고, 이익이 나면 이익금을 별도의 증권계좌인 ETF(209~211쪽 참조)에 재투자하는 방법이다. 즉, 예금계좌는 분할 매수 재원으로, 별도의 증권계좌는 이익금의 재투자용으로 활용하는 방법이다. 예컨

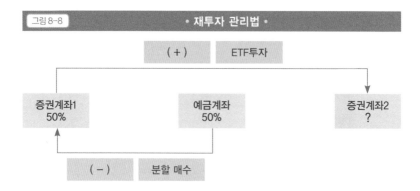

그림8-8 • 재투자 관리법 •

(+)　ETF투자

증권계좌1
50%

예금계좌
50%

증권계좌2
?

(−)　분할 매수

대 1억 원을 반으로 나누어 증권계좌에 5,000만 원, 예금계좌에 5,000만 원 넣어두었다고 하자. 그런데 3개월 후 증권계좌가 이익이 나서 7,000만 원이 되었다면 그중 2,000만 원을 별도의 증권계좌로 이체하여 KO-DEX200에 투자하는 것이다. 반면 3개월 후 증권계좌가 손실이 나서 3,000만 원이 되었다면 예금계좌에서 1,000만 원을 출금하여 증권계좌에 추가로 투자한다(증권계좌와 예금계좌를 5:5로 맞춘다).

재투자 관리법은 이익이 나든 손실이 나든 예금의 비중이 줄어들고 증권의 비중이 늘어난다. 그래서 수익 이체 관리법이나 5:5 분할 관리법보다 공격적인 투자법이다. 하지만 ETF로 재투자하는 것은 몰빵 투자가 아니라 분할투자다. 또 재투자가 장기화되면 적립식펀드와 유사한 투자방식이 된다. 따라서 위험은 줄이면서 고수익을 기대할 수 있다.

기간 분할 관리법

이 방법은 투자기간별 관리 방법이다. 일단 투자기간을 달리 설정한 3개의 증권계좌를 만든다. 예를 들어 제1계좌는 1개월 내외의 단기투자용, 제2계좌는 3~6개월 내외의 중기투자용, 제3계좌는 1년 이상의 장기투자용으로 활용한다. 이 방법은 투자기간별로 계좌를 관리하기 때문에 장기 자금 단기로 운용되지 않게 하는 효과가 있다.

예를 들어 당신이 1억 원을 투자금으로 가지고 있다고 하자. 기간 분할 관리법에 따르면 1억 원을 다음과 같은 식으로 쪼갠다. 단기 계좌에

4,000만 원, 중기 계좌에 3,000만 원, 장기 계좌에 3,000만 원. 여기서 단기 계좌는 시장 주도주, 테마주 중심으로 투자한다. 그리고 중기 계좌는 분기 실적을 중심으로 투자하고, 장기 계좌는 인덱스펀드나 ETF에 투자한다. 그리고 6개월 후 단기 계좌의 이익금은 중기 계좌로, 중기 계좌의 이익금은 장기 계좌로 이체시킨다. 단기 계좌의 이익금을 바로 장기 계좌로 옮겨도 된다. 이러한 사이클이 반복되면 단기 계좌의 비중은 줄고, 중장기 계좌의 비중은 늘어나 자연스럽게 장기투자 시스템이 된다. 기간 분할 관리법에서는 모든 계좌가 증권계좌로 운용되어 리스크가 크다는 단점이 있으나 기간 분할로 리스크를 줄인다는 장점이 있다. 이외에도 투자 고수마다 각양각색의 손실에 대한 대응 전략들이 있다. 따라서 이와는 다른 자신만의 대응 방법이 있다면 그에 맞게 하는 것이 최고의 방법이다. 중요한 것은 손실에 대한 자신만의 대응 방법이 반드시 있어야 한다는 것이다. 아무리 연구를 해도 자신만의 방법을 찾기 힘들다면 증권 전문가의 도움을 받아야 한다.

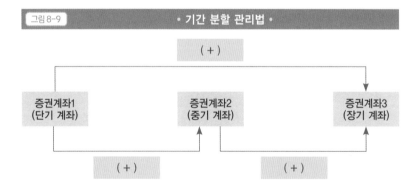

그림 8-9 ・ 기간 분할 관리법 ・

잠깐! ETF는 해물파전

김 과장은 오랜만에 친구를 만나 막걸릿집을 찾았다. 안주를 시키려고 메뉴판을 보니 파전 1만 원, 부추전 1만 원, 오징어새우전 2만 원, 굴전 3만 원 등이다. 그런데 막상 안주 고르기가 쉽지 않다. 다 맛있어 보인다. 배는 자꾸 나오는데 식성만 좋아지는 것 같다. 그렇다고 모두 주문하기에는 너무 돈이 많이 들어가고 다 먹을 수도 없다. 이렇게 고민하고 있는 김 과장에게 술집 주인이 해물파전을 권한다. 해물파전은 야채와 해물을 모두 넣었지만 가격은 1만 5,000원이란다. 만약에 당신이 이런 권유를 받는다면 어떻게 할 것인가? 모든 전을 다 시켜 6만 원을 부담하는 것보다는 1만 5,000원짜리 해물파전을 시켜서 다양한 맛을 보는 것이 낫지 않을까?

주식시장에도 해물파전 같은 상품이 있다. 이른바 ETF(상장지수펀드)가 그것이다. ETF란 어떤 상품일까? 예를 들어 보자. 주식전문가들이 앞으로 증시가 상승할 것이라고 한다. 그런데 마침 당신도 주식에 투자하고 싶은데 어떤 종목을 사야 할지 선택하기가 쉽지 않다. 이때 가장 손쉬운 투자 방법은 상장된 모든 주식을 사면 되는 것이다. 하지만 상장된 모든 주식을 사려면 1주씩만 산다고 해도 얼마나 많은 돈이 필요할 것인가? 5,000만 원? 7,000만 원? 1억 원? 들어가는 돈도 돈이지만 2,000개가 넘는 주식을 건건이 매수 주문 넣는 것도 만만치 않다. 그래서 이런 투자자들의 욕구을 만족시키면서 쉽게 매매할 수 있게 만든 상품이 바로 ETF다.

2021년 2월 19일 현재 상장된 ETF만 473개인데 그중 하나가 KODEX200이다. 'KODEX200'이라는 ETF를 사면 거의 모든 종목을 산 것과 동일한 효과를 낼 수 있다. 그런데 1주 사는데 4만 2,780원(2021년 2월 19일 기준) 있으면 된다. 만약 반도체 업종이 유망할 것으로 보이는데 그중 어떤 주식을 사야 할지 모른다면 'KODEX반도체(091160)'라는 ETF를 사면 된다. 그리하면 반도체 관련 전 종목을 산 것과 같은 효과가 있다. 반도체 관련 10종목만 산다고 해도 89만 5,350원 정도 있어야 하나 KODEX반도체 1주를 사는데는 불과 3만 7,080원(2021년 2월 19일 기준)만 있으면 된다.

ETF는 특정 지수의 움직임과 수익률이 연동되는 펀드로, 주식시장에 상장된 신종 투자상품이다. 쉽게 말하면 펀드인데 주식처럼 거래되어 펀드의 단점을 제거한 상품이다. ETF는 펀드보다 유리하다. 펀드는 수수료가 보통 1% 내외이나 ETF는 0.1~0.5%에 불과하기 때문이다. 또 주식과 동일한 절차로 거래되므로 일반 펀드와 같은 복잡한 가입 절차가 필요 없다. 또 펀드의 청약 또는 환매 시 기준 가격은 실시간 가격이 적용되지 않으나 ETF는 주식과 같이 실시간 가격이 적용된다. 또한 일반 펀드와 같은 환매 수수료도 없다. 한편 ETF는 주식보다 유리하다. 개별 주식으로 분산투자하려면 많은 돈이 필요하나 ETF에 투자하면 소액으로도 자연스레 분산투자가 가능하다. 주식은 거래 수수료 외에 증권 거래세를 부담해야 하지만 ETF는 증권 거래세가 없다.

ETF는 종목을 고르기 위해 이것저것 조사할 필요도 없고, 일반 개별주식보다 변동성이 적기 때문에 위험도 적다. 게다가 해외 투자도 가능하다. 중국 주식에 투자하려면 KODEX차이나H(099140), 일본에 투자하려면 KODEX저팬(101280)에 투자하면 되고, 이외에도 KODEX브라질 (104580), TIGER라틴, TIGER브릭스 ETF 등에 투자할 수 있다. 삼성그룹 또는 현대그룹과 같은 그룹주 투자도 가능하고 국고채 투자도 가능하다. 또한 주가가 하락할 때 수익이 나는 KODEX인버스 ETF도 있다.

ETF 거래는 주식 거래처럼 증권계좌만 있으면 얼마든지 가능하다. ETF 종목 수도 점차 늘어나면서 금, 원유, 농산물 등 다양한 자산에 투자하는 ETF가 계속 상장되고 있다. 주식이나 펀드도 좋지만 이제는 ETF에 대한 관심도 높여야 할 때라고 본다.

아홉 번째 공식

◇

투자성향에 따라
투자전략을
달리하라

투자성향에 맞는 주식투자방법을 찾아라

일반적으로 투자자는 위험을 얼마나 감수할 수 있느냐에 따라 3가지 유형으로 나눌 수 있다. 즉, 리스크를 극히 싫어하는 '위험회피형', 리스크가 있더라도 시장 수익률 정도의 수익을 얻고자 하는 '위험중립형', 리스크를 크게 부담하더라도 큰 수익을 기대하는 '위험선호형'으로 나눌 수 있다.

여러 가지 기준으로 나눌 수 있겠지만, 사견으로는 주식투자로 손실이 10%만 초과해도 감당하기 어려운 스트레스를 받는다고 생각되면 위험회피형(손실감수 정도 -10% 이내), 코스피지수와 동일한 수준의 수익과 손실을 감수한다면 위험중립형(손실감수 정도 -20% 이내), 코스피보다 높은 수준의 수익과 손실을 감수한다면 위험선호형(손실감수 수준 -20% 초과)이라고 생각한다.

시장 수익률(손실률)과 똑같이 손익이 결정되는 주식을 유식한 말로 베타가 1인 종목(β=1)이라고 한다. 한편 시장 수익률(손실률)보다 작은 손익이 결정되는 주식을 베타가 1보다 작은 종목(β<1)이라고 하고, 시장 수익률(손실률)보다 큰 손익이 나는 주식을 베타가 1보다 큰 종목(β>1)이라고 한다. 자신의 투자성향이 어떤 유형에 속하는지 또 그에 따른 자산 배분과 투자전략은 어떻게 설정해야 하는지가 중요하다.

물론 투자자의 유형은 더 구체적으로 세분될 수 있고 이 3가지로 모든 투자자를 획일화할 수는 없다. 하지만 자신의 투자성향이 어느 유형에 더 가까운가를 알면 좀 더 현명한 투자를 할 수 있다. 왜냐하면 투자성향에 따라 주식투자전략도 달라지기 때문이다.

결론부터 말하자면 위험회피형에 가까운 사람은 베타가 1보다 작은 종목이 적합하고, 위험중립형에 가까운 사람은 베타가 1인 종목이 적합하며, 위험선호형에 가까운 사람은 베타가 1보다 큰 종목이 적합하다. 베타가 1보다 작을수록 위험이 적다고 볼 수 있고, 베타가 클수록 위험도 크다고 볼 수 있기 때문이다. 베타는 증권사 HTS 기업분석편에 나와 있으니 투자할 종목이 있을 때 참고하기 바란다. 베타를 확인하지 않더라도 해당 주식의 과거 차트를 보면서 베타를 대충 알 수 있다. 상승폭과 하락폭의 정도가 크면 베타가 1보다 큰 주식이고, 상승폭과 하락폭의 정도가 미미하면 베타가 1보다 작은 주식이다.

위험회피형이라면 '고배당주'에 분산투자하라

위험회피형 투자자는 원금이 깨지는 것을 극히 싫어한다. 원금 손실이 나면 스트레스를 받는다. 어쩌면 주식투자를 하지 않는 편이 낫다. 하지만 주식투자를 굳이 하고 싶다면 우선 원금 집착증을 버려야 한다. 투자에서 손실이 날 수 있다는 것을 인정해야 한다. 그리고 위험을 최소화할 수 있는 방법을 강구해야 한다.

주식시장에서 변동성이 크다는 것은 위험이 크다는 것을 의미한다. 주식은 변동성이 큰 종목도 있고 작은 종목도 있다. 위험회피형은 주식에 투자하더라도 변동성이 작은 종목이 적합하다. 다시 말하면 베타가 1보다 작은 주식이 적합하다. 배당주는 베타가 1보다 적은 주식으로 위험회피형 투자자에게 적합하다. 맥쿼리인프라, 씨엠에스에듀, KT&G, SK텔레콤 등과 같은 종목들이 배당주에 속한다. 이러한 종목에 적립식으로 분할투자하면 위험을 줄일 수 있다. 주식투자 비중은 여유 자금의 30% 미만으로 투자하기를 권한다.

주식투자에서 손실은 피할 수 없다. 이 때문에 실제 손실이 나더라도 중장기적 관점에서 투자한다는 여유로운 마음의 자세를 유지하는 것이 중요하다. 투자 후 원금 손실 상황이 지속되어 계속 스트레스를 받아 본업에 충실할 수 없다면, 주식투자를 청산하는 것이 더 현명하다.

투자자들 중에는 손실을 극히 꺼려 하는 위험회피형 투자자가 많다. 이런 사람들이 주식에 투자했다가 손실이 나서 엄청난 정신적 고통으로 힘들어하는 모습을 많이 보았다. 자신의 투자성향을 망각한 채 오직 고수익에 대한 욕심만으로 주식투자에 접근했기 때문이다.

어떤 사람이 직장 생활을 하다가 음식점을 하나 냈다면 이것도 하나의 투자고 장사가 잘 안 되면 손실이 날 수 있다. 주식도 어떤 회사에 대한 투자이므로 손실이 날 수도 있는 것이 당연하다. 그런데 위험회피형 투자자는 이런 손실을 인정하지 않으려 하기 때문에 더 힘들어지는 것이다. 특히 주식시장이 좋은데 본인이 투자한 종목은 떨어지기만 할 때 위험회피형 투자자의 심리적 압박감과 스트레스는 엄청나다. 주식시장의 변동성과 위험을 감수하기 힘들다면 처음부터 주식투자를 하지 않는 편이 낫다. 이런 성향의 사람들은 위험한 주식투자로 돈을 불리려는 노력보다 본업에 충실하여 수입 자체를 높이는 노력이 더 바람직하다.

위험중립형이라면 '업종 대표주'에 분산투자하라

위험중립형 투자자는 원금 손실을 감수하더라도 주식시장의 평균 수익률 정도의 수익을 기대하는 투자자다. 이런 투자자는 가용 자산의 50% 내외로 주식투자를 해볼 만하다. 주식에 투자할 자금이 크게 손해 보는 것은 원치 않으므로 급등주나 단기테마주는 적합하지 않다. 시장 수익률을 따라가는 KODEX200, 업종 대표주 또는 실적 우량주 중에서 선택하는 것이 현명하다. 다시 말하면 베타가 1에 가까운 종목이 적합하다. 예를 들면 삼성전자, 현대차, 포스코 등을 말한다.

투자한 종목이 매매 타이밍을 잘 맞추어 상승하면 별문제가 없겠지만, 반대로 하락폭이 커지기 시작하면 적절한 시기에 손절매도 고려해야 한다. 따라서 주식 매수 시점에 미리 주가가 상승할 경우의 목표 매도가격을 정하고, 반대로 주가가 하락할 경우에 대비하여 손실이 몇 프로 이상 나면 손절매하고 빠져 나오겠다는 본인만의 매매기준을 정해 놓는 것이 좋다. 그리고 매월 일정액을 분할 매수하거나 단기적인 손익 여부와 상관없이 중장기적인 관점에서 투자하는 방법이 적합하다.

또한 초보자라면 투자종목의 선정과 매매 시점에 대한 판단에서 자신이 직접 결정하는 것은 좀 더 신중해야 한다. 가능하면 전문가와 상담하여 주식투자가 자신의 성향과 시장 상황에 맞도록 접근해야 한다. 자신에게 스트레스를 덜 주는 좋은 종목을 선정하는 것도 중요하고, 좋은 종목이 선정되면 어느 시기에 매수 또는 매도하느냐가 손익에 영향을 미친다는 사실도 숙지할 필요가 있다.

주식에 대한 식견과 안목이 있다면 스스로 HTS를 통해 매매하는 것이 비용 측면에서 유리하다. 하지만 초보라면 투자에 자신감이 생길 때까지 일반 수수료를 부담하더라도 전문가의 조언을 들으면서 시장에 맞게 투자하는 것을 권한다. 단, 자기의 투자성향에 맞는 조언과 상담을 해 주는 전문가를 찾는 것도 중요하다. 아무리 투자에 관심이 많은 사람이라 해도 자신의 본업에 충실하면서 모든 재테크 수단에 대해 다 알아보기는 힘들다. 전문가를 찾을 때는 추천 종목 중심, 단기 매매 중심으로 조언하는 사람을 멀리하고, 기업의 가치와 전망에 대하여 객관적으로 설명하는 사람과 가깝게 지내시라.

위험선호형이라면 '성장주'에 집중 투자하라

투자에 매우 공격적인 사람도 있다. 이들은 어떤 위험도 기꺼이 감수할 수 있는 자세가 되어 있는 반면 고수익을 추구한다. 이들은 가용 자산의 70% 이상 주식에 투자할 수 있다. 아무리 위험선호형 투자자라 하여도 자신의 모든 재산을 주식에 투자하거나 대출을 받아서 주식에 투자하는 것은 바람직하지 않다. 주식에 몰빵하는 것은 스스로 위험을 지나치게 가중시키는 것이므로 절대 옳은 방법이 아니다.

이들이 선택할 만한 종목은 성장주다. 일반적으로 성장주는 베타가 1보다 크기 때문에 위험도 큰 반면 큰 수익도 기대할 수 있다. 성장주는 시장 상황에 따라 다를 수 있기 때문에 꼭 집어서 말할 수는 없지만 제약/바이오, 신사업 관련주가 여기에 해당한다고 볼 수 있다.

위험선호형 투자자는 고수익을 기대하는 만큼 노력도 많이 해야 한다. 예컨대, 시장 상황에 대한 판단 능력도 있어야 하고 종목 분석도 잘해야 한다. 본인의 실력이 부족하다고 느끼면 여러 전문가의 도움을 받아 이를 보충해야 한다. 이러한 투자자의 투자 자산은 반드시 여유 자금으로 해야 한다. 생계에 영향을 주는 자금으로 투자하면 스스로 위축된 상태에서 투자하게 된다. 더욱이 무조건 고수익을 추구하기 때문에 실패할 가능성도 크다.

이들은 공격적이고 단기적인 매매로 고수익을 낼 수도 있고, 중장기 투자를 통하여 고수익을 낼 수도 있다. 하지만 더 중요한 것은 실제 고수익이 났을 때 원칙을 계속해서 지켜내는 것이다. 위험선호형 투자자가 실패하는 이유 중 하나가 고수익이 났을 때 더 큰 욕심을 부리기 때문이다. 목표한 고수익이 났으면 적절하게 차익을 실현한 다음 약간의 휴식 기간을 가져야 한다. 그 기간 동안 다른 대안 투자를 준비하는 것도 필요하다. 누구든 투자하는 것마다 모두 성공할 수는 없다. 성공했으면 성공 요인을 분석하고, 실패했으면 실패 요인을 분석하여 향후 투자에 도움이 되도록 해야 한다.

주식을 살 때에는 바닥(최저점)에서 살 생각을 버려야 하고, 주식을 팔 때에는 천장(최고점)에서 팔 생각을 버려야 한다. 최저점에서 사서 최고점에 팔 수 있는 것은 아마도 신神만이 가능할 것이다. 주식의 진정한 고수는 무릎에서 사서 어깨에서 판다. 주식이 잘 된다고 지만할 것도 아니며 안 된다고 절망할 필요도 없다. 시세에 중독되면 돈이 달아난다.

자신의 투자성향을 모르겠다면 적금처럼 투자하라

주식투자의 가장 큰 단점은 큰 손실에 있다. 부동산의 경우 가격이 떨어져도 실물이 남아 있지만, 주식은 주가가 하락하면 하락한 만큼의 돈이 그대로 사라져 버린 것이 된다. 애써 모은 돈이 크게 깨져버리면 다시 회복하기가 어려울 뿐 아니라 마음에도 큰 상처를 입게 된다. 그래서 크게 위험하지 않으면서 제법 많은 수익을 낼 수 있는 방법을 찾는 것이 중요한데, 그중 하나가 바로 투자기준 3가지(안정성, 수익성, 성장성)에 부합하는 우량주 주식저축이다. 우량한 주식에 적금을 붓듯이 투자하는 것이다. 투자 방법은 적립식펀드와 유사한데 실제적인 내용은 〈그림 9-1〉과 같이 약간의 차이가 있다.

여기서 말하려는 주식저축이라는 것은 매월 일정액으로 특정 종목을 사는 것이다. 예컨대 매월 삼성전자 주식을 100만 원어치씩 사는 방식이다. 따라서 거액의 목돈을 한꺼번에 주식에 투자하는 것이 아니라 매월 일정 금액씩 나누어 특정 종목에 적금하듯이 투자한다는 점을 미리 밝혀둔다.

주식으로 저축하는 것은 적립식펀드에 투자하는 것보다 비용이 적게 든다는 점이 유리하다. 하지만 스스로 주식투자종목을 선택해야 하고, 매월 일정 시점에 일정액만 매수해야 하는 번거로움이 있다. 요즘에는 주식이 자동매수되도록 설정하면 간편하게 주식저축을 할 수 있도록 하는 증권사가 생겨서 편리해졌다. 그런 작업이 불편한 사람은 적립식펀드로 투자하는 편이 유리하다.

주식저축은 주식을 처음 시작하는 사람이나 리스크가 적으면서 안정적인 수익을 내려는 사람들에게 적합한 투자 방법이다. 왜냐하면 주

구분	주식저축	적립식펀드
투자 주체	▪ 투자자 자신	▪ 전문가에 의한 간접투자
투자 대상	▪ 주식	▪ 주식, 채권, 선물, 옵션 등
수익에 대한 세금	▪ 주식 매매 차익 비과세 ▪ 주식 배당 소득 과세(15.4%)	▪ 주식 매매 차익 비과세 ▪ 채권 이자 소득 및 주식 배당 소득 과세
수수료	▪ 0.1%~0.5%	▪ 0.5%~2.5%
중도 환매 수수료	▪ 없음	▪ 보통 3개월 지나면 없음 (단, 선취형 펀드는 없는 경우가 많음)
공통점	▪ 소액 투자 가능 ▪ 주식 매매 차익 비과세 ▪ 상대적인 저위험 고수익	

그림 9-1 • 주식저축 vs 적립식펀드 •

식으로 매월 저축하는 것은 그 자체만 잘 지켜도 위험관리가 되기 때문이다. 주식저축으로 수익을 크게 하는 방법은 바로 장기투자에 있다. 장기로 투자할수록 투자 자산도 많아질 뿐 아니라 주식 사이클상 고점에 매도할 기회가 많아지기 때문이다.

장기투자를 원칙으로 한다고 하여 무작정 3년 이상 가지고 있으라는 것은 아니다. 생각보다 일찍 주가가 오르면 1년 만에 고수익을 실현할 수도 있고, 좀 늦어지면 3년이 될 수도 있다. 따라서 상황에 따라 장기로 가져갈 수도 있다는 것이지, 주가 상황에 상관없이 장기투자로 일관하라는 것은 아니다. 또한 주식저축으로 할 만한 종목은 투자기준 3가지(안정성, 수익성, 성장성)가 좋은 우량주 중에서 선택하는 것이 좋다. 아무래도 우량주가 좀 더 안정적이고 시세를 타면 꽤 많은 수익을 낼 수 있으면, 그에 따른 위험과 수익을 수긍할 수 있기 때문이다.

주식 매수는 천천히 하라. 그리하면 기회가 더 많다. 하나의 주식을 살 때 몰빵을 지양하고 매수 시점을 나누어 매수하라. 주식을 적금처럼 나누어 투자하면, 적은 돈으로 큰 손실 없이도 큰 수익을 기대할 수 있다. 하루종일 주가 시세판을 보고 있다고 돈을 버는 것은 아니다. 하루 이틀의 잔파도는 중요하지 않다.

주가 폭락에도 흔들리지 않으려면

주식투자를 하다 보면 주가 폭락을 경험하게 된다. 9.11테러, 북핵문제, 중국 악재, 서브프라임 사태로 인한 금융위기, 남유럽 재정위기,

코로나19로 인한 팬데믹 등으로 우리나라 증시는 폭락했었다. 이러한 상황에서는 투자성향에 적합하게 투자했어도 큰 손실을 피할 수 없다. 내가 증권사에 근무했던 2006년 6월 8일은 선물 옵션 동시 만기일이었다. 전일 35포인트 정도 폭락해서 반등을 기대한 사람도 있었지만, 그러한 기대는 깡그리 무너졌다. 반등은커녕 종합주가지수가 43.71포인트나 무너져버렸다. 개인투자자들은 미리 매도하지 못했다가 더 큰 폭으로 빠지자 추가 하락에 대한 두려움으로 손절매한 사람도 많았다. 그럼에도 불구하고 나의 고객 중 몇 사람은 이제 더 투자해야 하지 않느냐는 문의를 해 왔다. 대부분 주식을 빨리 팔지 못해서 안달인데, 그들은 주식 관련 비중을 좀 더 늘리겠다는 것이다. 실제로 이들은 역발상 투자에 장기투자를 가미하여 높은 수익을 올리는 사람들이다.

2019년 말 각 증권사의 2020년 코스피지수 전망은 최저 1,900포인트, 최고 2,500포인트였다. 하지만 2020년 2월 19일 2,210포인트였던 코스피지수는 한 달 후인 3월 19일 1,458포인트까지 하락했다. 한 달 동안에 752포인트가 빠졌으니 몇 년 동안 벌어놓은 돈을 한 달 만에 다 까먹거나 큰 손실을 본 사람도 많았을 것이다. 사실 주가가 추세적으로 상승할 때는 큰 위험 없이 높은 수익을 낼 수 있지만, 단기에 큰 폭으로 하락할 때는 그 손실은 엄청나다. 주식투자에서 가장 중요한 것은 위험관리다. 위험관리를 잘하면 폭락장에서도 큰 손실이 없을 뿐 아니라 다시 상승할 때 투자 수익을 낼 수 있는 재원이 남아 있기 때문이다. 그런데 대부분 소액 투자자들은 적은 돈으로 몰빵 투자했다가 큰 폭의 하락

때 쪽박이 나서 실제 반등할 때 저가에 매수할 돈이 없다. 주식시장에서의 위험관리는 절대 손해보지 않는 것이 아니라, 폭락 시에도 손실을 최소화하여 다시 상승할 때 투자 재원으로 활용할 수 있는 여유 자금이 있어야 한다는 의미다.

폭락하는 주식에 대응하는 방법

주가 폭락 후에는 바로 기술적 반등을 할 수도 있고, 당분간 횡보할 수도 있고, 이러한 하락추세를 계속 이어갈 수도 있다. 문제는 하락추세를 이어갈 때 어떻게 해야 하는지가 중요하다. 앞으로도 갑작스런 주가 폭락이 올 것이다. 주가 폭락이 다시 왔을 때 어떻게 대응하느냐는 높은 수익을 내는 기반이 된다. 그렇다면 주식투자자가 주가 폭락 시장에서 실패하지 않으려면 어떻게 해야 할까?

첫째, 분명한 매매기준을 세우고 이를 반드시 지켜라. 이를 위하여 주식투자를 시작할 때 미리 차익실현 구간(또는 수익률)과 손절매 구간을 정해야 한다. 그리고 반드시 정한 대로 실천해야 한다. 예컨대 20% 이익이 나면 차익을 실현하고 10% 손실이 나면 손절매하기로 정했다면 이를 반드시 지켜야 한다. 이러한 기준이 없거나, 목표는 정해 놓았지만 지키지 않는 사람은 반드시 실패한다.

둘째, 평소에 우량주에 분산투자하라. 실패하는 투자자의 대부분은 담배값도 안 되는 저가 주식을 선호한다. 하지만 성공하는 투자자는 고가의 우량주를 선호한다. 일반적으로 저가 주식은 주식시장이 하락할 때 더 큰 폭으로 빠진다. 하지만 고가의 우량주는 떨어지더라도 저가주보다 좀 더 적게 떨어지고 향후에는 안정적으로 상승 전환할 가능성이 크다. 투자성공 확률 면에서 보면 저가주 1,000주보다 고가 우량주 10주가 훨씬 낫다.

셋째, 몰빵하지 말고 분할하여 투자하라. 한꺼번에 모든 돈을 투자하면 저가매수 기회를 놓치기 쉽고, 폭락 시에 원금 손실 폭이 너무 크다. 소액이라도 나누어 투자하는 것이 좋다. 또 단기간에 나누어 투자하는 것보다는 약간의 기간을 두면서 분할투자하는 것이 유리하다.

넷째, 하락 시에도 주식을 보유할 수밖에 없으면 헤지(위험회피) 방법을 강구하라. 주식시장 하락으로 손실을 보고 있더라도 주식을 장기로 보유 할 수 있다면 선물·옵션(선물 매도, 풋 매수, 콜 매도 등)을 통하여 손실을 방어하는 전략이 필요하다. 선물·옵션을 투기적으로 매매하는 것은 지극히 위험하지만 헤지 목적으로 하는 것은 시도해 볼 만하다. 다만, 선물·옵션과 같은 파생상품은 원금을 초과하여 손실이 발생할 수 있으므로 초보자는 안 하는 것이 좋고, 파생상품 투자 경험이 충분하다면 헤지 목적의 거래만 권한다.

폭락장에서 펀드를 관리하는 방법

최근 간접투자와 장기투자 문화가 점차 정착돼 가면서 펀드에 가입한 사람들이 많아지고 있다. 그렇다면 주식펀드 투자자는 하락장에 어떻게 대응하는 것이 바람직할까?

첫째, 적립식펀드는 계속 유지하라. 적립식펀드는 매월 일정액씩 분할투자되므로 일시적인 하락은 오히려 펀드매니저가 저가에 주식을 살 수 있는 기회를 제공한다. 또한 적립식펀드는 보통 일시적인 차익실현 목적보다는 적금처럼 부어서 2~3년 후에 목돈을 만드는 방식이므로 단기간의 주가 등락에 크게 신경 쓰지 않아도 된다. 다만, 목돈이 될 만큼 적립 금액이 커졌고, 이익이 상당히 났다면 환매하는 것이 낫다.

둘째, 펀드도 분산하라. 펀드도 주식형펀드, 채권형펀드, 부동산펀드, 원자재펀드 등 여러 가지 특성을 가진 펀드가 있다. 예컨대 주식시장이 좋을 때는 주식형펀드의 성과가 좋은 반면, 채권형펀드는 불리하다. 물가가 상승할 때는 부동산펀드나 원자재펀드의 성과가 좋지만, 물가가 하락하면 성과가 부진해진다. '계란을 한 바구니에 담지 말라'는 격언처럼 펀드도 나누어 놓으면 폭락장에 손실을 줄일 수 있다.

셋째, 투자금을 분할하여 투자하라. 주식시장이 불안할 때는 펀드도 한꺼번에 투자할 것이 아니라 투자 시점을 나누고 투자금을 쪼개어 투자해야 한다. 예컨대 1억이 있다면 처음에는 2,000만 원만, 그리고 향후 추세를 봐 가면서 조금씩 투자를 늘려가는 방법이다.

넷째, 선취형 펀드를 이용하라. 선취형 펀드는 수수료를 먼저 떼고 투자하는 대신 언제 환매하더라도 중도 환매 수수료가 없다. 반면에 후취형 펀드는 보통 90일 이전에 환매하는 경우 중도 환매 수수료가 부과된다. 따라서 주식시장이 불안할 때는 기간에 상관없이 언제든지 환매 수수료 부담 없이 빠져나올 수 있는 선취형 펀드가 유리하다.

다섯째, 펀드 변경을 고려하라. 주식시장이 장기적인 하락추세로 접어들고 있는데 주식형펀드에 투자하고 있었다면 주식형펀드를 주식 비중이 적은 혼합형 펀드나 채권형펀드로 전환하는 것도 고려해 볼 만하다. 물론 일시적인 하락이라고 판단되면 펀드 변경이 적절하지 않으므로 전문가와 상담하고 결정해야 할 것이다.

여섯째, 분위기에 휩쓸리지 마라. 펀드는 자신이 직접 조율하지 않아도 펀드매니저가 알아서 종목과 투자 시점을 분산하는 간접투자상품이다. 따라서 전문가를 믿어야 한다. 소문에 사고 소문에 파는 일은 하지 않도록 하자.

투자상품에는 항상 리스크가 있다. 그런데 리스크를 피하려고만 하는 사람이 있는가 하면, 이를 수익을 만들 수 있는 기회로 이용하는 사람이 있다. 리스크는 뒤집어 보면 수익이다. 리스크를 관리하고 이용하는 투자자는 반드시 성공할 수 있다. 충동 매매는 후회의 지름길이다. 천정과 바닥은 어떤 계기가 만든다. 산이 높으면 계곡도 깊다. 천정권에서는 호재에도 팔고, 바닥권에서는 악재에도 매수를 시작하라. 시장 분위기에 도취되지 않으면 성공할 수 있다.

우연한 성공에 도취되지 마라

자신의 투자 입맛에 맞다고 모두가 원하는 수익을 낼 수 있는 것은 아니다. 왜냐하면 시장이 자신의 투자 입맛과 반대로 움직일 수도 있기 때문이다. 마치 소고기를 좋아해서 한우 갈비를 먹었는데, 초보 요리사가 조리하여 맛이 없을 수도 있고, 광우병이 확산되어 한우 갈비 자체를 먹지 못할 수도 있는 것과 같다. 투자도 자신의 투자 입맛에 맞는 상품을 선택했는데 시장이 도와주지 않으면 좋은 결과를 낼 수 없다. 그래서 투자를 할 때는 시장을 보는 안목(상승추세인지, 하락추세인지 판단하는 것)이 필요하다.

2020년 12월 1일(당시 코스피지수는 2,634포인트였음) 증권사별 2021년 주가 전망을 살펴보면 최소 2,100포인트, 최고 3,080포인트까지 예상했었다. 2020년 3월 코로나 팬데믹 이후 주가가 너무 많이 올라 2021년 초에는 조정을 예상하는 전문가도 많았다. 그런데 실제 코스피지수는 1월 시작하자마자 오르기 시작하여 2021년 1월 11일 장 중에 3,266포인트까지 급등했다. 전문가의 전망과 달리 시장은 2021년 1월 중순에 연간 최고전망을 상향 돌파하며 역사상 최고 신고가를 찍었다. 모든 전문가들의 전망은 한 달 만에 깨져버렸다.

전문가가 시장 전망과 실제 투자가 진행될 때의 시장 상황은 다를 수 있다. 그래서 전문가의 전망을 맹신할 것이 아니라 시장의 추세를 볼 수 있는 기준 잣대가 있어야 한다. 투자하려고 하는 시점이 상승추세에 있는지 혹은 하락추세에 있는지, 또 투자하고 있는 동안 시장의 추세가 반전되는지 유지되는지를 확인해야 한다.

시장의 추세를 판단하는 것이 지레 어렵다고 생각할지 모르나 그렇지 않다. 시장추세를 판단할 수 있는 각종 지표나 차트 읽는 법을 배우면 누구나 알 수 있다. 전문가 전망에 의존하지 말고, 일단 배움에 투자해야 한다. 종종 투자 시장이 좋지 않아 손해 본 사람이 많을 때가 있다. 인대가 끊어진 축구 선수는 그것이 아물 때까지 축구를 쉬어야 한다. 큰 손실을 본 투자자도 그 아픈 경험이 아물 때까지 투자를 쉬고 다음을 위한 현금 확보에 치중해야 한다.

투자실패를 빨리 회복하려면 일단 그 실패를 인정해야 한다. 그렇지 않으면 그 실패의 그늘에서 절대 벗어날 수 없다. 지금 당신이 큰 손실에 계속 불안해하기만 한다면 앞으로도 이런 실패를 계속할 수밖에 없다. 큰 손실 때문에 일도 못 하고 잠도 못 이루게 된다. 혹은 반대로 대박을 꿈꾸다가 나머지 돈까지 전부 잃게 된다.

투자 실패로 인한 걱정과 고민은 무조건 접어야 한다. 걱정한다고 손실이 회복되는 것도 아니고, '이제는 떨어질 만큼 떨어졌으니까 내일은 괜찮겠지' 하고 기대한다고 올라가는 것도 아니다.

개인투자자들은 주식투자를 할 때 종목 선정과 시장 전망 등을 전문가에게 의존하는 경우가 많다. 그래서 어떤 전문가가 추천한 종목이 오르면 '저 사람이 추천하는 것은 다 올라간다' 혹은 '저 사람은 믿을 만하니까 설령 지금 주가가 떨어져도 향후에 반드시 오를 것이다'라고 생각을 하는 개인투자자들이 의뢰로 많다. 전문가를 맹신하는 것이다. 하지만 전문가라고 해서 주식투자에 모두 성공하는 것은 아니다. 신이 아닌 이상 그 누구도 주식투자의 성패를 정확히 알 수는 없다.

주식에 대한 아무런 지식이나 투자기준이 없이도 큰 수익을 낸 사람들이 종종 있다. 이들은 정말 운이 좋은 사람이다. 하지만 잘 모르고 투자했는데도 성공하는 사람들의 행운은 계속되지 않는다는 점을 명심해야 한다. 주식투자에서는 계속되는 요행이 없고, 우연한 성공은 결국 실패를 부른다. 제대로 알지 못하고 투자했다면 투자 실패는 당연하다. 또 운 좋게 성공했더라도 다음 투자는 실패할 가능성이 크다. 이제부터라도 제대로 배우고 투자하시라.

잘못된 투자가 기업의 생존을 위협한다. 이제 투자도 생존의 문제다. 10여 년 전 KIKO 계약으로 T사가 부도났다. 매출도 증가하고 이익도 꾸준히 내는 우량한 상장법인이었는데 환율 관리를 위해 KIKO 계약을 했다가 그로 인해 회사가 무너져버렸다. 어떤 투자자는 우량 종목이라고 하여 T사의 주식에 몰빵했다가 부도가 나는 바람에 전 재산을 날려버렸다.

이렇듯 자신이 미처 알아보지 못했던 어떤 이유로 누구나 투자를 잘못할 수는 있다. 문제는 잘못된 투자를 반복한다는 것이다. 잘못된 투자를 했으면 마음을 비우고 다음 기회를 노려야 한다. 당장은 마음이 아프겠지만 낙담하거나 좌절할 필요까지는 없다. 투자는 감정적이기보다는 냉철해야 한다. 아무리 큰 손실이 났어도 지금의 평가 자산이 원금이라고 생각하고 다음 기회를 위해 준비해야 한다. 언젠가 또 상승장이 올 것이고 또 하락장이 올 것이다. 그래서 지금의 실패는 끝이 아니다. 이와 관련하여 한 기자가 성공한 CEO와 인터뷰한 내용을 새겨보는 것이 좋을 듯하다.

기자 : 사장님의 성공 비결은 한 마디로 무엇인가요?

사장 : 올바른 선택(Right choice)을 했기 때문입니다.

기자 : 올바른 선택을 하려면 어떻게 해야 합니까?

사장 : 좋은 경험(Good experience)을 해야 합니다.

기자 : 좋은 경험은 어떻게 해야 합니까?

사장 : 잘못된 선택(Wrong choice)이 좋은 경험을 만듭니다.

모든 성공 뒤에는 잘못된 선택으로 인한 실패가 있었다. 하지만 실패가 곧 실패자가 되는 것을 의미하지는 않는다. 실패는 성공을 위한 좋은 경험이 되고, 올바른 선택을 이끄는 동인이 된다.

부록. 1

◇

백전불태
투자비법

백전불태百戰不殆 투자 비법을 보기에 앞서

주식에 투자하는 사람은 많은데 주식투자로 성공한 사람은 별로 없다. 주변을 돌아보면 모두들 한결같이 실패한 투자자뿐이다. 아주 가끔씩 주식투자로 돈을 벌었다는 사람이 있기도 하지만, 진짜로 그가 돈을 벌었는지는 알 수 없는 일이고, 실제 언론에서 보도된 자료를 봐도 주식투자로 성공한 사람은 10%가 채 되지 않는다.

그래서 개인이 주식에 투자하면 모두 다 손해만 보고 나온다는 편견을 가지고 있는 사람이 많다. 하지만 실제 주식투자로 크게 성공한 사람도 분명히 있다. 다만 그들은 그 사실을 소문내고 다니지 않을 뿐이다. '실패는 성공의 어머니'라는 말이 있듯이 실패한 투자자들의 유형을 살펴보면서 왜 실패할 수밖에 없었는지 그리고 그 같은 실패를 하지 않으려면 어떤 점을 고려해야 하는지에 대해 생각해봐야 한다. 지금 만약 당신이 주식투자에 실패하고 있다면 이 장을 통해 먼저 자신이 어떤 투자 유형에 속하는지 한번 가늠해 보고, 앞으로 어떻게 해야 실패하지 않고 성공할 수 있는지에 대해 배워야 할 것이다. 주식투자에서 백전백승은 불가능하다. 그러나 백전불태(백번 싸워도 위태롭지 않게 하다)는 가능하다. 자신의 투자유형을 제대로 알고, 시장을 이해하면 주식투자가 위험한 것만은 아니다.

투자 유형별 성공 비밀

원금 집착형 : 차라리 예금하는 것이 낫다

원금에 집착하는 투자자는 원금 손실을 우려한 나머지 수익을 잘 내지 못하는 유형이다. 이들은 상승장에서도 원금 손실에 대한 불안감 때문에 약간의 이익만 나면 팔아버린다. 반면 하락장에서는 아무리 많은 돈을 잃어도 원금이 되기 전까지는 안 판다고 고집을 피운다. 결국 이 유형은 주식으로 돈 벌기는 힘든 유형이다.

원금 집착형은 본전에 강한 집착을 보인다. 손실이 나고 있는 종목을 보유한 상황에서 상황이 반전하여 추세상 추가 상승이 가능한 종목인데도 본전이 되면 팔아버려 초과 수익을 내지 못한다. 그래서 이들이 팔면 항상 주가는 더 오른다.

반대로 주식을 저가에 사겠다는 마음으로 매매 타이밍을 기다리다가 예상한 저가가 오지 않고 계속 상승해 버리면 결국 상투에서 뒤늦게 매수를 해서 큰 손실을 입게 되는 경우도 있다. 또 투자종목이 손실이 나기 시작하면 손절매를 언제 할 것인지에 대한 판단보다는 '어떻게든 원금은 되어야 팔 텐데'라는 막연한 걱정만 하다가 손실을 더 키우게 된다.

원금을 중시하는 투자자는 투자성향으로 볼 때 위험회피형에 속하기 때문에 수시로 원금이 깨질 수 있는 주식투자는 그들에게 적합한 투자 수단이 될 수 없다. 주식투자는 원금 집착형 투자자에게는 스트레스와 고민덩어리일 뿐이다. 원금 집착형 투자자가 정상적으로 주식투자를 하려면 일단 본전에 대한 집착을 버리고 시장 상황에 맞는 매매 원칙과 위험에 대한 대응 방안을 미리 준비하여 투자에 임해야 한다. 또 여러 가지 상황으로 볼 때 초과 수익이 가능한 종목은 느긋하게 기다림으로써 높은 수익을 실현할 수 있도록 하는 마음의 여유가 필요하다. 원금 집착증을 떨치지 못하고 계속 주식에 투자하면 백전백패다. 때문에 이 유형은 다른 어떤 지식이나 정보보다도 일단 마음을 비우는 연습부터 해야 한다.

원금 집착을 떨칠 수 없다면 편안하게 예금에 돈을 넣어두는 것이 현명하다. 그리고 본업에 충실하는 편이 낫다. 그래도 꼭 주식에 투자하고 싶다면 일단 펀드부터 시작하라. 펀드 투자를 하면서 투자에 대한 시각을 바꾸고, 투자형 시각으로 마음이 바뀌면 그때 주식을 조금씩 시작해도 늦지 않다. 주식투자의 기회는 오늘만 있는 것이 아니라 주식 시장이 없어지지 않는 한 내일도 모레도 10년 후에도 있다.

정보 추종형 : 흥분하지 말고 기업의 객관적 가치를 보라

정보 추종형은 텔레비전이나 신문 상의 증권 정보, ARS 유료 증권 정보, 기타 소문 등을 믿고 투자하는 유형이다. 이러한 투자자는 회사의 재무구조나 기술적 분석에 의한 매매 타이밍을 고려하지 않고 자신이 습득한 정보에 의존하여 매매한다. 이런 유형은 일반적으로 주식투자 초보자이거나 주식투자 경험은 많지만 주식에 대한 기초 지식이 부족한 50대 이후의 투자자들 가운데 많다.

이 유형은 자신이 투자한 종목의 회사가 정말 투자할 만한 가치가 있는지를 확인해보지도 않고 투자한다. 자신이 알게 된 정보에 대해 합리적으로 판단할 능력이 적기 때문에 소문이나 다른 사람들에게 들은 정보를 믿고 투자한다. 이런 투자자는 주식투자 경험이 오래된 투자자라 할지라도 좋은 성과를 낼 수 없다.

이들의 특징은 자신이 투자한 종목에서 실패하면 그 탓을 남이나 언론 탓으로 돌린다는 것이다. 반대로 성공하면 자신이 대단한 실력이 있는 듯 남에게 자랑하고 다닌다. 이들은 투자에 실패해도 실패 원인을 분석하지 않고, 성공해도 성공 요인을 알려 하지 않기 때문에 아무리 주식투자를 오래 했다 해도 이들에게서 배울 것은 거의 없다.

투자 정보는 아는 사람이 거의 없을 때 가치 있는 것이고, 이미 많은 사람들을 통하여 알려져 있다면 그 정보는 그리 값진 정보라 할 수 없다. 따라서 신문이나 TV 등 일반 대중이 누구나 볼 수 있는 곳에서 알게 된 정보는 그리 유용한 정보라 할 수 없다. 타인의 은밀한 입소문으로 알게 된 루머는 역정보일 가능성이 높기 때문에 이러한 정보를 근거로 투자하는 것은 현명하지 않을뿐더러 대단히 위험한 방법이다.

이들은 기업의 가치와 가능성에 대해 잘 알지 못하기 때문에 정보만 과신하는 것이다. 투자 정보의 대부분은 실제 투자에 도움이 되지 않거나 손해만 끼친다. 진정 수익으로 연결할 수 있는 합리적인 방법을 찾아내야 한다. 또 역정보를 가려낼 수 있는 능력을 기른다든지, 정상적인 기업분석과 매매 타이밍 기법을 익히는 것이 우선이다. 만약 당신이 이런 유형이라면 정보에만 의존하지 말고 지금 당장 투자 공부부터 시작하라. 기업의 가치를 판단할 수 있는 기본적 분석, 투자의 타이밍을 정립할 수 있는 기술적 분석에 대한 공부가 우선되어야 한다.

자기 합리화형 : 내가 아니라 시장이 정답이라고 생각하라

사기 합리화형은 이솝 우화 '여우와 신포도' 이야기에서 마치 여우와 같은 생각을 하는 사람들이다. 모든 재료나 시장 상황을 자신의 상황에 유리하게 해석하려는 유형이다. 예를 들어 자신이 산 종목에 대해서는 악재가 나와도 저가매수의 기회로 좋게 생각한다. 반대로 자신이 판 종목은 호재가 나와도 나쁘게 생각한다.

이 유형은 모든 투자종목을 자신의 주관에만 맞추어 해석하려 하기 때문에 자신의 예상과는 빗나갈 경우에도 장기투자로 일관하다가 결국 큰 손실을 본다. 때문에 이 유형은 주식시장이란 어느 한 사람의 예측과 해석에 의해 움직이는 시장이 아니라 다양한 개별적 요인과 국내외 경제 환경 등에 의해 유동적일 수 있음을 스스로 인정하는 인식의 전환이 필요하다.

또 이들은 자신의 투자종목이 깨지면 시장을 욕하기도 하며, 자신은 문제가 없는데 시장이 잘못된 것이라고 불평한다. 하지만 이는 상식적으로 생각해도 틀린 생각이다. 자기의 투자를 합리화시키기보다는 시장에 순응하는 투자 마인드를 가지는 것이 필요하다. 시장에 대항하여 싸우는 자는 스스로 바보임을 입증하고 다니는 것에 불과하다. 자신이 투자한 종목이기 때문에 자신에게 유리하게 해석하려는 마음이 드는 것은 이해할 수 있다. 하지만 자기의 투자가 잘못되었다는 증거가 분명한데도 그 잘못을 인정하지 않는 것은 문제가 있다. 게다가 그 문제가 문제로 끝나면 다행인데, 주식투자는 돈과 얽혀 있기 때문에 자신이 땀 흘려 번 돈을 순식간에 날릴 위험도 있다. 이 유형은 '시장은 항상 정답이다'라는 마인드의 전환이 필요하다. 객관적인 투자 정보를 파악할 줄 알아야 하고 투자 시장을 제3자의 입장에서 냉철하게 볼 줄 알아야 한다.

허세형 : 투자 원칙과 기준을 세워라

주식시장에는 이른바 잘난 체하는 사람들이 많다. 이런 사람들은 대부분 주식투자를 꽤 오래 한 사람들이며, 초보자들 앞에서 자신의 성공 또는 실패 사례를 잘 설명해준다. 그런데 정작 자신은 현재 손실을 보고 있다. 허세형은 마치 주식에 관한 한 자신이 모든 것을 다 겪어 본 듯이 얘기한다. 또 자신이 말한 대로만 하면 돈을 벌 수 있다고 말한다. 그러다가 자신도 손실이 난 것을 다른 사람이 알게 되면 "내가 주식을 오래 해봤지만 하면 할수록 주식은 정말 모르겠다", "오늘 같은 상황은 처음이다"라고 말하면서 발뺌을 한다.

허세형 투자자의 대부분은 주식투자 경험은 많지만 본인에게는 정작 확실한 투자 원칙이 없다는 것이 단점이다. 그래서 자기보다 초보자인 사람들 앞에서는 주식전문가인 것처럼 일장 연설을 하지만, 진짜 투자칭문가 앞에서는 꿀 먹은 벙어리 마냥 아무 말도 못 하고 마치 자신도 그런 식으로 투자하는 양 고개만 끄덕인다.

이들은 주식에 대한 지식과 경험이 풍부하다. 문제는 자신만의 투자 원칙이 없다는 점이다. 아는 것은 많은데 다른 사람들의 투자 원칙을 기준 없이 따라 하다가 실패만 한다. 예를 들어 추신수나 양준혁이 최고의 타자이지만 각자 타법이 다르다는 걸 이들은 모른다. 박찬호나 임창용이 최고의 투수지만 각자 투구 폼이 다르다는 것도 이들은 모른다. 최고의 선수도 각기 다른 자신만의 방식이 있듯 주식투자도 그렇다는 것을 이들은 모르는 것이다.

고수를 따라 한다고 모두 성공하는 것이 아니다. 자신에게 맞는 투자 원칙과 기준대로 해야 성공한다. 주식투자는 오래 했다고 해서 잘하는 것이 아니다. 또 성공 사례라도 원칙 없이 늘어놓기만 하는 것은 초보 투자자에게 도움이 되지 않는다. 허세형 투자자는 기본적으로 오랜 기간에 걸친 다양한 투자 경험이 있다. 따라서 그러한 경험을 바탕으로 자신에게 맞는 투자 원칙을 세워 실천해야 높은 수익을 낼 수 있다.

소탐대실형 : 손절매만 잘해도 된다

소탐대실小貪大失형 투자자는 잦은 매매를 통하여 5% 미만의 작은 이익을 여러 번 실현하다가 어느 순간 한 번에 큰 손해를 보고 그간의 이익을 모두 날리는 것은 물론 많은 원금 손실을 보게 되는 유형이다. 그래서 투자 승률은 높지만, 한번 실패하면 크게 깨지는 것이 단점이다.

이들은 이익이 날 때는 성급하게 매도함으로써 추가 이익을 보지 못하고, 손절매해야 할 시점에서는 빨리 손절매하지 않아서 손해를 키운다. 조금이라도 이익을 보고 팔 시기만을 막연히 기다리다가 반토막이 나거나 깡통을 차는 것이다.

주가는 개별적인 기업 요인, 시장 상황 등 다양한 요인에 의하여 급락할 수도 있다. 그런데 이 유형은 이러한 사실을 간과하고, 이익을 보고 팔아야 한다는 생각이 더 앞서 있다. 또 주식은 고스톱과 같은 1회성 놀이가 아니라 마라톤과 같이 긴 시간 동안 노력해야 하는 투자라는 걸 이들은 망각하고 있다. 이들에게는 자신이 투자한 주식이 자신의 예상을 떠나 다르게 움직일 수 있다는 사실을 인정하는 마음 자세가 중요하다. 또한 투자 승률이 높다고 하여 자신이 주식투자를 잘하는 것으로 자만하지 말아야 한다. 주가가 급락하는 상황에서 자기 고집보다는 추세에 순응하여 손절매할 수 있는 마음의 여유를 가져야 한다.

이러한 투자자가 가장 고려해야 할 투자 방법은 급락장에서도 현명하게 대응할 수 있는 리스크관리 방법이다. 예컨대, 주식 매입 시 몇 프로 이익이 나면 팔겠다는 생각만 하지 말고, 몇 프로 손실이 나면 미련 없이 팔겠다는 생각도 해야 한다. 소탐대실형 투자자는 손절매 기준을 만들고 실천하는 것이 성공 투자의 핵심이다.

우유부단형 : 기본 지식을 쌓고 다양하게 경험하라

남들이 하니까 나도 한다는 식으로 주식에 투자하는 사람들이 있다. 이들이 바로 우유부단형일 가능성이 높다. 이들은 주식을 안 하면 술자리에서도 소외된다고 생각한다. 그래서 일단 주식계좌를 만들고 투자를 하려고 하지만 아는 것이 없다. 무슨 종목을 사야 할지, 언제 사야 할지, 언제 팔아야 할지 막막하다. 하지만 누구의 말도 잘 믿지 않는다.

우유부단형은 상승장에서는 주가가 너무 높은 것 같아 매수할까 말까 망설이고 하락장에서는 더 떨어지지 않을까 하는 불안감 때문에 매수하지 못한다. 그리고 막상 주식을 사 놓고는, 상승장이든 하락장이든 언제 팔아야 할지 몰라 우왕좌왕한다. 그렇게 망설이는 동안 손실은 더욱 커져만 간다. 이들은 투자에 대한 기본 지식이 없다. 경험도 없고 자신만의 투자 방법도 없으며, 주식시장의 상황을 제대로 파악하지도 못한다. 결국 상승장에서는 눈치만 보다가 상투에서 매수하게 되고, 하락장에서는 손절매를 하지 못해서 크게 손실을 보게 된다.

이러한 투자자는 자신감을 얻는 것이 가장 중요하다. 자신감이 없기 때문에 우왕좌왕하는 것이다. 자신감을 얻기 위해 가장 중요하면서도 첫 번째로 해야 하는 것은 기본적인 투자 지식을 조속히 익히는 것이다. 투자 관련 책도 읽어 보고 투자전문가들의 강연회도 자주 들어야 한다. 두 번째는 완전히 잃어도 될 만한 소액으로 다양한 투자 경험을 쌓아야 한다. 그러한 지식과 경험을 통해 자신만의 매매 원칙을 세우고 실천하면 자신감이 생겨 우유부단한 투자 패턴을 종식시킬 수 있다.

짝사랑형 : 주식을 지나치게 사랑하지 마라

당신도 한 번쯤 누군가를 짝사랑한 경험이 있을 것이다. 짝사랑은 상대의 의사와는 상관없이 혼자서만 사랑하는 것이다. 이러한 짝사랑은 운이 좋다면 어떤 계기를 통해 사랑으로 연결되기도 하지만, 대부분 마음고생만 하다가 끝난다. 이성 간의 사랑은 일방적인 생각만으로 이루어지지 않는다. 짝사랑이 짝사랑으로 끝나지 않으려면 상대방과 만남을 시도해야 한다. 거절을 두려워해서는 안 된다. 거절을 당하더라도 차라리 거절을 당하고 나서 사랑을 새로 시작하는 것이 좋다. 하지만 미련을 두고 다른 사랑을 시작하면 나중에 아쉬움이 많이 남아 다시 시작한 사랑이 제대로 이루어지지 않을 수도 있다.

일방적인 생각만으로 이루어지지 않는 것은 남녀 간의 사랑만이 아니다. 주식투자도 그렇다. 주식을 맹목적으로 짝사랑하면 그 사랑은 이루어지기 어렵다. 주식을 짝사랑하는 사람들의 특징 가운데 하나는 단순한 느낌으로 특정 종목만 좋아한다는 것이다. 그래서 자신이 짝사랑하는 종목을 제대로 분석하지도 않고 매수한다. 왜? 그냥 좋으니까! 그리고 특별한 원칙 없이 그 종목만 장기 보유한다.

보통 주식 초보자에게는 특별한 이유 없이 처음부터 눈에 확 들어오는 종목이 있다. 주식에 대해 잘 모르기 때문이다. 그렇게 짝사랑에 빠져 매수를 한 다음 '언젠가 오르겠지. 대박 나면 그 돈으로 뭘 할까?'라는 생각을 하면서 달콤한 상상에 빠진다. 주식 초보자만 그런 것은 아니다. 주식을 오래 한 사람들도 과거 성공한 경험이 있는 종목의 주가가 많이 빠졌다고 생각될 때 이러한 투자 형태를 보이곤 한다. 이들은 그 종목만 짝사랑하고 다른 종목에는 관심이 없다.

일반적으로 초보자는 매매 원칙과 전략이 전혀 없으면서 막연하게 장기 보유하고 있는 경우가 많다. 그래서 주식을 산 이후에도 주식 시장의 상황에 대하여 거의 관심을 가지지 않는다. 그러다 어느 날 엄청난 손실이 난 것을 알고 나서야 후회한다. 주식을 오래 했던 사람 중에서도 과거에 특정 주식을 사서 오랫동안 보유하다가 큰 수익이 난 경험을 살려 짝사랑형 투자를 하는 경우가 있다.

예를 들어 김 사장은 A주식을 1만 원에 사서 1년 보유하여 2만 원에 팔아 큰 시세 차익을 봤다. 그런 경험을 하게 되면 향후 그 주식이 다시 1만 원까지 떨어지게 될 경우 다시 사게 된다. 왜냐하면 과거 경험으로 봤을 때 1만 원에서 1년 동안 보유하면 큰 수익을 줄 거라고 판단하기 때문이다. 이른바 짝사랑이 시작된 것이다. 그에게는 A주식이 달콤한 수익을 안겨준 종목이라 예뻐하지 않을 수가 없다.

하지만 이러한 투자자는 특정 주식이 자신이 투자할 때 가장 저가이고, 가장 고가에 팔 수 있다는 편견 때문에 실패하게 된다. 투자자가 특정 주식을 아무리 좋아한다고 해도 그 주식이 투자자가 원하는 대로 과거처럼 올라가기만 하는 것은 아니다. 때로는 과거의 최저가보다 더 아래로 추락할 수도 있다. 이 때문에 특정 주식만을 무조건 짝사랑하는 것은 현명하지 않다.

이러한 투자자는 투자에 대한 무지無知한 상태 또는 단순한 과거의 투자 성공 경험을 근거로 투자한다는 점이 실패 요인이다. 따라서 종목 분석 능력을 익혀서 다양한 투자종목을 발굴하려는 노력을 해야 한다. 또한 자신이 선택한 주식이 예상과 다르게 움직일 때 짝사랑만 할 것이 아니라 단호하게 종목을 교체할 수 있는 용기도 필요하다. 스스로 투자 종목 발굴에 자신이 없으면 전문가의 상담을 받아 투자종목을 선택하는 것이 낫다. 막연한 짝사랑식 장기투자보다는 자신만의 매매 원칙과 전략을 세워서 투자하는 것이 현명하다. 주식투자는 달콤한 연애가 아니라 냉혹한 현실이다.

똥고집형 : 계란으로 바위를 깨지 말고 부드럽게 다가서라

고집과 똥고집은 구별되어야 한다. 고집은 주변과 상황을 무시하지 않으면서 자신의 의지를 견지하는 것이다. 반면 똥고집은 주위 및 전후 사정이 어떻든 밑도 끝도 없이 처음 자신이 생각했던 것을 고수하는 것이다. 유식한 사람은 고집을 주장하지만, 무식한 사람은 똥고집을 부린다. 똥고집을 꿋꿋한 기상으로 착각해서는 안 된다. 똥고집은 유연함이 없고, 균형 감각이 없는 독단이며 꼴통이 되기 십상이다.

주식시장에도 똥고집 때문에 망하는 사람이 있다. 자기가 산 주식은 모가 되든 도가 되든 수익이 100% 나야 판다는 사람이 있다. 이런 사람은 아무리 위험해도 고수익을 추구하기 때문에 모든 상황을 무시하고 오직 자신이 목표로 한 투자 수익이 날 경우에만 팔겠다는, 일명 똥고집형 투자자다.

내가 알고 있는 최 사장이 그런 사람이다. 최 사장은 좋은 재료가 있다는 C 종목을 사면서 수익이 200%가 되기 전에는 안 판다고 떠들고 다녔다. 그런데 그가 매수한 이후 그 종목은 정말 급등하기 시작했다. 500원 내외하던 주가가 1,300원까지 올랐다. 하지만 그는 그에 만족하지 않았다. 그는 1,500원이 되면 모두 팔겠다고 했다. 하지만 1,330원을 고점으로 하여 그 주식은 연일 하락했다. 그 후 400원대까지 떨어졌다. 그뿐이 아니다. 상장 폐지될 것이라는 소문도 떠돌기 시작했다. 최 사장은 그때서야 하는 수 없이 450원 정도에서 모두 손절매하고 나왔다. 한때 150% 이상의 수익이 났었는데, 200% 수익이 날 것이라고 똥고집을 피우다가 결국 이익은커녕 손실만 보고 나온 것이다.

지나친 대박을 목표로 하는 것은 똥고집이다. 아무리 대박을 목표로 했더라도 주식은 시장 상황이나 추세에 따라 달라질 수 있으므로 목표 수익도 그 상황에 맞게 수정할 수 있어야 한다. 최 사장은 이를 무시했다. 하락장에서 대응 전략으로 가지고 있어야 할 리스크관리를 하지 않았고 오직 자신만의 목표 수익에만 집착하다가 결국 실패하고 말았다.

주가는 투자자가 원하는 대로 움직이지 않는다. 오히려 반대로 움직일 때가 많다. 자신만의 막가파식 예측과 희망은 무너지기 십상이다. 시장에 상존하는 다양한 형태의 변동성과 불확실성으로 인하여 과거와는 다르게 주가가 움직일 수 있다는 것을 인정해야 한다. 고수익에만 집착하는 똥고집형 투자자는 시장 앞에 겸손해져야 한다. 지나치게 높은 목표 수익을 설정하기보다는 현실적인 목표 수익을 세우는 것이 중요하다. 또 목표 수익에 도달하기 전에 하락하면 신속하게 차익을 실현하거나 적절한 위험관리로 이에 대응해야 한다.

주식 중독형 : 다른 관심거리를 찾아라

아침에 일어나서 밤늦게 잠자리에 들 때까지 주식만 생각하는 사람이 있다. 오직 주식에만 관심이 집중되어 하루종일 주식 시세에 얽매여 산다. 밥 먹을 때나 쉴 때나 일할 때나 머릿속에 그려지는 것은 항상 주식 시세판이다. 자신이 보유하고 있는 주식이 급등락하는 꿈을 꾸며 일희일비한다. 마치 마약에 중독된 환자처럼 주식에 중독되어 있는 사람이다. 이 사람은 본업이 따로 있어도 본업은 뒤로 한 채 주식투자에만 푹 빠져 있다.

주식 중독형 투자자는 모든 생활을 주식과 함께하기 때문에 본인 스스로의 삶이 불행해질 수 있다. 나아가 가족이나 친척들에게도 심각한 근심거리가 되곤 한다. 이러한 투자자는 경제 상황이나 시장의 추세와 관계없이 매일 주식투자를 하기 때문에 순간적으로 큰 이익을 보았다가도 머지않아 큰 손실을 보게 되는 경우가 많다. 그런데 손실이 나면 날수록 더 위험하게 투자하고, 주식 이외의 일에 대해서는 의욕을 상실한다. 결과적으로 돈도 잃고, 마음도 피폐해진다.

이러한 투자자는 일단 주식을 끊고 본업에 충실하는 편이 훨씬 낫다. 정히 주식투자를 하려거든 본인이 직접 할 것이 아니라 증권사 직원에게 위탁하거나 간접투자방식으로 투자하는 것이 현명하다. 주식 중독형 투자자의 가장 큰 문제는 주식에 너무 빠져 헤어나지 못하는 것이다. 주식에 대한 생각을 지워버릴 만한 다른 취미 활동이나 운동으로 마음의 평온을 찾는 것이 무엇보다도 중요하다. 이러한 투자자가 계속 주식투자로 세월을 보내면 경제적인 파탄은 시간문제다. 이런 식으로 주식투자를 하는 한 가정과 직장 생활도 원만하지 못하다. 하루속히 주식을 대체할 만한 강력한 관심거리를 찾아 주식이라는 마약에서 벗어나야 한다.

대박 추종형 : 투자 패턴을 바꿔라

증권사 고객 중에는 단기 급등주를 선호하여 과거의 손실을 한 번에 모두 회복하고 계속하여 많은 이익을 낼 수 있는 종목에만 투자하려는 사람들이 있다. 주로 하한가에만 매수하거나 상한가 따라잡기식 투자를 하는 사람들이 이러한 유형에 속한다. 이들은 주로 시세가 강하게 형성되는 1~2개의 종목에 집중적으로 투자한다. 그런데 그들의 기대와는 반대로 주가가 급락해 버리면 단기 고수익은커녕 단기에 깡통이 되어 버리는 경우가 많다. 투자하는 종목이 무엇을 하는 회사인지도 모르고 투자하거나, 근거 없는 소문을 믿고 투자하는 경우가 많기 때문에 실패 확률이 매우 높을 수밖에 없다. 특히 이들은 미수거래를 많이 사용하기 때문에 항상 마음이 조급하고 미수 기간 중 수익을 못 내다가 손실 상태에서 반대매매를 당하는 경우도 많다. 하지만 이런 상황에서도 이들은 스스로는 종목을 잘 맞추었는데 타이밍을 잘못 잡았다고 한탄만 한다.

대박 추종형은 주식투자가 '투자'라는 것을 망각하고 복권식 '투기'를 한다. 또 조급한 마음에 정상적인 매매 타이밍을 잡지 못한다. 이러한 유형의 투자자에게는 원칙에 입각한 기계적인 매매가 가장 중요하다. 크게 이익이 날 수도 있지만 위험한 매매로 인하여 크게 손실을 볼 가능성도 많기 때문에 손실이 날 때 이익에 우선하여 빨리 손절매하는 법을 터득해야 하는 것이다. 그런데 실제로 매매하다 보면 급등락을 자주 하는 종목은 손절매 기회를 주지 않고 하한가로 직행하는 경우가 많아 손절매하기가 쉽지 않다. 따라서 이러한 유형의 투자자는 투자종목이나 투자 패턴을 바꿀 필요가 있다. 가장 중요한 것은 급등주 투자로 대박을 기대하는 마음을 접어야 한다. 지금부터라도 우량주 투자와 장기투자의 마인드를 가져야 한다.

깍쟁이형 : 주식을 깍쟁이처럼 하지 마라

위험회피 성향을 가진 사람들은 보통 주식이 최대한 빠졌다고 생각되는 바닥권 종목만을 사려고 한다. 이들은 생각하길, 주식은 비쌀 때는 살 필요가 없고, 쌀 때만 사야 한다는 것이다. 이 때문에 아무리 좋은 종목이라도 많이 올라 있으면 절대 사지 못한다.

그래서 깍쟁이형 투자자는 주가가 올라가는 상승장에서는 잘 참여하지 못하고, 상대적으로 주가가 점점 낮아지는 하락장에서 투자하는 경우가 많다. 이들은 저가 종목만을 선택하지만, 실제로 이러한 종목은 대체로 상승장에서 소외되는 경우가 많아 상대적 박탈감을 크게 느끼게 된다. 또한 본인 스스로는 저가에 매수했다고 생각하나, 일반적으로 새로운 저점을 형성하는 종목은 추가 하락 가능성이 높아 큰 손실을 볼 수도 있다. 깍쟁이형 투자자는 대부분 주식을 싸게만 사려는 생각 때문에 실제 시세가 높게 오를 만한 종목에 대한 매매 타이밍을 놓치기 쉽다. 따라서 무조건 싸게 사려는 생각보다는 전체적으로 시장을 보는 안목과 시장의 주도주를 파악하려는 노력을 해야 한다. 싼 게 비지떡이라고 주식도 싼 것은 다 이유가 있다는 점을 명심해야 한다.

사재기형 : 주식이 없다고 불안해하지 마라

주가가 떨어질 때마다 특별한 매매 원칙 없이 현재 자신의 보유 주식을 점점 늘리는 사람도 있다. 주가가 떨어지면 떨어질수록 적은 돈으로 평균 매입 단가를 더 낮춰서 주식 수량을 늘릴 수 있고, 향후 주가가 오르면 큰 수익을 얻을 수 있을 거라고 생각하기 때문이다. 그래서 주가가 큰 폭으로 떨어지면 더 많이 사야된다고 생각하면서 자신의 수중에 돈이 없다는 사실을 한탄한다. 이들이 이른바 물타기를 좋아하는 사재기형 투자자다.

이들은 자신의 주식계좌에 주식이 없으면 오히려 더 불안해하고 무슨 주식이든 계속 사면서 보유해야 안정감을 느낀다. 이들은 이렇게 생각한다. '현금만 있으면 뭘 할 것인가. 무슨 주식이든 사서 수익을 내야지' 그런데 이들은 처음 매수한 가격에 대한 미련 때문에 주식투자에서 매도 타이밍을 제대로 잡지 못해 손실을 보게 되는 경우가 많다. 이러한 투자자는 일반적으로 보유 종목 중 계속 오르고 있는 종목을 팔아서 내리고 있는 종목으로 갈아타는 경우가 대부분이다. 그러나 이러한 투자방식으로 투자하게 되면 하락장에서는 상당한 손실을 보기 쉽고, 상승장에서도 시세가 가장 약한 종목을 대량 보유하게 되어 상승장에 부합하는 수익을 거두지 못하게 된다.

사재기형 투자자는 선택한 종목을 어느 시기에 매수해야 좋은지에 대한 판단이 없는 투자자다. 주식투자는 경우에 따라서 투자금을 주식 매매에 쓰지 않고 현금으로 보유하고 있다가 매매 타이밍을 잡아야 할 때가 있다. 그런데 사재기형 투자자는 항상 주식을 사서 보유하고 있기 때문에 정작 보유 주식이 훨씬 더 많이 떨어졌을 때 현금이 없어서 투자하지 못한다. 고점에서만 주식 사재기를 한 셈이다. 따라서 이러한 투자자는 매매 타이밍을 잡는 기법을 잘 배워 투자에 임해야 한다.

실패는 성공의 어머니다. 역대 최고의 갑부도 100% 성공만 해 온 것이 아니다. 실패 없이 성공만 하는 사람은 언젠가 큰 실패를 하게 된다. 차라리 실패를 겸허히 인정하라. 주식투자에 실패하고 "주식은 절대 할 것이 못 된다"고 하는 사람이 있다. 이런 사람은 절대 주식으로 성공할 수 없다. 반면 주식투자의 실패를 거울삼아 반드시 재기하려는 사람도 있다. 이들은 자신의 실패를 되돌아보고 실패한 방법을 버리고 다시 자신에게 맞는 방법을 찾는다. 그래서 자신에게 맞는 기준과 방법을 찾는 것이 중요하고, 더 중요한 것은 그 기준과 원칙을 어기지 말고 실천해야 하는 것이다. 주식투자에서 실패하는 첫 번째 원인은 자기 자신을 모른다는 것이고, 두 번째 원인은 자신이 정한 기준을 지키지 않는 것이다. 때문에 실패하지 않으려면 그와 반대로 하면 되는 것이다.

투자 고수들의 한결같은 조언 5가지

사람들은 보통 투자 고수들의 투자방식에는 어떤 특별한 것이 있을 거라고 생각한다. 하지만 의외로 그들의 방식은 단순하다. 또 마음만 먹으면 누구나 따라 할 수 있다. 이들이 투자에 성공한 것은 대단히 복잡하고 정교한 비법을 가지고 있어서가 아니다. 바로 자신만의 원칙을 세우고 이를 실천한 것이 성공의 가장 큰 이유이다. 개인투자자가 실패하는 이유는 대부분 어떤 특별한 기교나 방법을 모르고 있기 때문이 아니라, 원칙이 없거나 원칙이 있더라도 실천하지 않기 때문이다. 여기서는 내가 지금껏 만나 온 모든 투자의 고수가 공통적으로 얘기했던 5가지 조언을 들려줄까 한다.

투자 원칙 : '분명한' 투자 원칙을 실천하라

실패하는 투자자의 일반적인 특징 중 하나가 자신만의 투자 원칙이 없이 막연한 감感으로 매매한다는 것이다. 이런 사람들은 어제 미국 나스닥 시장이 올랐는지 내렸는지, 혹은 뉴스에 좋은 호재가 나오는지 안 나오는지와 같은 단순한 사실에 민감하게 반응한다. 단기적인 사실을 기초로 자신의 감에 따라 판단을 하고, 그 감에 따라 투자할 것인가 말 것인가를 결정한다. 반면 성공한 투자자나 고수들의 일반적인 특징은 확실하고 분명한 자신만의 투자 원칙이 있다는 것이다.

투자 원칙의 내용이 모호하거나 상황에 따라 해석이 달라진다면 결코 좋은 원칙이 아니다. 예컨대 '바닥에서 사고 천장에서 판다'든지 '테마 종목만 매매한다'든지 '상한가 혹은 급등주만 따라잡는다'와 같은 원칙은 모호하고도 실천하기 어렵다.

투자 원칙은 확고하고도 간결해야 한다. 또 반드시 지킬 수 있는 원칙을 세우는 것이 중요하다. 예컨대 '20%의 수익이 나면 팔고, 10%의 손실이 나면 미련 없이 손절매한다'든지 '코스피200 종목 중에서 5일 이동평균선이 20일 이동평균선을 상향 돌파할 때만 매수하고, 하향 돌파할 때만 매도한다' 등 객관적으로 실현이 가능하고 명확한 투자 원칙을 세워야 한다.

그리고 투자 원칙을 세우는 것보다 더 중요한 것은 자신이 세운 투자 원칙을 철저하게 지키면서 매매하는 것이다. 어떤 투자 원칙이든 이를 지키는 투자자는 결국 성공하게 돼 있다. 일반 투자자 중 많은 사람이 자기가 산 주식이 얼마까지 오르면 팔겠다고 마음 먹는다. 그러나 정작 그 가격이 되면 욕심이 생겨 더 기다리다가 결국 손실을 보고 나온다. 자신이 세워 놓은 원칙을 지키지 않았기 때문에 일어나는 일이다. 가장 중요한 것은 만들어 놓은 투자 원칙을 실천하는 것이다.

손절매 : 2보 전진을 위하여 1보 후퇴하라

주식시장은 항상 오르기만 하는 것이 아니라 하락하기도 한다. 그런데 우리나라 사람들은 일반적으로 원금이 깨지는 것에 대하여 굉장한 거부감을 가지고 있다. 그래서 손절매를 제대로 하지 못한다. 주식의 하수는 손해가 아까워서 원금이 되면 팔겠다고 생각하지만, 주식의 고수는 자신의 예측과 다르게 주가가 움직이면 미련 없이 손절매한다. 손절매는 2보 전진을 위한 1보 후퇴다. 특히 폭락장에서 손절매하지 못한 사람은 바로 후회한다. 하지만 손절매를 잘하면 실제 원금 회복도 빠르고 큰 이익도 낼 수 있다. 주식이 저가가 되었을 때 더 싼 가격으로 더 많은 수량을 살 수 있는 기회를 얻을 수 있기 때문이다. 그러나 제때 손절매하지 못한 경우에는 주가가 더 많이 떨어져서 정말 부담 없이 살 만한 가격이 되었을 때 현금 부족으로 발만 동동 구르게 된다.

주식의 고수는 매수가 대비 일정 수준 이하로 떨어지면 더 사려는 생각보다 손절매에 대한 생각을 먼저 한다. 반면 주식의 하수는 매수가보다 떨어지면 물타기 하느라 현금을 다 소진하고 만다. 이들은 또 주식투자에 성공했을 때도 대조를 이룬다. 고수는 겸허한 마음으로 성공을 자축하지만, 하수는 작은 성공도 과장하여 주위 사람에게 자랑한다.

매매의 우선 순위 : 달리는 말에 올라타라

주식의 고수는 수익이 난 종목과 손실이 난 종목 중 손실이 난 종목을 손절매하여 수익이 난 종목을 더 산다. 반면, 주식의 하수는 수익이 난 종목을 팔아 손실이 난 종목을 더 산다. 2억 원의 여윳돈이 있는 사람이 강남에 1억 원을 투자하여 피자집을, 시골에 1억 원을 투자하여 제과점을 차렸다. 1년이 지나서 보니 시골의 제과점은 장사가 계속 안 돼서 5,000만 원의 손실이 났고, 강남의 피자집은 장사가 잘 돼서 2억 원으로 불어났다. 만약 이 두 가게 중 한 가게를 팔아 다른 한 가게에 더 투자해야 한다면 어떻게 하는 것이 좋을까? 당연히 장사가 잘되는 강남 피자집에 투자해야 된다. 그런데 주식투자의 하수는 잘 되는 강남의 피자집을 팔아 잘 안 되는 시골의 제과점에 투자한다. 반대로 주식의 고수는 잘 안 되는 시골의 제과점을 팔아 강남의 피자집에 추가 투자한다.

주식투자도 마찬가지다. 떨어지는 종목보다 오르는 종목의 전망이 더 좋다. 그렇다면 떨어져서 손실이 나는 종목에 베팅하는 것보다 좀 비싸게 사더라도 오르는 종목에 베팅하는 것이 현명하다. '달리는 말에 올라타라'는 증시 격언이 있다. 이 말은 손실이 나는 종목이 아니라 오르는 종목에 더 투자해야 한다는 뜻이다.

시時테크 : 자신의 투자에 필요한 시간만 집중하라

주식의 고수는 자신의 수익이나 투자 원칙에 부합하지 않는 시장 분석에 시간을 낭비하지 않는다. 그러나 주식의 하수는 '향후 시장이 어떻게 될까', '미국 나스닥이 내일 오를까', '올해 경기 전망이 어떨까' 등 쓸데없는 예측에 많은 시간을 할애한다. 그리고 정작 투자는 이와 관계없이 자신의 감으로 한다. 장세 예측이나 경기 전망 등이 중요하지 않다는 뜻이 아니다. 그보다 중요한, 실제 자신이 투자할 때 도움이 되는 정보를 위하여 시간을 집중하라는 것이다. 시간이 남아돈다면 모르되, 아니 시간이 남아돈다고 하더라도 자신의 투자 원칙과 방법에 따른 정보만 분석하면 되는 것이지, 그 이상의 시간과 체력을 낭비할 필요는 없다.

하수들은 주가의 방향에 대하여 대단한 관심을 가지고 있다. 심지어 자신이 매매하지도 않을 종목에 대해서도 연구하고, 다른 사람이 보유한 종목까지 시간을 쏟아 연구하여 가르쳐주려고 한다. 이는 모두 부질없는 짓이다. 그래서 고수는 자신의 투자와 직접 관계없는 노력은 사양한다. 투자 정보의 내용도 자신의 투자 원칙에 입각하여 걸러내고 수용할 것은 빨리 수용한다. 하지만 하수는 객관적인 투자 정보 이외에 더 많은 사실이 없는지 찾기 위해 많은 시간을 보낸다. 그러고 나서도 투자 결정을 제대로 하지 못한다. 또 고수는 자신의 투자 원칙에 부합하는 종목 발굴과 투자 기법에 시간을 많이 할애하지만, 하수는 믿을 만한 정보를 찾아 헤매는 데 많은 시간을 할애한다. 자신의 투자에 필요한 것에만 시간을 투자하라. 그 이상은 쓸데없는 것이고 오히려 자신의 투자를 방해한다.

역발상 투자 : 주식 고수의 투자방식을 따르라

주식의 고수는 바닥에서 20~30% 오른 상태에서 편안한 마음으로 사고, 천장(주가 고점)에서 떨어질 것을 두려워한다. 주식의 하수는 바닥에서 20~30% 오르면 불안한 마음 때문에 사지 못하고, 천장에서는 더 올라갈 것이라고 확신하며 사게 된다.

또한 주가 폭락으로 투매가 일어날 때 고수는 언제 사야 될까를 준비하지만, 하수는 투매 후 지긋지긋한 악몽에서 빠져나온 듯 "나는 아무래도 주식으로는 안 돼" 하며 더 이상 주식투자는 하지 않겠다고 결심한다. 또 고수는 주문을 내면 바로 확실하게 체결될 수 있도록 낸다. 반면에 하수는 가능하면 조금이라도 싸게 사기 위하여, 또는 조금이라도 비싸게 팔기 위하여 현재가보다 낮은 매수 호가 또는 현재가보다 높은 매도 호가를 내놓고 나중에 체결되지 않았다고 후회한다. 고수는 보유 주식이 급등하여 팔았는데 더 오르면 판 가격보다 높은 가격이라도 재매수한다. 반면 하수는 판 가격보다 낮은 가격에 매수 주문을 내놓고서 체결되지 않으면 '처음부터 팔지 말았어야 했는데'라며 아까워한다. 또 고수는 위험관리를 통하여 손실을 최소화하는 데 관심이 많은 반면, 하수는 위험관리에 대한 대책은 없으면서 높은 수익에만 관심이 많다. 당신은 주식의 고수인가, 하수인가? 아직 하수라면 고수의 투자방식을 따르는 것이 좋다. 그리고 그것이 힘들다면 차라리 믿을 만한 주식투자의 전문가에게 맡기는 것이 낫다.

◇

10년 성장 기대되는 유망섹터 6선

1. 언택트를 넘어 온택트로 날아가는 <인터넷/게임>
언택트를 넘어 온택트로 글로벌에 도전하다

2020년 코로나19의 확산으로 인한 위기에도 특수를 누린 분야가 바로 인터넷 분야다. 코로나19가 인터넷 특수의 도화선이 되었다. 온라인 기반 플랫폼은 코로나 확산 방지를 위한 '사회적 거리 두기'로 오프라인 영업이 어려워지자 대안 서비스로 주목받았다. 온라인 기반과 연계한 택배와 새벽배송이 급속하게 늘어났다. 하지만 거기서 그치지 않고 향후에도 고속성장할 것으로 전망된다.

이제 우리는 인터넷 없이는 살 수 없는 시대가 되었다. 단순한 검색 수준이 아니라 쇼핑, 소셜네트워크서비스, 핀테크 등 인터넷이 연결되지 않는 것이 거의 없을 정도다. 특히 네이버의 스마트채널, 카카오의 비즈보드라는 성과형 광고상품을 통해 인터넷 광고시장의 판을 넓히고 있다. 또한 대표적인 콘텐츠 산업으로 자리 잡은 게임 업계는 2021년 출시될 대형 신작들이 성장을 주도할 것으로 전망된다. 바야흐로 인터넷 기업의 전성시대가 온 것이다.

2020년 네이버와 카카오가 팬데믹 상황에서도 최대 실적을 기록했는데, 주력 사업인 검색·광고가 아닌 쇼핑과 금융, 콘텐츠 사업들이 성장을 견인했다. 쇼핑 사업은 코로나19 확산으로 온라인 쇼핑 수요가 증가하면서 네이버의 쇼핑 플랫폼인 스마트스토어의 판매자 수가 2020년 4분기에는 전분기 대비 3만 명 증가한 38만 명을 기록했고, 2020년 거래액은 전년 동기대비 72%나 증가했다. 카카오 또한 선물하기, 톡스토어, 메이커스를 포함한 커머스 부문의 2020년 거래액은 전년 대비 68% 성장했다.

웹툰을 기반으로 한 글로벌 진출도 전망이 밝아 보인다. 네이버웹툰은 북미와 남미, 유럽 지역 이용자가 크게 늘어나 2020년 3분기 기준 글로벌 MAU(월간 활성 이용자 수)가 6,700만 명을 넘어섰다. 네이버웹툰은 나스닥 상장을 앞두고 있다. 카카오는 카카오페이지와 일본 자회사 픽코마의 합산 거래액이 2021년에는 1조 원을 넘어설 것으로 전망된다. 글로벌 앱 분석업체 앱애니에 따르면 픽코마는 2020년 10월 글로벌 앱 매출 순위 10위권 내에 진출하는 등 빠르게 성장하고 있다.

비대면 대표기업인 게임사들은 2020년 최대 실적을 이루었고 2021

그림 10-1 • 카카오 비즈보드 및 네이버 스마트채널 매출액 추이 •

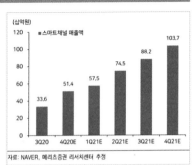

그림 10-2

구분	투자포인트
NAVER	국내 1위 인터넷 검색 포털, 네이버웹툰 나스닥 상장 예정.
엔씨소프트	국내 게임 시장점유율 선두업체 구글 매출 순위 상위권 유지
아프리카TV	1인 미디어 플랫폼 운영, 다양한 콘텐츠 플랫폼 확장 지속
더존비즈온	ERP 및 경영관리 SW 보급 국내 1위

· 눈여겨볼 만한 인터넷/게임 관련 종목 ·

년에도 대형 신작들이 줄줄이 출시를 앞두고 있다. 넷마블은 2021년 '제2의 나라', '세븐나이츠 레볼루션', '마블 퓨처 레볼루션' 등 모바일 게임 3종을 출시한다. 엔씨소프트는 2021년 1분기 중에 '블레이드앤소울2'를, 하반기에 '아이온2'와 '프로젝트TL'을 출시할 예정이다. 2021년 이후에도 게임사들의 신작 라인업과 일상이 비대면으로 변하는 세상이기에 향후 게임 시장 전망은 밝다고 본다.

2. 대한민국의 새로운 먹거리 <2차전지(Battery)>
제2의 삼성전자가 될 수도 있는 2차전지 대표주에 투자하라

2020년 코로나 확산으로 인한 팬데믹으로 경기는 악화되었음에도 불구하고 중국과 유럽은 EV(electric vehicle, 전기차) 전환을 오히려 가속화하였다. 이에 발맞추어 세계 각국은 향후 10~20년 내에 내연기관 자동차 판매를 금지하는 계획을 발표하고 있다. 최근에는 애플 등 IT 플랫폼 기업들이 자율주행 사업 확대를 계획하면서 EV를 택하고 있다. 이제는 EV시장이 단순히 규제 때문이 아니라, 경제적, 경쟁적 관점에서 움직

그림 10-3 • 2020년 1~9월 글로벌 전기차 배터리 업체별 사용량 •

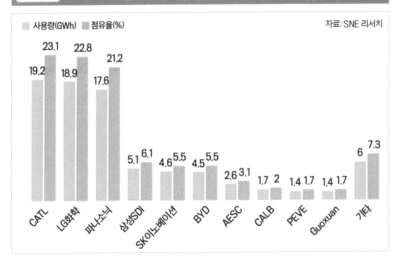

■ 사용량(GWh) ■ 점유율(%)   자료: SNE 리서치

이게 되면서, 예상보다 EV시장은 더 빠르게 성장할 것으로 전망된다.

글로벌 2차전지 시장은 LG화학, 파나소닉, CATL, 삼성SDI가 약 80%를 과점하고 있는 시장이다. 특히 우리나라의 2차전지 관련 업체들은 높은 기술력을 기반으로 전기차 시장 초기부터 글로벌 배터리 시장을 주도해 왔다. 전기차 산업이 빠르게 성장함에 따라 글로벌 리튬이온 배터리 시장 규모도 고공행진 할 것으로 예상된다. 현재 배터리 시장은 몇 개의 업체의 과점시장으로 형성되어 있는데 이러한 구조는 점점 더 강화될 것으로 보인다. 과점업체들의 기술혁신이 빨라지고 있고, 전기차 출시 2~3년 전에 배터리 수주가 이루어지기 때문에 지금 수주를 받는 업체와 그렇지 못한 업체 간 격차가 훨씬 커질 것이기 때문이다.

2차전지 산업은 2021년 이후에도 활황을 맞을 것으로 전망된다. 하

그림 10-4

구분	투자포인트
LG화학	배터리 분사 LG에너지솔루션 IPO를 통해 공격적 투자 전망
SK이노베이션	LG화학과의 소송이 끝나면 본격적인 성장 기대
에코프로비엠	국내 1위 양극재 생산업체. 2차전지 글로벌시장 확대로 수혜 예상
포스코케미칼	포스코그룹의 풍부한 자금력으로 양극재, 음극재 모두 생산
동화기업	국내 강화마루 시장점유율 국내 업계 1위, 배터리 전해액 생산업체

• 눈여겨볼 만한 2차전지 관련 종목 •

나금융경영연구소는 2020년 발간한 보고서에서 2차전지 제조업에서 국내 업체의 시장 점유율이 유럽 등 해외시장 공략, 신규 자동차 업체에 납품, 생산능력 증가 등으로 높아지고 있다고 분석했다. 이에 따라 전기차 배터리 보급 확대로 인한 규모의 경제 효과와 양호한 세계 시장 지위 등에 힘입어 국내 2차전지 업체의 매출액이 2021년에도 30% 이상 늘어날 것으로 전망했다. 세계 2차전지 시장은 전기차의 확대에 힘입어 성장 폭이 가장 가파를 것으로 예측되는 산업 중 하나다. 특히 2021년에는 각국의 환경 규제가 본격화되며 각 제조사의 전기차 경쟁도 본격화될 전망이다.

3. 미국 바이든 대통령이 띄우는 〈친환경 에너지〉

석유의 시대는 가고, 친환경에너지의 시대가 오고 있다

미국 바이든 행정부의 출범과 함께 친환경 업종에 대한 관심이 커지고 있다. 환경오염에 따른 기후 문제가 심각한 수준에 이르면서 전

세계가 기후 대책 마련에 적극적인 모습을 보이고 있다. 우리나라도 UN에 '2030 국가 온실가스 감축목표(NDC)'와 '2050 장기저탄소발전전략(LEDS)'을 제출하며 탄소중립을 본격 추진하고 있다. 우리나라는 2020년 10월 28일 NDC와 LEDS를 유엔에 제출하고, 온실가스배출량을 2017년 대비 24.4% 감축하기로 했다. 우리나라는 2021년에만 그린뉴딜에 8조 원을 투자할 계획이며, 그중 도시·공간·생활 기반 시설의 녹색전환에 2.4조 원을 투자하고, 전기·수소차 보급 11만 6,000대 확대, 충전소 건설, 급속 충전기 증설 등에는 4.3조 원을 투자한다. 이와 같이

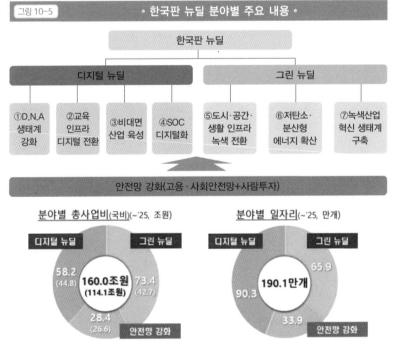

그림 10-5 • 한국판 뉴딜 분야별 주요 내용 •

자료 : 한국판 뉴딜 국민보고대회(2020.7.14.)

글로벌 신재생에너지 관련 정책 강화가 이어지면서 2020년 국내외 신재생에너지 기업들의 주가 상승세가 두드러졌다.

앞으로도 세계 주요국은 거시적인 정책 방향을 제시하고 세부 정책을 구체화하는 발표를 쏟아낼 것으로 예상됨에 따라 친환경 에너지 섹터의 주가 상승을 기대할 수 있게 되었다. 중국은 2020년 9월 22일 '2060 탄소중립 실현 계획'을 발표했다. 이를 통해 2030년을 정점으로 탄소배출량을 감축하고, 2060년까지 탄소중립을 달성한다는 계획이다. 구체적으로는 전체 에너지시스템에서 비화석에너지 비중을 70~80% 이상으로 조정하고 향후 100조 위안 투자한다.

세계 2위의 탄소배출국인 미국도 바이든 정부 출범 이후 기후 대책 마련에 적극적인 모습이다. 바이든은 'Clean Energy Revolution'이라는 에너지 정책 공약을 통해 2050년까지 탄소중립을 추진키로 했다. 친환경 인프라 및 에너지 확대에는 2조 달러를 투자할 계획이다. 주요 목표는 2030년까지 전기차 충전소 50만 곳 설치, 2035년까지 건물 탄소배출 50% 저감, 2035년까지 발전 분야 탈탄소화 달성 목표 등이다. 또 발전 부문의 탄소중립을 위해 태양광 패널 500만 개, 풍력 터빈 6만 개를 설치할 계획이다. 주요국뿐만 아니라 전 세계가 글로벌 탄소중립 사회로의 전환에 동참할 것으로 전망된다. 이에 따라 우리나라의 태양광과 수소 산업의 성장 속도가 예상보다 빨라지면서 태양광, 풍력, 수소 관련 업체들의 지속적인 성장이 예상된다.

그림 10-6 • 눈여겨볼 만한 친환경 에너지 관련 종목 •

구분	투자포인트
두산퓨얼셀	국내 1위 연료전지 업체로 그린 뉴딜 정책의 수혜주로 부각
씨에스윈드	풍력발전 타워(기둥) 글로벌 1위 업체로 글로벌 현지화 전략 추진
효성첨단소재	수소경제에 '탄소섬유'를 적용한 국내 유일한 기업임
에스퓨얼셀	국내 주택·건물용 연료전지 1위 업체, 연료전지 수소 드론 개발

4. 굳건한 수출품목 1위 〈반도체〉

메모리 글로벌 1위를 넘어 비메모리 1위도 넘보고 있다

비대면(언택트)이 일상이 되면서 이른바 '집콕'을 위한 PC·스마트폰 등 가전 판매가 늘면서 반도체 수요가 급증하고 있다. 전 세계 국가에서 5G 인프라 구축 추세가 명확해 네트워킹 장치와 모바일 제품에 대한 수요도 계속 증가하고 있다. 이에 따라 반도체 업종은 슈퍼사이클이 재현될 것이라는 기대가 크다. 2021년 메모리 반도체 업종이 저점을 찍고 반등할 움직임을 보이고 있다. 코로나19로 IT와 전자제품의 판매가 꾸준하고, 글로벌업체들이 서버 확충을 시작하면서 메모리 수요 회복도 가시화되고 있다.

한국무역협회 조사에 따르면 2021년 1분기 반도체의 수출산업경기전망지수EBSI는 123.6으로 집계됐다. 지수가 100을 넘으면 수출 경기가 개선될 것을 의미하는 것으로 2021년 반도체 수출액은 약 111조 원으로 전년보다 5.1% 오를 것으로 예상됐다. 메모리반도체 시장은 서

• 메모리반도체 및 파운드리 시장 규모 •

글로벌 메모리반도체 시장 규모

※2021년은 전망치

2020년　1226억달러

2021년　1417억달러

자료: 옴디아, 가트너, 세계반도체무역통계기구

세계 D램 시장 점유율　단위:%

삼성전자　SK하이닉스

41.3　28.2

마이크론

25.0

기타 5.5

※2020년 3분기 매출액 기준

자료: 트렌드포스

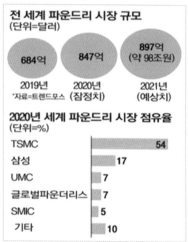

전 세계 파운드리 시장 규모
(단위=달러)

684억　847억　897억 (약 98조원)

2019년　2020년　2021년
*자료=트렌드포스 (잠정치)　(예상치)

2020년 세계 파운드리 시장 점유율
(단위=%)

TSMC　54

삼성　17

UMC　7

글로벌파운더리스　7

SMIC　5

기타　10

버, 노트북 등 수요가 늘면서 반등하고 제조사의 공급량 조절, 서버업체 재고 소진과 언택트 추세가 맞물리면서 가격은 최근 다시 상승세를 보이고 있다. 향후 구글, 아마존, 마이크로소프트 등 주요 클라우드 업체들도 대규모 서버용 메모리 조달을 본격 재개할 것으로 예상된다. 반도체 시장 국면 전환으로 향후 국내 반도체업체들의 이익 개선세도 증가할 전망이다.

　파운드리 시장도 볼륨이 커질 것으로 예상된다. 트렌드포스의 조사에 의하면 세계 파운드리 시장 규모는 2019년 684억 달러 수준에서, 2020년 847억 달러 수준으로 성장한 데 이어 2021년에는 897억 달러까지 커질 것으로 전망했다. 인공지능AI, 자율주행차 등 신산업들이 급속히 성장하고 있고, 고성능 칩셋을 요구하는 스마트폰, PC 등의 수요가 지속적으로 올라가면서 파운드리 업체들에게 위탁생산 요구가 날이 갈수록 빗발치고 있다. 파운드리는 사실상 대만 TSMC와 한국 삼성전자의 과점 구도가 뚜렷하다. 스마트폰과 PC에 주로 쓰이는 7나노 이하 초미세공정 칩셋은 현재 양사 외에는 만들 수 있는 기업이 없기 때문이다. 그러다 보니 두 기업에 애플, 엔비디아, 퀄컴, AMD 등 세계 주요 반도체 팹리스 업체들의 주문이 몰리고 있다. 수년 전만 하더라도 OEM(주문자 위탁생산) 취급을 받았던 파운드리가 이제는 완전한 공급자 우위 시장으로 변모한 셈이다. 여기에 미 정부는 중국 압박의 일환으로 화웨이 제재에 이어 중국 대표 파운드리 업체인 SMIC까지 제재를 시작하자 중국에서 저가 반도체를 위탁생산해 왔던 기업들의 수요가 삼성전자, TSMC는 물론, DB하이텍 같은 기업들에게도 넘어오고 있다. 특히 최근 반도체 수요가 많은 신사업의 등장 및 공급 과점화 등으로 인하여 반도체 업황은 중장기적 관점에서도 장밋빛 전망이 나오고 있다.

그림 10-8	· 눈여겨볼 만한 반도체 관련 종목 ·
구분	**투자포인트**
삼성전자	글로벌 1위 메모리 반도체업체, 비메모리반도체 분야도 성장 가속화
SK하이닉스	글로벌 2위 메모리 반도체업체, 반도체 슈퍼사이클 수혜 예상
LG전자	가전부문 글로벌 선두업체, 전기차 관련 전장사업 확대로 지속 성장 예상
삼성전기	전자부품업체로 스마트폰 성장과 함께 도약 전망

5. 글로벌 1위 신화를 만들고 있는 <제약/바이오>
고가권에서 추격매수는 자제, 낙폭과대일 때만 분할매수

　제약/바이오 관련 종목을 그저 변동성이 큰 테마주로만 여기던 때가 있었다. 불과 10년 전만 하더라도 주식시장에서의 비중이 1% 미만이었던 제약/바이오 섹터가 대한민국 주력 섹터 중의 하나로 우뚝 솟아오르고 있다. 2021년 1월 기준 코스피시장에서는 Top 10 중 두 종목(삼성바이오로직스, 셀트리온)이 바이오종목이고, 코스닥시장에서는 시가총액 1위(셀트리온헬스케어), 2위(셀트리온제약)가 모두 바이오종목이다. 대한민국의 제약/바이오섹터는 앞으로도 중장기적으로 성장할 것으로 전망된다. 우리나라 R&D 능력이 높아짐에 따라 기술이전 사례와 신약 개발도 빠르게 증가하고 있다. 또한 전 세계 바이오시밀러 시장에서 셀트리온과 삼성바이오로직스는 다수의 성분에서 글로벌 점유율 1, 2위를 차지하고 있다. CMO(의약품위탁생산)시장에서도 삼성바이오로직스가 글로벌 1위다.

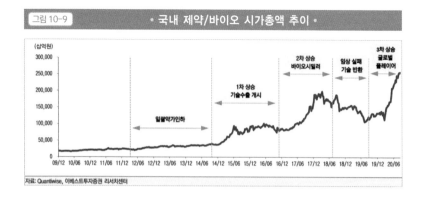

그림 10-9 ・ 국내 제약/바이오 시가총액 추이 ・

자료: Quantiwise, 이베스트투자증권 리서치센터

2020년 코로나19의 확산은 국내 바이오종목의 수혜로 이어지며, 코로나19 치료제 및 백신 개발업체는 다국적 제약사 대비 크게 뒤처지지 않는 개발 속도로 상업적 성과를 기대할 수 있게 되었다. 생산설비 부족으로 CMO 업체는 대량공급계약을 맺고 있다. 글로벌 바이오의약품 비중은 2012년 20%에서 2019년 29%, 그리고 2026년에는 35%를 차지할 것으로 전망됨에 따라 여전히 성장 가도를 유지할 것으로 보인다. 다만, 제약/바이오 섹터는 다른 섹터에 비하여 변동성이 크다는 점을 유의하여야 한다. 따라서 단기상승 폭이 클 때는 추격매수를 자제하고, 단기하락 폭이 클 때만, 분할매수 관점으로 투자하는 것이 유리하다고 본다.

그림 10-10	• 눈여겨볼 만한 제약/바이오/의료기기 관련 종목 •
구분	**투자포인트**
삼성바이오로직스	글로벌 CMO시장 점유율 1위, 바이오시밀러사업 흑자전환
셀트리온	국내 제약 · 바이오 업계 매출 선두업체
SK바이오팜	파이프라인 투자로 2023년까지 적자, 2024년부터 흑자전환 예상
종근당바이오	항생제 및 면역억제제 등의 원료의약품을 생산 수출 및 국내공급
뷰웍스	의료용 디텍터 글로벌 4위. 세계 최초 양성자 디텍터 개발

6. 스스로 달리는 친환경 문화공간 <자동차>

자동차라 부르지 말고, '전기차', '자율주행차'라 부르라

전 세계는 지구온난화에 대응하기 위해 환경 규제를 강화하는 추세다. 지구온난화의 주범으로 몰리는 자동차 업계는 각국의 환경 규제로부터 벗어나기 위해 친환경 자동차 생산에 주력할 수밖에 없게 되었다. 이에 세계 각국은 친환경 자동차 시장을 선점하려는 경쟁을 벌이고 있다. 전기차는 대기질 개선과 소음 완화 등 즉각적인 환경개선 효과가 높고, 장기적으로 기후대응 변화 및 에너지자립도 강화에도 기여할 수 있기 때문이다.

아직은 내연차 수요가 많지만, 향후에는 전기차의 잠재적인 시장 수요가 급증할 것으로 전망되면서 현대차를 비롯하여 각국의 완성차 업체들은 다양한 전기차를 선보이고 있다. 전기차 분야의 뚜렷한 변화는 더 이상 자동차 시장이 자동차 완성업체가 주도하는 시대가 아니라는 것이다. 테슬라의 전기차는 마감 품질이 조악하다는 혹평에도, 성능과 편의성에서 기존 자동차 업체들의 전기차를 압도했다. 테슬라는 지난 2017년 하반기 '모델3'의 판매 개시 이후 줄곧 전기차 세계 시장 점유율 1위를 유지하고 있다. 2003년 창업한 신생 기업이 100년 넘는 역사의 미

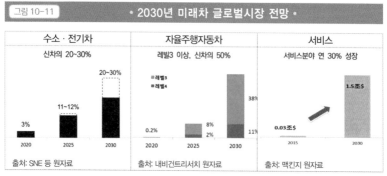

그림 10-11 • 2030년 미래차 글로벌시장 전망 •

자료 : 산업통상자원부 보도자료(2019. 10. 15)

국 GM(제너럴모터스)과 독일 메르세데스 벤츠, BMW 등을 제친 것이다. 애플도 전기차 로드맵을 발표했다. 2021년 초 애플이 현대차그룹과 손잡고 전기차 산업에 뛰어들 준비를 하고 있다는 소식 때문에 한국 증시가 출렁거렸다.

자율주행차는 운전자의 조작없이 자동차 스스로 운행이 가능한 자동차를 의미한다. 자율주행자동차 업체들은 2030년까지 자율주행자동차의 상용화를 목표로 자율주행차 시대를 준비하고 있다. 현재 글로벌 자율주행차 업계의 기술 수준은 대체로 레벨 2~3 수준이다.

IHS 등 시장조사기관의 예측에 따르면, 자율주행차는 자율주행과 관련한 규제가 상대적으로 적은 북미와 유럽지역이 중심이 되어 초기 시장이 형성된 후 2025~2035년에 시장이 급성장할 것으로 전망했다.

그림 10-12		• 자율주행자동차의 기술 6단계 •				
자율주향 레벨		자동차의 역할 (나머지는 사람이 담당)	누가 담당하는가			자율주행 시점
			조향, 감가속	주변환경 감지	돌발사태 대응	
완전 자율주행	레벨 5 (완전 자동화)	▪ 항상 모든 운전 활동을 담당	자동차	자동차	자동차	상시
	레벨 4 (고도 자동화)	▪ 기능을 켜면 모든 운전 활동을 담당 ▪ 비상시에도 사람 개입 없이 주행 완료	자동차	자동차	자동차	기능 켤 때
부분 자율주행	레벨 3 (조건부 자동화)	▪ 기능을 켜면 모든 운전 활동을 담당 ▪ 비상시 사람의 개입을 요청	자동차	자동차	사람	기능 켤 때
	레벨 2 (일부 자동화)	▪ 기능을 켜면 조향, 감가속 중 복수 기능을 결합하여 담당(예, 차선이탈방지)	자동차	사람	사람	기능 켤 때
	레벨 1 (운전자 지원)	▪ 기능을 켜면 조향, 감가속 등의 기능 중 하나를 담당(예, 크루즈컨트롤)	사람, 자동차	사람	사람	기능 켤 때
자율주행 아님	레벨 0 (자동화 이전)	▪ 알림. 경고 등	사람	사람	사람	–

현재 글로벌기업들이 공격적으로 자율주행기술의 연구개발에 집중투자를 하고 있고 선진국을 중심으로 관련 규범이 개편 중이다. 따라서 자율주행기술이 안정적으로 확보되고 합리적인 소매가격이 형성된다면 자율주행자동차의 시대는 머지않을 것으로 보인다.

그림 10-13	· 눈여겨볼 만한 자동차 관련 종목 ·
구분	**투자포인트**
기아차	현대차와 함께 E-GMP 기반 전기차를 중심으로 성장할 전망
현대모비스	국내 자동차부품 선두업체로 전기차 및 수소차 부품제작
만도	자율주행 핵심기술 확보로 미래차의 혁신에 기여할 것으로 전망
한온시스템	자동차의 열 관리 시스템을 생산하는 업체로 공조분야 국내 1위 업체

◇

10년 성장 기대되는 투자종목 5선

누가 주장하든 유망종목을 찍어주는 대로 무작정 매수하지 마라. 종목마다 적질한 매수 타이밍이 다르고, 사람마다 투자기준과 원칙이 다르기 때문이다. 여기서 제시한 종목은 필자가 2020년 12월 31일 기준으로 2021년부터 10년간 관심을 가져 볼만하다고 생각하는 종목들이다. 앞에서 기술했듯이 주식에는 사이클이 있고, 아무리 좋은 종목도 시장위험과 개별위험 때문에 언제든지 떨어질 수 있다. 그러니 이들 종목에 너무 집착하지 말고 참고만 하기 바란다. 아무리 유망종목이라도 반드시 추세를 확인하고 매매를 결정해야 한다.

유망종목 5선이 모두 앞에서 기술한 상승추세의 패턴을 보이면 매수 관점으로 보아야 할 것이지만, 상승추세의 막바지 징후가 보인다면 매수를 자제해야 한다. 또 혹시 이미 매수했다면 매도를 준비하고 있어야 한다. 그리고 아무리 좋아 보이는 유망종목이라도 하락추세의 패턴을 보인다면 매도 관점으로 보아야 하고, 횡보추세 패턴을 보인다면 상승반전의 패턴이 보일 때까지 매수 시점을 늦춰야 한다.

여기서 제시하는 유망종목은 필자의 사견으로 모두 중장기적으로 성장할 만한 우량주다. 하지만 이 종목을 산다고 무조건 수익이 난다고 보장할 수 없다. 왜냐하면 당신이 이 종목을 언제 매수할지 모르고, 실제 매수하는 시점에서 이 종목이 지금과 같은 좋은 상황이 유지되고 있을지 알 수 없기 때문이다. 고로 제시한 유망종목을 아무 때나 아무 기준 없이 투자한다면 실패할 수도 있다. 실제로 당신이 투자하는 시점에서 이 책에 제시된 투자기준과 원칙에 부합하는지를 확인하고 투자해야 한다. 예컨대 유망종목으로 제시한 한화솔루션에 당신이 투자할 것을 결정했더라도 매수하려고 하는 시점에 한화솔루션의 매출액과 영업이익이 감소하고 있다면 이 책이 제시한 투자기준에 부합하지 않으므로 매수하지 말아야 한다. 또 당신이 현대차에 투자하려고 하는 시점에 현대차의 주가차트를 확인해보니 상승추세의 막바지 징후가 보인다면 매수하지 말아야 한다. 이 책에서 제시한 '투자기준에 부합한 종목'을 '매매기준에 적합할 때' 투자해야 성공할 수 있다.

당신이 유망종목에 투자하고자 한다면 이 책에서 제시된 투자기준과 매매기준을 완벽하게 이해하고 매매하길 바란다. 누군가가 카카오 주식을 40만 원에 매수 추천한다고 해도, 당신이 투자할 시점에 횡보추세라면 당장 매수해서는 안 된다. 매수하지 말고 계속 지켜보다가 지지가 확인되는 35만 원에 사야할 수도 있다는 말이다. 또 이미 50만 원으로 올라갔다 해도 상승추세가 유지되면 설령 비싸보여도 매수할 수 있다는 말이다. 카카오 주식의 매수 기회는 무조건 35만 원이 되어야 있는 것이 아니고, 40만 원일 때도, 50만 원일 때도 앞서 기술한 3가지 투자기준에 부합하고, 상승추세라면 매수할 수 있다.

그러므로 필자를 포함하여 모든 전문가들이 제시하는 유망종목과 매수가격에만 의존하여 투자하지 마라. 주식의 흐름은 변화무쌍하기 때문에 전문가라는 사람들의 주장이 100% 맞을 수는 없다. 이 책 본문에서 자신의 투자기준과 원칙을 강조한 것은 바로 이 때문이다. 운전하는 방법도 모르는 사람이 단지 전문 카레이서가 추천하는 고급차만 산다고 운전을 잘 할 수 있는 것은 아니다. 투자도 마찬가지다. 전문가들이 추천하는 유망종목만 매수한다고 투자를 잘 할 수 있는 것은 아니다. 아무리 좋은 차를 샀더라도 사고 위험에 대비하지 않으면 사고가 날 수밖에 없다. 마찬가지로 아무리 좋은 유망종목을 샀어도 개별위험과 시장위험을 관리하지 못하면 실패할 수 있다. 지금이라도 자신만의 분명한 기준을 세우고 유망종목에 접근하라. 성공의 열쇠는 필자의 유망종목에 있는 것이 아니라 당신이 투자기준과 매매기준을 정해 놓고, 그것을 '실천'하는 데 있다.

1. 매출과 이익 모두 고공행진이 기대되는 <카카오>

카카오는 더 이상 단순한 검색중심의 인터넷포털사이트가 아니다. 우리나라 사람들 중 카카오톡 안 쓰시는 사람이 있을까? 카카오톡은 국민메신저가 되었다. 최근 카카오가 그동안 투자했던 분야에서 급속한 성과가 나타나고 있다. 2020년 7월 아이지에이웍스가 카카오의 사용자 수를 분석한 결과, 메신저 3,559만 명, 뱅킹 755만 명, 음악 628만 명, 웹툰/웹소설 548만 명, 대중교통 581만 명, 송금/결제 78만 명 등으로 나타났다. 이렇듯 카카오의 다양한 사업분야에서 이용자 수가 급증하고 있다. 더욱이 최근 카카오는 우리나라를 넘어 글로벌시장으로 확장을 시도하고 있다.

2020년 12월 기준 카카오의 톡비즈 매출액은 3,130억 원으로 비즈보드 일평균 매출 10억 원을 돌파하며 전년 대비 두 배에 가까운 성장을 하였다. 2020년 4분기 카카오페이 거래액도 21조 원으로 전년대비 55% 증가하는 등 여러 분야별로 성장과 이익 창출의 수준이 높아지고 있다. 2021년에도 카카오를 이용하는 이용자 수는 각 분야에서 기하급수적으로 늘어날 것으로 전망된다. 메리츠증권 리서치 자료에서도 매년 매출액과 영업이익이 큰 폭으로 증가하고 부채비율은 점점 낮아질 것으로 전망하고 있다. 톡비즈(광고/커머스)의 수익창출이 지속되며, 모빌리티, 페이, 웹툰의 수익도 증가하고 있다. 카카오M 역시 컨텐츠 유료화, 넷플릭스 등과의 협업을 통한 매출 성장에 기여할 것으로 보고 있다. 또한 핵심 자회사인 카카오페이와 카카오뱅크의 성공적인 IPO도 기대

그림 11-1												• 카카오 기업실적 요약 •
구분	매출액 (십억원)	영업이익 (십억원)	순이익 (지배주주)	EPS(원) (지배주주)	증감률 (%)	BPS (원)	PER (배)	PBR (배)	EV/ EBITDA (배)	ROE (%)	부채비율 (%)
2018	2,417.0	73.0	47.9	613	−89.0	61,602	168.0	1.7	36.3	1.0	41.4
2019	3,070.1	206.8	−301.0	−3,585	적전	60,603	N/A	2.5	29.0	−5.8	52.2
2020E	4,089.6	447.9	459.6	5,294	흑전	64,014	73.6	6.1	53.4	8.5	21.7
2021E	5,150.8	754.9	705.8	8,125	38.4	70,159	55.6	6.4	39.1	12.1	48.0
2022E	6,057.8	1,071.0	950.3	10,939	35.3	78,428	41.3	5.8	29.1	14.7	43.8

자료 : 메리츠증권 리서치

되고 있다. 외형성장이 비용 증가를 압도하는 국면이 진행되고 있는 카카오의 전망은 매우 밝아 보인다.

카카오의 자회사인 카카오페이지는 카카오M을 흡수합병한 후 사명을 카카오엔터테인먼트로 변경 후 IPO를 추진할 예정인데, 카카오의 지분이 무려 68.71%이다. 카카오페이지는 8,500여 개의 IP를 보유하고 있으며 한국에서의 대성공 후 북미, 중화권, 동남아, 일본 등 10여 개국에 진출해 있고, 카카오M은 드라마/영화 등 영상 제작, 스타매니지먼트사업, 음원사업, 카카오 TV 등을 영위하고 있으므로 합병으로 글로벌 경쟁력이 높아질 것으로 기대된다.

2. 전 세계 친환경 정책의 선두에 있는 〈한화솔루션〉

친환경 정책이 전 세계에서 한꺼번에 시작되고 있다. 우리나라도 한국판 그린 뉴딜 정책이 시행되었고, 2021년부터 향후 5년간 총 100조 원 규모의 디지털 및 그린 뉴딜 분야의 기업에 대한 대출, 투자, 보증지원에 나설 계획이다.

우리나라의 대표적 친환경 에너지 업체를 들자면 환화솔루션을 들 수 있다. 한화솔루션은 2020년 석유제품 수요 감소세와 코로나19 등의 악재에도 좋은 실적을 기록했다.

한화솔루션은 2020년 1월 21일 약 1.2조 원 규모의 유상증자를 발표했다. 사측이 밝힌 증자 투자처는 태양광 사업에 1조 원, 수소 사업에 2,000억 원을 투입할 예정이다. 글로벌 친환경 정책 강화 기조하에 태

그림 11-2

• 한화솔루션 기업실적 요약 •

구분	매출액 (십억원)	영업이익 (십억원)	순이익 (십억원)	EBITDA (십억원)	EPS (원)	증감율 (%)	P/E (배)	P/B (배)	EV/ EBITDA (배)	ROE (%)	부채비율 (%)
2018	9,046	354	187	794	1,139	-77	17.7	0.5	10.0	3.1	1.0
2019	9,503	378	-238	940	-1,469	적전	NA	0.5	8.5	NA	1.1
2020F	9,098	693	534	1,282	3,329	흑전	13.5	1.2	9.3	9.0	0.4
2021F	10,573	1,001	892	1,608	4,801	442	9.4	1.1	6.3	12.3	0.4
2022F	11,274	1,096	980	1,724	5,120	7	8.8	0.9	5.6	11.2	0.4

자료 : 현대차증권

양광/수소 사업에 선제적인 투자를 통해 확고한 시장 지위를 확보하겠다는 목적이다. 성장동력인 태양광, 수소에 대한 재원을 확보할 수 있다는 점에서 긍정적이고 재무구조 훼손 없이 중장기 경쟁력을 확보할 수 있음을 시사하는 것이라고 볼 수 있다.

한상원 대신증권 연구원은 증자로 20%가량의 희석이 발생하더라도 향후 5년 영업이익 전망치가 44% 상향된 점에 더 주목할 것을 권했다. 한 연구원은 "2025년 실적 목표도 매출 21조 원, 영업이익 2.3조 원으로 기존 목표치인 매출 18조 원, 영업이익 1.6조 원 대비 각각 17%, 44% 상향됐다"며 "유상증자로 단기적 주가 조정 가능성이 존재하나 성장주로의 재평가를 통한 주가의 중장기 추세적 상승 방향성 자체는 변하지 않을 것"이라고 전망했다.

바야흐로 친환경 이슈는 우리나라만의 문제가 아닌 전 세계 각국이 동참하고 있는 글로벌 트렌드가 되고 있다. 중장기투자자라면 친환경 관련 기업과 친해져야 한다. 친환경 바람의 초기국면이라 변동성으로 인한 가격등락이 심할 수도 있다. 하지만 5년 후 또는 10년 후에는 지금 주가보다 훨씬 높아질 것으로 기대된다.

3. 전기차 플랫폼 출시로 기대치를 높인 <현대차>

10여 년 전 주식시장을 차화정(자동차·화학·정유)이 선도했던 때가 있었다. 최근 '제2의 차화정(자동차·화학·정유)' 장세를 이끌 것이란 기대가 나오고 있다. 현대차의 경우 신차에 대한 수요가 증가할 것으로 예상될 뿐만 아니라 친환경 에너지의 패러다임 변화로 전기차 시장 성장세에 대한 기대감이 커졌다. 2020년에는 코로나19의 영향으로 인한 글로벌 자동차 업황은 부진했으나 2021년부터는 코로나19 백신 출시로 경기 회복에 대한 기대감이 커진 가운데 중국 등 주요 시장에서 자동차 수요가 회복될 것이라는 전망이 지배적이다. 특히 전기차 시장 성장세에 대한 기대감이 크다. 하나금융투자 리포트에 따르면 글로벌 전기차 판매 대수는 2025년 920만대로 연평균 27% 성장할 것으로 예상된다. 정책 효과와 시장 사이클 효과, 가격 효과가 어우러져서 높은 성장세를 지속할 것이다.

메리츠증권에 따르면 침투율 0~10% 국면이 산업 초입 시점으로, 특정 기업보다는 관련 기업 전체가 주목받으며 주가가 올랐다. 전기차 관련 주가 가장 좋을 때는 침투율 10% 도달 시점이 2023년으로 추정된다고 보고 있다. 이에 따르면 2021년~2023년까지 2차전지와 전기차 관련

주의 성장이 더욱 가속화될 가능성이 높다. 긍정적인 분위기 속에서 볼 때 국내 완성차 1위 업체인 현대차에 대한 눈높이를 높여야 한다는 주장이 많아지고 있다.

현대차가 전기차·수소차 등 미래 모빌리티 부문 투자를 주도하고 있다는 점에 주목할 필요가 있다. 자동차 업종 밸류에이션은 '이익 성장성의 함수'가 아닌 '미래차 기술혁신의 함수'로 변화하고 있다. 현대차는 전기차 전용 플랫폼 E-GMP 출시를 시작으로 차세대 전기차 기술을 접목하게 될 전망으로 제네시스 EV, 아이오닉 5와 같은 매력적인 전기차 모델을 출시하기 시작했다. 다만 현대차가 국내 완성차 1위 업체로 선전한다고 하더라도 미국 테슬라 등 전 세계로 시야를 넓힌 국내 투자자의 투자 눈높이를 맞출 수 있느냐가 관건이다.

그림 11-3   • 현대차 기업실적 요약 •

구분	매출액 (십억원)	영업이익 (십억원)	영업이익률 (%)	순이익 (십억원)	EPS (원)	ROE (%)	P/E (배)	P/B (배)	배당수익률 (%)
2017	96,376	4,575	4.7	4,033	14,127	5.9	11.0	0.6	2.6
2018	96,813	2,422	2.5	1,508	5,352	2.2	22.1	0.5	3.4
2019	105,746	3,606	3.4	2,980	10,761	4.3	11.2	0.5	3.3
2020F	104,467	2,953	2.8	1,931	6,973	2.7	24.6	0.7	1.7
2021F	109,159	6,440	5.9	4,777	17,249	6.6	9.9	0.6	1.7
2022F	113,836	7,513	6.6	5,793	20,917	7.5	8.2	0.6	1.7

주 : K-IFRS 연결 기준, 순이익은 지배주주 귀속 순이익,
자료 : Hyundai Motor, 미래에셋대우 리서치센터

4. 글로벌 선도기업으로 가는 〈LG화학〉

국내 2차전지 대표 셀 업체들의 매출액은 점차 CATL(중국 배터리 1위 업체)을 넘어서거나 근접한 수준까지 성장하였으나, 여전히 대폭 할인하여 판매 중이다. 최근 주가 상승에도 불구하고 여전히 M/S를 확대할 수 있는 모멘텀이 있고, 2차전지 시장 역시 IT 플랫폼 업체들까지 EV 시상에 가세하면서 새로운 성장동력을 맞이하고 있어 주가 강세가 이어질 것으로 전망한다.

중국은 총 내연기관차 판매량에서 하이브리드 차량 비중을 2025년까지 50% 이상, 2030년에 75% 이상, 2035년에 100%를 달성할 계획이다. 유럽은 2020년 6월부터 전기차 보조금을 상향하였다. 최근 프랑스와 독일은 이러한 강화된 보조금을 일부 삭감했지만, 상당 기간 유지하겠다는 계획을 밝혔다. 바이든 대통령이 취임하면서 미국 전기차 시장의 부활이 기대된다. 전기차용 2차전지로만 범위를 좁혀 보면, 더더욱 LG화학의 독주가 이어질 것으로 전망된다. LG화학의 전기차용 전지 매출액(소형전지 포함)은 2021년 15.2조 원으로 전년 대비 61% 성장할 것으로 전망된다. LG화학의 경우 2021년 2차전지 사업 매출액뿐만 아니라, EBITDA(세전 영업이익) 규모 역시 CATL을 앞서게 될 전망이다. EBITDA 마진율 역시 CATL에 점차 근접해 갈 것이다. CATL 대비 과도하게 적용되고 있는 할인 요인이 해소되는 시점이라고 판단한다.

LG에너지솔루션은 LG화학의 자회사로 2020년 말 기준 전기차 배터리 시장 글로벌점유율로 보면 중국의 CATL과 1, 2위를 다투고 있는 상

그림 11-4

• LG화학 기업실적 요약 •

구분	매출액 (십억원)	영업이익 (십억원)	순이익 (십억원)	EBITDA (십억원)	EPS (원)	증감율 (%)	P/E (배)	P/B (배)	EV/ EBITDA (배)	ROE (%)	배당 수익률 (%)
2018	28,183	2,246	1,473	3,773	20,203	-24.9	17.2	1.6	7.8	8.9	1.7
2019	28,625	896	313	2,752	4,216	-79.1	75.3	1.5	11.0	1.8	0.6
2020F	29,782	2,410	1,395	4,611	19,533	363.3	42.2	3.5	15.0	7.8	0.4
2021F	39,651	3,718	2,231	6,490	31,388	60.7	31.9	3.8	12.3	11.4	0.4
2022F	44,085	4,144	2,585	7,275	36,396	16.0	27.5	3.4	11.0	11.8	0.4

자료 : 현대차증권 리서치

황이다. LG에너지솔루션은 글로벌 1위 수성을 위해 2021년 중에 IPO 를 통하여 공격적인 투자가 예상되고 있다. LG화학의 자회사인 LG에 너지솔루션의 규모가 거대해질수록 모기업인 LG화학에게도 호재로 작용할 것이다. 또한 경기가 회복된다면 LG화학의 석유화학 부문 대표제품들이 주가 상승을 추가로 이끌 수 있다고 본다. LG화학의 대표 제품인 ABS는 글로벌 점유율 1위 플라스틱제품이며, PVC도 내구성이 우수하여 건축자재 및 생활용품 등 다양한 영역에서 사용되고 있다.

5. 발돋음한 5G 시대, 눈에 띠는 <케이엠더블유>

앞으로는 5G 통신이 우리 생활을 크게 변화시킬 것이다. 상용화된 5G는 차세대 실감형 미디어, 자율주행차, 스마트 제조, 디지털 헬스케어, 스마트홈·오피스에 이르기까지 우리 생활의 거의 모든 영역에 큰 변화를 불러일으킬 것으로 예상되고 있다. 세계 주요국이 5G를 서두르면서 5G 스마트폰과 네트워크 장비 등 5G와 직접적인 관련이 있는 업체들의 성장이 기대되고 있다. 정보통신정책연구원^KISDI은 5G 연관 산업 규모가 2022년 275조 원 규모에서 연평균 43% 성장률을 기록하며 2026년에는 1,161조 원대로 성장할 것으로 전망했다. 5G 관련주로 대표되는 케이엠더블유는 통신장비업체로 미국, 인도, 유럽 시장에서 5G 투자가 본격화되면서 성장 가도에 들어설 것으로 보인다.

통신업은 안정성이 중요하기 때문에 수년간에 걸친 레퍼런스 축적이 필수적이다. 그래서 진입 장벽이 대단히 높다. 케이엠더블유는 이러한 레퍼런스가 충분하다고 판단되며, 5G의 확대가 예상되는 미국시장에서 시스템 장비 매출이 증가할 것으로 예상된다. 미국 수출이 본격화되지 못한 상황이지만 향후 삼성을 통한 버라이즌향 장비 공급, 디쉬네트워크로의 직납이 이루어지면 케이엠더블유의 미국 수출 물량은 예상보다 훨씬 더 큰 규모로 나타날 전망이다. 5G 투자 외에도 코로나19 이후 트래픽 급증 역시 케이엠더블유에 호재다. 코로나19 사태로 화상 회의, 온라인 수업 등 비대면 문화가 확산되면서 전 세계 트래픽이 큰 폭으로 증가했다. 트래픽이 급증하면서 신규 주파수·광 인프라 투자가 불가피하다.

케이엠더블유의 2020년 실적은 국내 5G 투자가 전반적으로 늦춰지면서 부진했다. 그러나 2021년부터는 글로벌 MMR 장비 시장이 급속도로 성장할 것이 예상된다. 2019년 케이엠더블유의 실적이 좋았던 것이 주로 국내 MMR 장비 수요의 증가에 있었다. 그러나 2021년부터는 미국, 일본, 인도 등과 같은 글로벌 주요국의 수요 증가가 예상되므로 2019년 실적을 크게 상회하는 실적 성장이 기대된다.

그림 11-5					• 케이엠더블유 기업실적 요약 •						
구분	매출액 (십억원)	영업이익 (십억원)	세전이익 (십억원)	순이익 (십억원)	EPS (원)	증감율 (%)	PER (배)	PBR (배)	EV/ EBITDA (배)	ROE (%)	BPS (원)
2018	296.3	26.2	29.8	31.3	927	적지	11.89	4.77	27.26	45.51	2,311
2019	682.9	136.7	129.4	102.7	2,652	흑전	19.27	9.36	14.30	67.76	5,444
2020F	380.6	52.2	52.7	40.3	1,011	61.88	72.50	11.26	42.55	16.92	6,509
2021F	1,528.9	308.8	309.4	241.3	6,060	499.41	12.10	5.83	8.12	63.53	12,569
2022F	1,891.6	415.5	416.6	324.9	8,160	34.65	8.98	3.54	5.39	49.01	20,729

자료 : 하나금융투자

주린이도 따라하면 반드시 수익이 나는

주식투자 절대공식 9

1판 1쇄 인쇄 2021년 03월 22일
1판 1쇄 발행 2021년 03월 29일

지은이 송영욱
펴낸이 이부연
책임편집 양필성
마케팅 백운호
디자인 김윤남, 노지혜

펴낸곳 (주)스몰빅미디어
출판등록 제300-2015-157호(2015년 10월 19일)
주소 서울시 종로구 내수동 새문안로3길 30, 세종로대우빌딩 916호
전화번호 02-722-2260
인쇄·제본 갑우문화사
용지 신광지류유통

ISBN 979-11-87165-91-0 13320

한국어출판권 ⓒ (주)스몰빅미디어, 2021

부자가 되고 싶은 초보 투자자들을 위한
최고의 재테크 입문서!

30만 독자가 인정한 재테크 저자의 족집게 레슨!

"월급쟁이는 노동으로 돈을 벌지만
부자는 돈으로 돈을 번다"

★★★★★

주식, 부동산, 펀드, 대체투자까지
당신이 알아야 할 재테크의 모든 것!

★★★★★

어떤 상황에서도 재산이 불어나는 맞춤형 투자법

돈이 돈을 벌게 하는 23가지 방법

● 우용표 지음 | 16,500원 ●